商务印书馆·西班牙语应用系列
上海杉达学院教材建设项目资助

 西班牙语应用系列

Curso de Interpretación Español-Chino
Nivel Enlace-Acompañante

西汉陪同口译教程

陈泉 编著

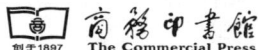
商务印书馆
The Commercial Press

图书在版编目(CIP)数据

西汉陪同口译教程/陈泉编著.—北京：商务印书馆，2024
ISBN 978-7-100-22937-1

Ⅰ.①西… Ⅱ.①陈… Ⅲ.①西班牙语—口译—教材 Ⅳ.①H345.9

中国国家版本馆CIP数据核字(2023)第167871号

权利保留，侵权必究。

Curso de Interpretación Español-Chino
(Nivel Enlace-Acompañante)
西汉陪同口译教程
陈 泉 编著

商 务 印 书 馆 出 版
(北京王府井大街36号 邮政编码100710)
商 务 印 书 馆 发 行
北京市白帆印务有限公司印刷
ISBN 978-7-100-22937-1

2024年3月第1版　　开本 787×1092　1/16
2024年3月北京第1次印刷　　印张 23½
定价：88.00元

Prefacio 前言

《西汉陪同口译教程》是《西汉初级口译教程》的修订版，与即将出版的《西汉商务口译教程》配套，属于商务印书馆·应用西班牙语系列，以满足不同的高校与社会需求。

《西汉陪同口译教程》包括礼宾礼仪、会展会务、商务访问、休闲娱乐、日常生活五个部分。每个部分包含六个单元，共计三十个单元。

每个单元包含A、B、C、D四篇课文（A与B、C与D互为答案）共120篇课文。

每篇课文包含专题对话、汉译西和西译汉短文三个部分，共360篇章。

特意用粗体标出常用语法结构、词汇用法、特殊表达法或翻译技巧，重点一目了然而实用。使用本书的上海杉达学院"西班牙语口译1—4"荣获2021年上海市高校"一流线下课程"。

本书适用作

- 本科或高职院校西班牙语专业二、三、四年级口译能力培养教材
- 专业学生课外自主学习材料，以扩大实用词汇量，打下陪同口译词汇基础
- 口译或听力训练材料
- 西汉汉西双向笔译练习材料
- 非西语专业人士自学参考资料
- 智慧树慕课"西汉陪同口译1—4"补充材料

1

"一带一路"倡议致力于中国与亚洲、非洲、拉丁美洲及欧洲，在政策沟通、设施联通、贸易畅通、资金融通、民心相通五个层面上互联互通，增进人文交流与文明互鉴，建立一个政治互信、经济融合、文化包容的利益共同体、命运共同体和责任共同体。西班牙和西语美洲国家决定搭上中国发展快车。智利、阿根廷、秘鲁、厄瓜多尔、玻利维亚、乌拉圭、古巴、巴拿马、哥斯达黎加、萨尔瓦多、尼加拉瓜等众多西语美洲国家先后与中国签署了政府间共建"一带一路"合作文件。2013年5月—2016年11月习主席三次访问拉美，提出共建中拉命运共同体。这一伟大倡议与我们西班牙语专业密切相关，是西语发展的机遇和挑战，因为要实现上述"五通"目标，没有哪一项可以忽视西语和汉语的工具作用，越来越需要高水平西语人才。

所谓高水平西语人才，我理解就是具有很强西语听、说、读、写、译能力，同时又具有良好行业背景、工作态度、职业道德、专业精神、交往能力、宽广知识、健康体魄的复合型人才。我相信，您当初选择西语专业，就是想使自己多一双眼睛、多一个世界、多一套工具。当称职的西语工作者，不管是笔译还是口译，不管是为了自己还是为了他人，都是您的一大夙愿。编写《西汉陪同口译教程》和与之配套的《西汉商务口译教程》，其目的就是为了培养和训练比较全面的西语口译能力，同时促进口语和跨文化交际能力的提高，希望本书在助您实现夙愿、成为独当一面的高层次西语应用型人才方面能够贡献绵薄之力。

2

《西汉陪同口译教程》是《西汉初级口译教程》（2011）的修订本。后者问世以来，受到广大读者的青睐，已经多次重印。二十多所高校将其作为口译课教材或补充材料。采用本书的上海杉达学院"西班牙语口译1—4"荣获2021年上海市高校"一流线下课程"。更多不同层次的西语学生或爱好者选用本书为自学参考材料。现在修订为《西汉陪同口译教程》，一是因为它本就是以培养陪同口译人才为目标，二是因为它将与以培养商务和会议口译人才为目标的《西汉商务口译教程》配套，使口译教材能够更好地满足新时代各类高校及不同层次的社会需求。

目前修订的《西汉陪同口译教程》，保留了《西汉初级口译教程》的基本结构，只是结合多年教学实践，删除了一些不太适合口译课操练的内容和课文后的阅读材料，更换了部分课文，纠正了一些错误和疏漏，让内容更加贴近应用，文字更加可靠、完善。此外，为了方便教师和学生把握重点，还特意用粗体标出文中常用语法结构、词汇用法、特殊表达法或翻译技巧，一目了然，大大提高了本书的实用价值。本书包含陪同口译所涉及的礼宾礼仪、会展会务、商务访问、休闲娱乐、日常生活五个部分。每个部分包含 6 单元，共 30 单元。每单元包含 4 篇课文，共 120 篇课文。每篇课文又包含对话、汉译西和西译汉三部分，共 360 篇章，练习量非常大，其中课文 A 与 B、C 与 D 互为答案。加上精心制作的录音资料及将来可以二次开发的网络课程和课件，使本教程成为多用途立体教材。除供高校口译课有限课时选用外，特别适合学生自主学习，扩大词汇量，提高口译应对能力；同时也有很多人把它作为应对实际工作需要"临时抱佛脚"的练习材料，并取得不错的效果。

3

关于教师如何使用《西汉陪同口译教程》的问题，我们想强调，作为应用型西语教材，自然偏重于实践而非理论。本书的最大特点是教学内容非常贴近实际，练习量非常大，因为我们的培养目标是能力型而非学术型口译工作者。因此，本书把介绍口译理论或翻译理论的主动权交给了老师，没有专设翻译理论与技巧介绍环节，教师可结合自己的经验体会讲解，有非常大的灵活性和展示空间。本书非常适合本科或高职院校西语专业二、三、四年级学生或有一定基础的西语爱好者使用，可以有效扩大实用词汇量和各种场合的典型语句，打下陪同口译工作的良好基础。下面是若干教学参考意见：

- 首先，关于翻译理论建议抓住这样一些基本点。通常来讲翻译包括三个层次：1）词义层次；2）句子层次；3）篇章层次。因此也可以说有三种翻译：1）逐字翻译；2）脱离语境和交际环境的句子翻译；3）结合语言知识和认知知识多方面因素的篇章翻译。以巴黎高等口笔译学院（ESIT 1957.10）玛丽亚娜·勒代雷（Marianne Lederer）为代表的释意翻译理论将篇章层次的翻译称为篇章翻译或翻译，这是口译界普遍认同的。

- 成功的翻译应在篇章层次上进行，即对篇章进行释意，因为句子是语法单位，篇章才是语义单位；翻译所译的是意义，而不是单个的字、词、句。释意翻译理论认为某段讲话的意思由两部分构成：1）"内含意思"（implicidad），即作者或说话人意欲表达的意思；2）"外显意思"（explicidad），即作者或说话人实际写出或说出的内容。口译者应传达讲话人通过语言符号所表达的"意思"，而不是语言符号本身的意义。口译与笔译虽然形式不同，但本质上都是交际行为，只不过笔译材料有可能与现实世界关系不密切（例如一篇18世纪的文章，其作者当时的写作意图，即"内含意思"，很可能已经无法知晓）；而口译则不同，它是最现实的交际情景，因为所有对话的人都在场，他们共享一个时空环境以及交际话题。

- 口译者不能仅限于记住讲话人的话语，而必须：1）把握好讲话人所传递的交际意义；2）恰当地用目标语言对它进行重组。口译员听人讲话时要结合语言知识、认知知识、认知语境、讲话人身份与观点、听众效果等因素才能产生真正的交际意义。释意翻译理论认为，口译需要经过三个阶段：1）听清源语话语，理解源语言符号的思想内容；2）脱离源话语外壳，自觉地忘记这些语言符号，以便只记住它所表达的思想内容和情感意义；3）将源话语信息迅速重组，用目标语言的符号表达出源话语的内容且易于听懂。勒代雷认为：脱离源话语外壳是理解一篇文章或讲话和用另一种语言重新表达之间的一个阶段。它是指语言符号引发产生的认知和情感意义，是对语言符号的一种跨越。（玛丽亚娜·勒代雷，2001：187）

- 根据口译课的总课时，挑选最理想的篇章，制订教学计划。根据训练的需要和学生的接受能力，通常90分钟可以练习2—3篇章。教学中时时关注培养"听得懂、记得住、译得出"的口译基本功。

- 根据多年教学实践，我们主张从一开始就向学生宣布"口译课是工作课，在工作中学习，在实践中提高"的总原则。因此，学生必须课前自主学习、充分准备，包括查找字典、研究译文、理解译文、朗读译文、尝试听译、视译。课上不得打开课本，必须以听到的内容为准，养成口译一切的习惯，即听到中文就译成外文，听到外文就译成中文。

- 口译操练可以采用课件放音，也可以由教师口述即兴的中外文内容，采取"大合唱（集体操练）"方式，由全体学生同时口译，以增加练习量，提高操练效率。

- 在"大合唱"练习后，指定1—3名学生个别翻译，当场讲评修改让大家直观学习。要鼓励学生大胆提出翻译方案，特别要鼓励学生把看似复杂、困难的句子改换成简单、熟悉的句子，达成有效交流的解决方案。教师可以示范，让学生看到某个貌似复杂困难的句子原来可以那么简单，然后再反复操练以加深印象。

- 本着精讲多练原则，适时适量讲解学生译文之间的细微差别，进行修改。及时肯定学生译文的可取之处，鼓励学生的积极性、创造性。也可以留些问题让学生逐步明白。

- 教师提供课本以外的参考译文时，学生必须以听写方式记录，少量生词或者短语教师可以写在黑板上以加深印象。

- 针对某个句子教师可提供一个或数个解决方案。在讲评过程中传授词汇、语法、跨文化交际和翻译技巧等方面的知识。始终关注译文的比较，特别要结合文化差异，适时讲解并组织操练，体现课程思政理念，让学生学有所获。

- 组织模拟记者招待会或其他口译场景，要求学生做相应口译练习。由于情景比较真实，印象会更深刻。难点是教师要把握好即兴练习的难度，发现学生比较优秀的译文要及时表扬，但不必再深化练习，目的是保持课堂教学的紧张度，使学生始终保持兴奋状态。

- 找学生围绕课文主题用中文即兴发挥，句子可以与课文类似或不同，然后大家一起口译，再点名口译，教师及时讲评，给出参考译文。这种练习除锻炼外文口译能力外还可以锻炼学生中文构思和表达能力。要及时鼓励学生敢于用自己的办法，解决超过自己能力的实际问题，调动大家口译的积极性，把课堂气氛调节到最佳状态。

- 布置课外作业，要求学生整理课堂笔记，进一步练习已学内容，主要采用视译和口语练习方式。每次上课应检查学生笔记和预习情况，实行封闭式教学过程管理。

4

对那些渴望从事口译工作的学习者来说，首先应该知道口译的基础是口语，应该积极开口练习口语。但是，口译又确实能促进口语能力的提高，因此它们是相辅相成的。不一定要等到口语能力提高以后再开始练习口译。口译工作比较特殊，它不像笔译会有比较充分的时间来思考、查证、修改、润色。口译需要在很短的时间内准确地把握两种语言并进行切换，其中还包括跨文化交际领域的种种考虑。为了将来从事口译，我们建议可以这样入手：A. 努力掌握扎实的西语语法、词汇基本功和较强的双语表达能力。B. 锻炼自己的逻辑思维、形象思维、瞬间记忆、长期记忆和高速反应能力。C. 努力扩大自己的知识面，始终保持非常强烈的求知欲。D. 认真锻炼健康的体魄和良好的心理素质。我们很高兴地看到，这些年来已经有很多人通过学习本书走上了口译道路，为此有些具体建议可供您参考：

- 首先要立下做口译工作的雄心壮志，但不能奢求在短时间内实现，可以是三年甚至更长时间的计划，相信自己一步步努力必能成功。
- 要学好西语专业基础课程，掌握好语法与词汇的用法。要勤于思考和练习《西汉陪同口译教程》的内容。如果一时不能明白其中的道理，也应该先坚持练习和运用各种场合的常用语，努力达到熟练掌握的程度，相信将来会有用。
- 坚持天天读、天天练，特别是朗读，它有助于语感的培养和听说能力的提高。其次要重视默读，这是思考性阅读，可以巩固知识，扩大词汇量，两者不可或缺。口语表达必须天天练，动词变位必须非常熟，这是最基本的专业标准。建议您坚持天天朗读《西汉陪同口译教程》中的外文部分，最好能背诵出来，因为许多表达都朗朗上口。
- 课外阅读要广泛，可以从中西文对照读物开始，逐步扩大阅读范围，包括外国报刊。读书既要做笔记，更要及时练习，可以从模仿开始。阅读时既要钻进去，进入文本世界，也要走出来，站在高处统揽全文。千万不能进得去而出不来，钻进死胡同。
- 口译能力的基础是听说能力，而听说能力不可能凭空形成，它是综合语法和词汇知识后练就的能力，是整个外语学习的核心。您可以坚持听本书的录音，因为它是很好的听力材料和听译材料，其实练

Palabras del autor 编者的话

习机会无处不在。
- 在提高听说能力的过程中必须明白语言的基础是句子。因此，我们应该非常重视学习和模仿完整的句型。知道在什么情况下应该用什么样的句型或表达法最确切。一定不要凭自己的想象，坚持自己的一套，而应该老老实实地模仿标准的说法。本书给您提供了不同场合最常用的词汇和表达法。
- 学习和模仿完整句型应达到字正腔圆，活灵活现、滚瓜烂熟的程度，就像相声演员练习说、学、逗、唱基本功一样。请相信，即使天才的相声小品演员也要"曲不离口"才行。
- 永远不要说您没有学习外语的好环境，其实好环境是靠您自己创造的。当您在校园、在教室、在卧室、在操场、在公园、在商场独自练习外语单句、演讲或叙述的时候，您完全可以乐在其中而不影响任何人，这是多么美妙的一种学习境界。
- 思想永远不要保守，要对周边的事物表现出浓厚的兴趣，多观察、多请教、多思考、多积累，如饥似渴地汲取各方面的知识，努力做万事通的杂家。《西汉陪同口译教程》给您提供了许多不同的语境，拓宽了您学习想象的空间，帮助您积累知识和经验

在本书修订过程中，哥伦比亚朋友胡安·阿雷瓦罗（Juan Arévalo）先生审阅了全文并提出了宝贵意见，在此谨向他表示诚挚的谢意。借此机会，我还要感谢曾经为《西汉初级口译教程》的初稿贡献了智慧和辛劳的研究生班的学生们，更要感谢我的家人长期以来给我的支持和帮助。限于本人才疏学浅，难免挂一漏万、失之偏颇之处，恳请读者批评指正。

陈泉
于上海茅丛得笋斋
2023 春

Índice 目录

Parte I　Protocolos　第一部分　礼宾礼仪

Unidad 1	Recepción y Despedida	第 1 单元	迎来送往	→002
Unidad 2	Tramitación	第 2 单元	办理手续	→014
Unidad 3	Hospedaje	第 3 单元	宾馆入住	→022
Unidad 4	Transporte	第 4 单元	交通安排	→032
Unidad 5	Banquete y Recepción	第 5 单元	宴请招待	→044
Unidad 6	Cultura Diversa	第 6 单元	多元文化	→056

Parte II　Exposición y Reunión　第二部分　会展会务

Unidad 7	Reunión y Recepción	第 7 单元	会议接待	→070
Unidad 8	Apoyo Técnico	第 8 单元	技术支持	→082
Unidad 9	Ferias y Exposiciones	第 9 单元	商贸展销	→094
Unidad 10	Exposición Industrial	第 10 单元	工业展览	→106
Unidad 11	Exposición Tecnológica	第 11 单元	科技展览	→118
Unidad 12	Exposición Educativa	第 12 单元	教育展览	→130

Parte III　Visita Comercial　第三部分　商务访问

Unidad 13	Instituciones Financieras	第 13 单元	金融机构	→144
Unidad 14	Parque Tecnológico	第 14 单元	科技园区	→156
Unidad 15	Instituciones Oficiales	第 15 单元	政府部门	→168
Unidad 16	Industria y Agricultura	第 16 单元	工业农业	→180
Unidad 17	Educación	第 17 单元	教育机构	→192
Unidad 18	Centro Cultural	第 18 单元	文化场所	→204

Índice 目录

	Parte IV	Ocio y Diversión	第四部分	休闲娱乐	
Unidad 19		Turismo Urbano	第 19 单元	都市旅游	→218
Unidad 20		Centro Comercial	第 20 单元	购物中心	→230
Unidad 21		Monumentos Históricos	第 21 单元	名胜古迹	→242
Unidad 22		Comidas Típicas	第 22 单元	风味小吃	→254
Unidad 23		Deporte y Fitness	第 23 单元	运动健身	→266
Unidad 24		Espectáculos	第 24 单元	文艺演出	→278

	Parte V	Vida Cotidiana	第五部分	日常生活	
Unidad 25		Sobre Agenda de Visitas	第 25 单元	日程介绍	→290
Unidad 26		Desplazamiento	第 26 单元	出行问路	→302
Unidad 27		Vida Comunitaria	第 27 单元	社区生活	→312
Unidad 28		Servicio Médico	第 28 单元	医疗服务	→324
Unidad 29		Operación Bancaria	第 29 单元	银行业务	→336
Unidad 30		Correo y Telecomunicación	第 30 单元	邮政电信	→348

		附录：西语国家和地区一览表	
Apéndice		Países y Regiones del Habla Hispánica	→360

Parte I　Protocolos
第一部分　礼宾礼仪

Unidad 1

Recepción y Despedida
第1单元　迎来送往

课文 A

❑ **Parte I:** Interpreta el siguiente diálogo alternativamente al español y al chino.

Ⓐ　打搅了，请问您是从西班牙来的冈萨雷斯先生么？

Ⓑ　Sí, soy Juan González. Y usted **debe ser** el Sr. Zhang.

Ⓐ　是的，我叫张明，我的西语名字是迭戈。冈萨雷斯先生，我一**直在恭候**您的到来。

Ⓑ　**Muchas gracias por** venir a recibirme, Diego, puede llamarme Juan, **llamarme por mi nombre** me es **más familiar que** por el apellido.

Ⓐ　好的。欢迎您来上海。一路上还好么？

Ⓑ　Bien, gracias. Aunque nuestro vuelo **tardó un poco en despegar**, no llegamos **con mucho retraso**. Además el clima **era favorable para** el viaje.

Ⓐ　经过这么长时间的旅行您一定很累了，待会儿我们就直接去酒店，好吗？

Ⓑ　Sí, **de acuerdo**, vamos directamente al hotel. Estoy **un poco cansado**, pero **seguro que** estaré mucho mejor mañana.

Ⓐ　太好了。我们王总向您问好，他很抱歉不能亲自来接您。

Ⓑ　No importa. ¿Cómo **está de salud** el ingeniero Wang? ¿**Cómo anda** la producción?

Ⓐ　王总身体很好，就是一直很忙。目前的生产情况很好。

Ⓑ　**Me alegra mucho**. ¿Hace mucho calor estos días?

Ⓐ　是的，这些天的气温都在 **35ºC** 上下。不知道您能不能适应。

Ⓑ　**No hay problema**. En mi pueblo también **hace un calor sofocante** en verano.

Ⓐ　这我就放心了，祝您在我们这座城市**过得愉快**。有什么需要尽管跟我说。我现在去**取车**，请您在大门口等我。

Ⓑ　Muchas gracias.

Parte II: Interpreta el siguiente discurso del chino al español:

女士们，先生们：

今天我们**很荣幸**能够有机会和冈萨雷斯教授**欢聚一堂**。首先，**请允许我代表**出席今天报告会**的在座的各位**向我们**远道而来的贵宾表示最热烈的欢迎和衷心的问候**。

冈萨雷斯教授我们**都很熟悉**，他**在研究**世界经济和中国经济**方面成就斐然**，是经济学**方面的专家**，在世界上享有一定**的声望**。

冈萨雷斯教授**多年来一直关注**世界经济的发展，特别是对**最近二十年来**中国的经济**作了深入的研究**。他**曾经多次**访问过我国，对我们国家的历史和现状都**了如指掌**。

众所周知，在经济全球化日益发展的今天，对中国经济发展**的研究越来越凸显出重要的现实意义。中国加入世贸组织以来**，国家经济**的各个领域都面临着前所未有的机会和挑战**。今天我们特地邀请冈萨雷斯教授**给我们讲讲他对**中国经济发展**的看法**。我想我们一定可以**从中得到启发**。现在我们请冈萨雷斯教授给我们**讲话**。

Parte III: Interpreta el siguiente discurso del español al chino:

Muchas gracias por sus efusivas palabras. Durante los últimos veinte años, **he realizado** 8 visitas a China, **entre ellas**, 3 veces a Shanghái. **He entablado una profunda amistad con** el pueblo chino. Hoy vuelvo a Shanghái y **he notado otra vez** los cambios de esta ciudad. **Me ha impresionado tanto su vitalidad**. La Shanghái de hoy **es símbolo de**l rápido desarrollo de China, es aún más **una metrópoli internacional de prestigio mundial**.

Los que conocen la historia de China pueden decir que hoy día, China **se encuentra en su momento de mayor apertura desde** la Dinastía Tang. China **se ha convertido en** un **foco de atención mundial**. **En mi opinión**, **la incorporación de China a** la OMC es un buen ejemplo, porque **significa su nuevo nivel de** desarrollo económico. Eso también va a **traer muchos beneficios a** la **comunidad internacional**.

Sin lugar a dudas, el desarrollo económico y político de China **ha generado grandes oportunidades tanto para** sí misma **como para** otros países en el mundo. Estas oportunidades **pertenecen a** toda la humanidad. Por eso, **todos y cada uno de** nosotros tenemos que conocer este país, porque China, especialmente su futuro, **tiene mucha importancia para** todos. Vamos a **compartir estas oportunidades** y **esforzarnos por** establecer las relaciones de **asociación estratégica entre** Europa y China.

Espero poder volver a **experimentar el carisma** de esta tierra mágica y conocerla aún mejor **aprovechando mi corta estancia en** China. **A continuación** voy a **compartir con ustedes mis humildes opiniones sobre** la situación actual de la economía china.

Unidad 1　Recepción y Despedida　005

课文 B

❏ **Parte I:** Interpreta el siguiente diálogo alternativamente al español y al chino.

Ⓐ　**Disculpe**, ¿es usted el Sr. González **de España**?

Ⓑ　是的，我叫胡安·冈萨雷斯。您一定是张先生了。

Ⓐ　Sí, me llamo Zhang Ming. Mi nombre en español es Diego. Sr. González, **lo estaba esperando desde hace tiempo**.

Ⓑ　谢谢您来接我，迭戈。就叫我胡安吧。我觉得称呼名字比称呼姓更亲切一些。

Ⓐ　Bueno. **Bienvenido a** Shanghái. ¿**Qué tal el viaje**?

Ⓑ　不错，谢谢。虽然我们的航班起飞晚了点，但是我们并没有晚到很多时间。而且一路上天气不错。

Ⓐ　**Seguro que está** muy cansado **después de un viaje tan largo**. ¿**Qué le parece si más tarde** vamos directamente al hotel?

Ⓑ　嗯，好的，咱们直接去酒店。我是有点累了，不过我肯定明天就好了。

Ⓐ　Estupendo. El Sr. Wang, nuestro gerente general, **le manda muchos saludos** y **le pide disculpa por no poder** venir a recibirlo **en persona**.

Ⓑ　没关系的。王工程师身体怎么样？生产情况怎么样？

Ⓐ　El Sr. Wang **está muy bien de salud**, **no más que** siempre está muy ocupado. Ahora la producción **va muy bien**.

Ⓑ　我非常高兴。这几天天气很热吗？

Ⓐ　Sí, estos días siempre tenemos **más o menos 35ºC**, **no sé si puede** usted adaptarse.

Ⓑ　没问题，我家乡的夏天也是炎热难熬的。

Ⓐ　Así **me quedo tranquilo. Le deseo una estancia agradable en** nuestra ciudad. **Cualquier cosa estoy a su disposición**. Ahora **voy por** el coche y espéreme por favor **en el portón**.

Ⓑ　非常感谢。

❏ **Parte II:** Interpreta el siguiente discurso del español al chino:

Señoras y señores,

Hoy **estamos muy contentos de** tener la oportunidad de **reunirnos aquí con** el Prof. González. **Primero, permítanme darle** a nuestro distinguido huésped **proveniente de lejos la más calurosa bienvenida y muy cordiales saludos en nombre de todos los aquí presentes**.

El Profesor González ya **es muy familiar para** nosotros. El **ha obtenido muchísimos éxitos en** los **estudios sobre** la economía mundial y la de China. **Es especialista en** las ciencias económicas y **goza de cierta fama** internacional.

El Profesor González **ha seguido de cerca durante muchos años** el desarrollo de la economía mundial, especialmente **se ha dedicado a la investigación de** la economía china de los últimos veinte años. El ha visitado muchas veces nuestro país y **conoce** la historia y la situación actual de China **como la palma de la mano**.

Como es sabido de todos, en la globalización económica **cada vez más fuerte** de hoy, **los estudios sobre** la economía de China **se han destacado** cada día más **por** su gran significado real. **Después de que China se incorporó a** la OMC (Organización Mundial de Comercio), todos los sectores de la economía china **están enfrentándose a oportunidades y retos sin precedentes**. Hoy, invitamos especialmente al Prof. González a **ofrecernos sus opiniones sobre** la economía china. De ello **seguro que** podemos **sacar inspiraciones**. **Ahora le cedo la palabra**.

❏ **Parte III:** Interpreta el siguiente discurso del chino al español:

非常感谢您刚才热情洋溢的讲话。在过去的20年中我曾经8次访问中国，其中3次访问上海，与中国人民结下了深厚的友谊。今天再一次来到上海，我又发现上海变了，她是如此生机勃勃，令人印象深刻。今天的上海是中国快速发展的标志，更是闻名世界的国际性大都市。

了解中国历史的人会说，中国现在**正处于自唐朝以来最为开放的时期**。中国已经成**为举世瞩目的焦点**。**我认为中国加入世贸组织**就是一个非常好的例子，它标志着中国经济迈向了一个**新的台阶**，从而为**国际社会带来**更多的**好处**。

　　毫无疑问，中国经济和政治的发展**不仅**给她自己，**也将**给全世界**带来巨大的机遇**。这个机遇是全人类**所共有的**。所以，我们**大家每个人都**必须了解中国，因为中国，尤其是中国的未来，**对我们至关重要**。让我们**共享**这些机遇，并且**努力**在欧洲与中国之间建立**战略伙伴关系**。

　　我**期待**能借这次**在中国短暂的逗留机会，再次领略**这片神奇土地的巨大魅力，从而更加深入地了解中国。**下面我想就**中国经济的现状**与你们交流一下我的粗浅看法**。

课文 C

❏ **Parte I:** Interpreta el siguiente diálogo alternativamente al español y al chino.

Ⓐ **Muchas gracias por** acompañarme al aeropuerto. **Ha sido para mí una estancia muy agradable**.

Ⓑ 时间过得飞快。您在这里已经十天了，上次来机场接您时的情形**我还历历在目**。

Ⓐ Este **viaje por** China **me ha dejado muchos recuerdos inolvidables**. Quería estar aquí **por más tiempo** pero ahora **por el trabajo me veo obligado a marcharme**.

Ⓑ 是的，对于**商人来说，工作总是第一位的**。我希望能在下次的展览会上见到您。

Ⓐ Yo también. Si va a España, **no olvide avisarme**.

Ⓑ 我会的。您觉得我们的城市怎么样?

Ⓐ Shanghái se ha transformado mucho, y **me ha impresionado mucho** su belleza. Creo que ahora ya conozco mucho más profundamente la cultura china. Pero **es una gran lástima no tener más tiempo para** conocer más cosas.

Ⓑ 没关系。我们随时都欢迎您。

Ⓐ Muchas gracias. **Estoy muy agradecido de que** me haya acompañado durante mi estancia en China.

Ⓑ 不用客气，这是我的荣幸。

Ⓐ Muchas gracias. Bueno, **ya es hora**. Me voy. **Seguiremos en contacto**.

Ⓑ 希望您一切顺利。再见。

Ⓐ ¡Adiós! ¡Muchas gracias! ¡Adiós!

❏ **Parte II:** Interpreta el siguiente discurso del chino al español:

女士们，先生们：

三天前，我们**欢聚在**这个大厅，**热烈欢迎**托雷斯先生。可是明天他**就要**回西班牙了，所以今天，我们再次在这里**相聚**，怀着真诚和喜悦，**与他告别**。

托雷斯先生的访问**虽然短暂，但是却富有成效**。我们在报纸上也看到了**相关的报道，足以说明**这次访问的重要性。

在这几天里，托雷斯先生参观了上海**几处具有代表性的地方**，其中包括上海博物馆和**上海科技馆**。此外，**他会见了市政府**领导并在上海图书馆举行了专题讲座。活动非常成功。

通过这些活动，我们发现，我们的市民对托雷斯先生**长期以来潜心研究的**中西文化比较**非常感兴趣**。所以，我们认为**在接下来的时间里**，我们可以多多举办关于这方面内容的活动，以**加深**两种文化之间的**相互理解**，同时又丰富广大**市民的生活**。我们也希望托雷斯先生能**在这方面给予我们宝贵的帮助和指导**。

现在，**让我们共同举杯**，祝托雷斯先生身体健康，祝他**回国旅途**一切顺利，也祝两国人民的**友谊天长地久**。干杯！

❏ **Parte III:** Interpreta el siguiente discurso del español al chino:

Señoras y señores,

En primer lugar, permítanme **agradecerles por invitarme** a este banquete. **Estoy muy contento de** tener la oportunidad de volver a visitar esta linda ciudad y **ver tantas caras conocidas**.

Este viaje ha sido tan interesante que me ha dejado muchas impresiones profundas. He visitado muchos lugares, tales como fábricas, universidades e **instituciones culturales**. Además, he hablado con gente **de diferentes capas sociales**: funcionarios, ingenieros, artistas, empresarios, profesores y estudiantes. Y **todos nos hicimos muy buenos amigos**.

De estas conversaciones he aprendido mucho y logrado **conocimientos** más profundos **sobre** este país y su cultura. Ahora conozco mucho mejor **la vida cotidiana del** pueblo chino. **La gente de aquí es tan hospitalaria que me ha conmovido mucho. Por este motivo**, permítanme **expresar mi agradecimiento a nuestro anfitrión**.

En este momento de despedida, me siento un poco triste. Es una pena que no puedo quedarme aquí por más tiempo para conocer mejor esta tierra mágica.

Espero que **todos los presentes** tengan un brillante futuro. ¡Muchas felicidades para el pueblo chino! ¡Que las relaciones amistosas entre ambos países **puedan dar un paso más adelante**!

¡Adiós, queridos amigos!

Unidad 1　Recepción y Despedida

课文 D

❏ **Parte I:**　Interpreta el siguiente diálogo alternativamente al español y al chino.

Ⓐ　谢谢您来机场送我。我在这里过得很愉快。

Ⓑ　**El tiempo pasa volando**. Usted **ha pasado diez días aquí**, pero todavía **recuerdo claramente** el día que lo recogí en el aeropuerto.

Ⓐ　这次中国之行**给我留下了**很多难以忘怀的记忆。我是很想在这里**多待几天的**，但是为了工作我必须得走了。

Ⓑ　Sí, para los **comerciantes**, el trabajo siempre va primero. Espero poder verlo en la próxima feria.

Ⓐ　我也是。如果您去西班牙，**别忘了通知我**。

Ⓑ　Claro. **¿Qué le parece nuestra ciudad?**

Ⓐ　上海改变了很多，她的美丽**给我留下了深刻印象**。我觉得我现在对中国文化的了解更加深刻了，但是很可惜没有时间了解更多的东西了。

Ⓑ　No importa. **Usted es bienvenido en cualquier momento**.

Ⓐ　非常感谢。对您这些日子里的陪伴**我非常感激**。

Ⓑ　De nada, **para mí es un honor**.

Ⓐ　谢谢。好了，**时间到了**。我走了。**我们保持联系**。

Ⓑ　**¡Que todo le vaya muy bien!** ¡Adiós!

Ⓐ　再见！多谢了！再见！

❏ **Parte II:**　Interpreta el siguiente discurso del español al chino:

Señoras y señores,

Hace tres días, nos reunimos en este salón **para dar la calurosa bienvenida al** Sr. Torres. Pero mañana el Sr. Torres **va a volver a** España, por eso **nos reunimos** aquí otra vez **para despedirnos de** él abrigados de sinceridad y alegría.

La visita del Sr. Torres **fue corta pero fructífera**. Hemos leído las **noticias relacionadas en la prensa**. Todo ello **ha mostrado suficientemente** su importancia.

Durante estos días, el Sr. Torres ha visitado **unos lugares representativos** de Shanghái, entre ellos el Museo de Shanghái y el **Museo de Ciencia y Tecnología de Shanghái**. Además, **tuvo una entrevista con** los dirigentes **de la municipalidad** y **dio una conferencia temática en** la Biblioteca de Shanghái. **Las actividades fueron todo un éxito.**

A través de estas actividades, **nos hemos dado cuenta de que** nuestros vecinos **están muy interesados por** la comparación cultural entre China y España, **tema al que** el Sr. Torres **ha venido dedicándose desde hace mucho tiempo**. Por eso, creemos que **más adelante** podemos celebrar muchas más actividades como éstas **para profundizar la mutua comprensión entre** las dos culturas y también para enriquecer **la vida de nuestros vecinos**. Así **esperamos también que** el Sr. Torres pueda **brindarnos ayudas y orientaciones en este aspecto**.

Ahora, **copa en la mano, hacemos un brindis por** la salud del Sr. Torres. ¡Que tenga una buena salud, que todo le vaya bien en el **viaje de regreso a** su país y que **la amistad entre ambos países sea perdurable como el universo**! ¡Salud!

❑ **Parte III:** Interpreta el siguiente discurso del chino al español:

女士们，先生们：

首先，请允许我感谢你们邀请我出席今天的宴会。我很高兴有机会再次访问这座美丽的城市，见到这么多熟悉的面孔。

这次旅行非常有趣，给我留下了非常深刻的印象。我参观了工厂、大学和**文化机构**。还与**各阶层**的人士进行了交谈，有官员、工程师、艺术家、企业家、教师和学生。

我们都成了很好的朋友。

通过这些交谈，我学到了很多东西，同时也对这个国家和它的文化有了更深的了解。现在我对中国人民的日常生活更了解了。这里的**人们都非常热情，让我深受感动**。**为此**，请允许我向**我们的东道主**表示感谢。

在这个离别的时刻，我有些伤感。很遗憾，我不能**在这里多待上一段时间**来更加深入地了解这片神奇的土地。

我祝福**在座的各位**前程灿烂。祝福中国人民生活幸福。祝我们两国之间的友好关系**能够进一步发展**。

再见了，亲爱的朋友们。

Unidad 2

Tramitación
第 2 单元　办理手续

课文 A

❑ **Parte I:** Interpreta el siguiente diálogo alternativamente al español y al chino.

Ⓐ 请出示您的护照。

Ⓑ Sí, **aquí lo tiene**.

Ⓐ 我可以看一下您的**海关申报单**吗？

Ⓑ Sí. Sólo he comprado unos regalitos. **No tengo nada que declarar**.

Ⓐ 哪个是您的箱子？

Ⓑ Estas dos son mías y ésa negra es de aquel señor.

Ⓐ 请把这个箱子打开。这一包里面是什么？

Ⓑ Son medicinas comunes. Estos son **objetos de uso personal**. Y éstos son regalos para mis amigos.

Ⓐ 这些药**有**医生的**处方**吗？我可以看看您带的礼物么？

Ⓑ Claro que sí. **Estas son recetas del médico**, pero no están en español. Estos son regalos para mis amigos y todos están aquí.

Ⓐ 您有这些项链的发票吗？

Ⓑ Sí, aquí la tiene. Pero **estos collares son de fantasía**.

Ⓐ 这根也是假的吗？我怎么觉得是纯金的？

Ⓑ No es de oro puro. **Sólo contiene un poquito de** oro, pero **está bien hecho**. Mire, aquí está la factura.

Ⓐ 带了**数码摄像机**、酒之类的东西吗？

Ⓑ No, ninguna de estas cosas.

❏ **Parte II:** Interpreta el siguiente discurso del chino al español:

亲爱的西班牙朋友们，请允许我给大家讲一讲办理到中国**旅游、探亲**的 L 签证**的手续**问题。首先您必须出具您本人**有效的西班牙护照**，也就是说有**空白签证页**、从递交签证之日算起**有效期至少** 6 个月以上的护照。如果您持有非西班牙护照，您还须提供西班牙居留证及复印件。如果拥有这些文件，您可以填写**签证申请表**并本人签字。**不要忘了**贴一张证件照片。

我想请大家注意几点：首先，一次或两次入境有效的 L 签证，**通常自签发之日起** 3 个月**有效**。**每次在华停留期限**一般为 30 天。如果需要超过 30 天的话，**必须在申请表上填写清楚**。其次，办理 L 签证一般需要一周时间，**如果您要求在申请当天办理特急签证**，必须提供近日飞往中国的**往返机票**及其复印件。

❏ **Parte III:** Interpreta el siguiente discurso del español al chino:

Visado es **el título de viaje que le permitirá su entrada en un país extranjero**. Se solicita en el **Consulado correspondiente al domicilio del** solicitante. **Tanto la solicitud como el recojo del visado se hará de forma personal**, aunque **en determinados casos** se puede **designar a un representante**. Se concede **en función del motivo** que justifica el viaje y habilita al extranjero a permanecer en el país.

En función de la finalidad de la entrada en España, el visado **se divide en seis categorías**. Permítanme **explicarles para qué sirve cada uno de estos visados**. Por ejemplo, el **VISADO DE TRÁNSITO** permite circular por **la zona de tránsito internacional** de un aeropuerto español; el **VISADO DE ESTANCIA** permite **una estancia ininterrumpida o estancias sucesivas** por un período total menor de tres meses a partir de la fecha de la primera entrada; el **VISADO DE CORTESÍA** podrá ser expedido a **agentes diplomáticos** y funcionarios de las Organizaciones internacionales con sede en España; el **VISADO DE RESIDENCIA** permite residir en España **sin ejercer actividad laboral o profesional**; el **VISADO DE TRABAJO Y RESIDENCIA** sirve para **ejercer una actividad laboral o profesional**, y por último, el **VISADO DE ESTUDIOS** permite permanecer en España **para la realización de cursos, estudios, trabajos de investigación o formación**.

课文 B

❏ **Parte I:** Interpreta el siguiente diálogo alternativamente al español y al chino.

Ⓐ **Su pasaporte**, por favor.
Ⓑ 好的，在这里。
Ⓐ ¿Podría ver su **Declaración de Aduana**?
Ⓑ 好的。我只买了几件小礼物。没有什么要申报的。
Ⓐ **¿Cuáles son sus maletas**?
Ⓑ 这两个箱子是我的。那个黑的是那位先生的。
Ⓐ Haga el favor de abrir ésta. ¿Qué hay dentro de este paquete?
Ⓑ 都是一些普通的药。这些是我的**个人用品**。这些是我给朋友带的礼物。
Ⓐ ¿Estas medicinas **tienen receta del médico**? ¿Podría ver los regalos?
Ⓑ 那当然。这是**医生的处方**，但不是西班牙文的。这是我给朋友带的礼物。全在这儿了。
Ⓐ **¿Tiene facturas de estos collares**?
Ⓑ 有，我有发票。您看。不过**这些项链是假的**。
Ⓐ ¿Este también es de fantasía? **¿Pero cómo es que me parece de oro puro**?
Ⓑ 不是纯金的，**只有一丁点金子**，不过**做得很精致**。您看，这里是发票。
Ⓐ ¿Ha traído **cámara de vídeo digital**, vino etc.?
Ⓑ 没有，这些东西都没有。

❏ **Parte II:** Interpreta el siguiente discurso del español al chino:

Queridos amigos españoles, permítanme explicarles **los trámites para el visado de turismo, el visado de reagrupación familiar** para entrar en China (Tipo L). Usted debe presentar su **pasaporte vigente** de España, ó sea **con hojas vacías de visado y con validez mínima de 6 meses a partir de** la fecha de entrega. Si usted tiene pasaporte no español, debe ofrecer además su **Permiso de Residencia** de España y una fotocopia. Si tiene esos documentos, usted puede rellenar **la solicitud de visado** y firmarla personalmente. **No olvide pegar** además una fotografía tamaño carnet.

Les tengo ahora algunas observaciones: Primero, **la validez del visado** Tipo L de una o dos entradas **como norma** es de 3 meses a partir de **la fecha de su expedición. La duración de cada estancia en** China como norma es de 30 días. Los que necesiten más de 30 días **tienen que indicar claramente en el formulario de solicitud**. Segundo, para tramitar el visado Tipo L se necesita normalmente una semana. **Si usted necesita recoger el visado super urgente en el mismo día de la solicitud**, tiene que mostrar su **billete de avión de ida y vuelta a** China para los próximos días y una fotocopia de ese billete.

❑ **Parte III:** Interpreta el siguiente discurso del chino al español:

　　签证是允许您进入外国旅行的凭证。通常在申请人所在地的领事馆申请。签证的申请与领取都必须由本人办理，虽然在某种情况下也可以指定代表办理。签证将根据外国人在本国旅行和逗留的理由来发放。

　　根据进入西班牙的目的，签证分成六大类。请允许我给大家介绍一下各种签证的用途。比方说，过境签证允许在西班牙机场国际过境区域流动；逗留签证允许在首次入境后不间断逗留或连续逗留的总时间不超过3个月；礼遇签证给予外交官和驻西班牙国际组织的官员；居留签证允许在西班牙居住，但不能打工或开业；工作与居留签证允许居留做工或从业；最后学习签证允许逗留在西班牙读书、研究、考察或培训。

课文 C

❏ **Parte I:** Interpreta el siguiente diálogo alternativamente al español y al chino.

Ⓐ 这些都是您的行李么？

Ⓑ Sí, quería **facturar estas maletas**. Perdón, ¿se hace aquí?

Ⓐ 是的。请问您的**目的地是哪里**？

Ⓑ Madrid.

Ⓐ 因为您需要在巴黎转机，所以**不能直接托运到马德里**。您在巴黎必须取出行李。

Ⓑ ¿Verdad? ¡**Qué fastidioso**! ¿**No hay otra forma**? Es que **hago por primera vez un viaje tan largo**.

Ⓐ 很遗憾。我没有别的办法。您想托运哪个箱子？

Ⓑ Estas dos negras.

Ⓐ 每个乘客可以**免费携带** 20 公斤行李。这两个箱子一共 30 公斤。超重 10 公斤。您得付超重的费用。

Ⓑ Pero tengo 15 kilos menos que el hombre que **estaba delante de mí**. ¿**Puedo no pagar el exceso**?

Ⓐ 那是两码事。如果您体重跟他一样重，我们也不会**收您超重费**的。

Ⓑ **No lo tome en serio**, es sólo **una broma**. ¿Cuánto tengo que pagar?

Ⓐ 每公斤 20 元。一共 200 元。

Ⓑ Bueno. Aquí los tiene.

Ⓐ 谢谢。这是您的收据和行李凭证。

Ⓐ Muchas gracias. Voy a guardarlos bien.

❏ **Parte II:** Interpreta el siguiente discurso del chino al español:

在座的朋友们，如果您申请前往中国的**商务签证**（F），请提供本人**有效护照**，也就是说，**有空白签证页、从递交签证之日起有效期至少 6 个月以上的护照**。如果您拥有的是非西班牙护照，您还需要提供西班牙居留证及复印件。**请您按要求填写签证申请表并本人签字。**当然还需要附上您的**证件照一张和中国政府或有关公司、企事业单位出具的邀请函。**

特别需要提醒大家的是签证正常颁发需要五个工作日，特殊情况可以申办加急件或特急件。加急件为第二或第三个对外接待日取，**每件加收 23 欧元加急费。**特急件为当日取，每件加收 33 欧元。领事部接待日 12:30 以后不再办理特急件。如果**由于申请人的原因，需要修改或撤销签证的，**当事人应承担一切费用。

❏ **Parte III:** Interpreta el siguiente discurso del español al chino:

¿**Sabías que** ahora es más fácil **realizar un trámite migratorio**? **Con la ventanilla única del portal** gob.mx, mexicanos y extranjeros **podrán localizar información**, clara y sencilla, para realizar cualquier procedimiento ante el **Instituto Nacional de Migración** (INM).

Sólo debes ingresar a www.gob.mx/tramites, **desplegar la pestaña** Migración, visa y pasaporte, **para localizar** el trámite que necesites realizar. Cada **pestaña** contiene información útil para realizar un trámite, así como **los requisitos, formatos y los procedimientos a seguir para cada uno**.

Por ejemplo, para conseguir la **Visa de residente temporal estudiante** que te sirve para viajar a México a estudiar, debes presentarte en el consulado de México de tu preferencia con los documentos necesarios **como siguen: Formato de solicitud de visa debidamente llenado**; Original y copia de tu Pasaporte o **Documento de Identidad**; Original del Documentos que acrediten tu **solvencia económica** y tu actividad que es con fines de realizar estudios en territorio mexicano; y una **Fotografía reciente con rostro visible y sin anteojos, a color, tamaño pasaporte, con fondo blanco y de frente**. Además, es requisito indispensable que **presentes el comprobante del pago de derechos correspondientes**. Todos los documentos **deberán ser legibles, sin tachaduras o enmendaduras**.

课文 D

❏ **Parte I:** Interpreta el siguiente diálogo alternativamente al español y al chino.

Ⓐ ¿Todas estas maletas son suyas?
Ⓑ 是的。我想**托运行李**。请问是在这里办理么？
Ⓐ Sí. ¿**Cuál es su destino**?
Ⓑ 马德里。
Ⓐ Como usted necesita **cambiar de avión en** París, **no se puede facturar directamente hasta** Madrid. Debe usted sacar la maleta en París.
Ⓑ 真的吗？**真是太麻烦了**。有什么办法吗？我是**第一次出远门**呢！
Ⓐ **Lo siento**. No tengo otra forma. ¿Cuáles maletas quiere facturar?
Ⓑ 我想托运这两个黑色的。
Ⓐ Cada pasajero puede **llevar 20 kilos libres**. Sus maletas pesan 30 kilos en total. **Tiene 10 kilos de exceso. Usted tiene que pagar el exceso**.
Ⓑ 但是我要比我**前面那个人**轻 15 公斤，我能不能不付超重费？
Ⓐ **Son dos cosas diferentes**. Si usted tiene el mismo peso que él tampoco vamos a **cobrarle por su exceso de peso**.
Ⓑ 您别当真，只是个玩笑。我需要付多少钱？
Ⓐ 20 yuanes por kilo, **en total** 200 yuanes.
Ⓑ 好的。这里是 200 元。
Ⓐ Gracias. **Aquí tiene su recibo y los tiques de equipaje**.
Ⓑ 非常感谢。让我放好。

❏ **Parte II:** Interpreta el siguiente discurso del español al chino:

Estimados amigos **aquí presentes**, si quiere solicitar el **Visado de Negocio** (Tipo F) para ir a China, usted debe presentar **su pasaporte vigente**, o sea, **con hojas**

vacías de visado y **con validez mínima de 6 meses a partir de** la fecha de entrega del visado. Si es **portador de pasaporte no español debe usted ofrecer además** su **Permiso de Residencia** de España y una fotocopia. **Favor rellenar debidamente la solicitud de visado y firmarla personalmente**. Naturalmente debe acompañar la solicitud con una fotografía tamaño carnet y **una Carta de Invitación de** las autoridades chinas o de **las empresas o instituciones concernientes** de China.

Cabe advertir especialmente a todos que la emisión del visado se necesita normalmente **5 días hábiles. En casos especiales, se puede solicitar visado urgente o super urgente**. El visado urgente se lo puede recoger el segundo o el tercer día hábil **cobrando una extra de 23 euros por cada uno; si se trata de un visado super urgente, se lo puede recoger en el mismo día pagando una extra de 33 euros**. Esta **Sección Consular**, después de 12:30 de **los días de atención**, no acepta tramitar casos super-urgentes. Cualquier **modificación o cancelación del visado por causas del solicitante**, éste **deberá asumir todos los costes**.

❏ Parte III: Interpreta el siguiente discurso del chino al español:

你知道现在可以很方便地**办理出入境手续**了吗？墨西哥人和外国人可以**通过门户网站** gob.mx 这个唯一窗口，找到清晰明了的**资料**，向**出入境管理局**（INM）办理各种手续。

你只需要登录 www.gob.mx/tramites，打开"出入境、签证、护照"**导航词**，就可以找到你需要办理手续的信息。每一个**导航词**都拥有办理手续非常有用的信息，包括**申请条件、表格和每一项该完成的步骤**。

比方说，为了办理前往墨西哥读书的**学生临时居留签证**，你应该去你选择的墨西哥领馆，带上如下一些必要的文件：**填写好的签证申请表**、你的护照和**身份证**原件和复印件、能够证明你**经济能力**和你去墨西哥是为了完成学业的文件原件，还要一张彩色近照。**一张脸部清晰、不戴眼镜、护照证件照大小、白色背景的正面照**。另外一个必要条件是，要**提供相应费用已支付的发票**。所有的文件都**必须清晰可辨，没有涂改**。

Unidad 3

Hospedaje
第3单元　宾馆入住

课文 A

❑ **Parte I:** Interpreta el siguiente diálogo alternativamente al español y al chino.

Ⓐ 晚上好，欢迎光临上海国际贵都大饭店。我能帮到您吗？

Ⓑ Sí, señor, quiero **una habitación simple**.

Ⓐ 请问您有预定么？

Ⓑ No. **¿Ya no tiene usted disponible?**

Ⓐ 真遗憾，我们只有双人房了，而且是双人床。

Ⓑ **Ni modo**, ya no quiero ir a buscar a otro lado.

Ⓐ 这个双人房是非吸烟房，您看可以么？

Ⓑ **Menos mal, así lo esperaba.**

Ⓐ 请问您需要住几天？

Ⓑ Tres noches.

Ⓐ 好的。请出示您的护照或身份证并请填一下这张表格。

Ⓑ **Ya está**. Aquí lo tiene.

Ⓐ 您是付现金还是刷卡。

Ⓑ **Con tarjeta.**

Ⓐ 好的，您现在应该付2000元押金，结账时将还给您。

Ⓑ Vale.

Ⓐ 请保管好这张收据。退押金时需要给我。您的房间号码是2111。这是您的钥匙。您外出时请把钥匙放在这里。

Ⓑ Sí. Haga el favor de **mandar subir mis maletas a la habitación**.

Ⓐ 好的，先生，听您吩咐！

B   Necesito **una llamada matutina** (*unmorning call*) **a las** 7:00.

A   没问题。

❏ **Parte II:**   Interpreta el siguiente discurso del chino al español:

早上好，托雷斯先生。**生日快乐！**我们**从您的登记卡上得知**今天是您的生日。这是我们总经理送给您的**蛋糕和鲜花**。这是您的生日贺卡。您是一位令人尊敬的团长。**我们都衷心地祝您身体健康、幸福如意**。愿幸福与您永相伴！托雷斯先生，我能跟你们团的朋友们说几句话吗？

女士们，先生们，**借此机会**，请允许我代表我们总经理首先向大家表达我们诚挚的谢意，感谢大家的合作和理解。我们**希望你们能喜欢我们的饭店和服务**。在这临别的时刻，我们**希望各位能带上你们的家人和朋友重游**我们这座美丽的城市，当然也希望你们能够**再次选择我们饭店**。我们**将不断努力改进**我们的服务，让我们所有的客人**都感到**"宾至如归"。

祝愿大家接下来的**旅途愉快**。欢迎大家**把微笑和友谊留下**，但不要遗忘了你们的**贵重物品**。深切地感谢你们的光临，希望能够再次为你们大家服务。旅途愉快！

❏ **Parte III:**   Interpreta el siguiente discurso del español al chino:

Señoras y señores, **Buenos días todos**. Aunque hoy hace mucho frío, siento la calurosa sinceridad por parte de ustedes. Nos han traído el brillo solar de España y la amistad de su pueblo. **Permítanme darles una calurosa bienvenida en nombre de todo el personal del Hotel de Shanghái.** Esperamos que todos puedan **sentirse muy cómodos como si estuvieran en sus propias casas**.

Nuestro hotel **es bien céntrico. Para ir a las afueras o al centro de la ciudad**, el transporte es muy cómodo y rápido. **Quedamos a pocos pasos del metro**, por el cual se puede llegar **a cualquier punto de la ciudad**.

Ofrecemos diversos servicios a nuestros huéspedes **para que puedan sentirse**

cómodos en nuestro hotel. Contamos con instalaciones magníficas para satisfacer las necesidades de todos los huéspedes, tales como el **Centro de Negocios, el Club de Gimnasia**, la Piscina, etc.

Tenemos tres restaurantes **de diferentes tamaños**, que ofrecen respectivamente la comida china y la occidental. Además tenemos dos bares y un gran **centro de compras. En las habitaciones hay instalaciones con estándares de cinco estrellas**, incluyendo baño propio, aire acondicionado, **televisión por satélite, telefonía internacional, acceso a internet** y **minibar**. Ahora les hemos preparado **un pequeño recuerdo** para cada uno de ustedes para darles la bienvenida a nuestro hotel. **Esperamos que tengan todos una estancia agradable aquí.**

Unidad 3 Hospedaje

课文 B

❏ **Parte I:** Interpreta el siguiente diálogo alternativamente al español y al chino.

Ⓐ Buenas noches. **Bienvenido al Hotel Equatorial Shanghái. ¿En qué puedo servirle?**

Ⓑ 晚上好，我想要一个**单人房**。

Ⓐ **¿Tiene una reserva?**

Ⓑ 没有。怎么？**没有空房间了吗**？

Ⓐ **Siento mucho**, tenemos sólo **habitación doble**, y además con **cama matrimonial**.

Ⓑ 没办法，我也不想去别的地方找了。

Ⓐ Esta habitación doble es **para no fumadores. ¿Le conviene?**

Ⓑ 还好，我就希望是非吸烟房。

Ⓐ ¿Cuántos días **se quedará usted**?

Ⓑ 三个晚上。

Ⓐ Bueno. **Muéstreme su pasaporte o carnet de identidad** y rellene por favor este formulario.

Ⓑ 我填好了。给您。

Ⓐ ¿Va usted a **pagar en efectivo y con tarjeta de crédito**?

Ⓑ 刷卡。

Ⓐ Vale, usted debe **pagar un depósito de 2000 yuanes** ahora, que se **le devolverá al cancelar la cuenta**.

Ⓑ 好的。

Ⓐ Guarde bien este recibo. **Necesito que me lo den cuando se reembolse el depósito**. El número de su habitación es 2111. Aquí tiene su llave. Deje la llave aquí por favor cuando usted salga.

Ⓑ 好的。请派人把我的行李送到我房间。

Ⓐ Sí, señor, ¡**a sus órdenes**!

B 请在明天早上 7 点钟叫醒我。

A **No hay problema**.

❑ **Parte II:** Interpreta el siguiente discurso del español al chino:

Buenos días, Sr. Torres. ¡**Feliz cumpleaños**! **Nos enteramos de que** hoy es su cumpleaños **a través de** su tarjeta de registro. Aquí están un **pastel y flores** que le obsequia nuestro gerente general. Y ésta es su **tarjeta de cumpleaños**. Usted es el jefe muy respetado. **Todos le deseamos sinceramente buena salud y bienestar. ¡Que la felicidad siempre le acompañe**! Sr. Torres. ¿Podría dirigir yo unas palabras a sus compañeros?

Señoras y señores, **aprovechando esta oportunidad y en nombre de** nuestro gerente general, permítanme expresar en primer lugar nuestros sinceros agradecimientos por su colaboración y comprensión. Esperamos que les hayan gustado nuestro hotel y nuestros servicios. En este momento de despedida, **deseamos que vuelvan a viajar a nuestra linda ciudad con sus familiares y amigos** y naturalmente que puedan escoger otra vez nuestro hotel. **Nos esforzaremos por mejorar constantemente nuestro servicio y** hacer que todos nuestros clientes **se sientan como si estuvieran en casa**.

¡Que tengan un feliz viaje en los siguientes días! **¡Que dejen aquí sus sonrisas y amistades**, pero no olviden **sus objetos de valor! Muchísimas gracias por su presencia**. Esperamos poder volver a servir a todos ustedes. ¡Buen viaje!

❑ **Parte III:** Interpreta el siguiente discurso del chino al español:

女士们，先生们，**大家早上好**。尽管今天天气寒冷，而我却从各位身上感受到了诚挚的暖意。

你们带来了西班牙的阳光，带来了西班牙人的友谊。请允许我**代表上海宾馆的全体员工**向你们**致以热烈的欢迎**。我们希望所有的人都能够感到像在自己家里一样愉快舒适。

我们饭店**处于相当中心的位置**，不论是去市郊还是去市中心，交通都非常舒适便捷。**地铁站仅数步之遥，坐地铁可通达全市任何地方**。

我们给客人**提供多种多样的服务**，让他们**住得称心如意**。我们拥有极佳的设施，可以满足所有客人的需求，比如说**商务中心**、**健身俱乐部**、游泳馆，等等。

我们拥有三家**不同规模的餐厅**，分别供应中餐和西餐。另外我们还有两间酒吧和一个**大型购物中心**。**客房配有五星级酒店的标准设备**，包括独立卫生间、空调、卫星电视、国际电话、英特网和小酒吧。现在我们给你们每一位都准备了一份小小的纪念品，欢迎大家光临我们饭店。**希望大家在这里住得愉快**。

课文 C

❏ **Parte I:** Interpreta el siguiente diálogo alternativamente al español y al chino.

Ⓐ 您好，有什么可以为您服务的？

Ⓑ Quiero **un almuerzo del menú 3**. ¿Puede subirlo a mi habitación **en diez minutos**?

Ⓐ 可以的，先生。请问您的姓名和房间号码是多少？

Ⓑ Juan Torres, de la habitación 2111.

Ⓐ 好的。还有其他什么需要么？

Ⓑ Sí, quiero **tener acceso a la internet** en mi habitación.

Ⓐ 可以，请记一下上网用户名和密码，这是上网线。

Ⓑ Bien, gracias. Quiero además **mandar lavar unas camisas**.

Ⓐ 请拨分机号码 8888 就可以了。那里是洗衣部。

Ⓑ Gracias. (En seguida **marca el número 8888**) ¡Hola!, la habitación 2111 **tiene unas camisas que lavar**.

Ⓒ 好的。您填好单子了么？

Ⓑ **Ahora lo hago. ¿Cuándo vienen a recogerlas**?

Ⓒ 十分钟之内。需要熨烫么？

Ⓑ ¡Sí! ¿Cuándo **puede usted tenerlas listas**?

Ⓒ 明天上午。

Ⓑ Gracias.

Ⓒ 随时为您服务。

❏ **Parte II:** Interpreta el siguiente discurso del chino al español:

亲爱的来宾：

首先我代表本店全体员工，**热烈欢迎你们来到上海。请允许我对本店的服务做一个**

简单的介绍。本宾馆属于本市最好的宾馆之一，创建于 1923 年，**一直享有国际声誉**。本宾馆已经成为**各国重要人士的首选**，其中包括国家首脑、政府高级官员以及**商界名人**。

我们有 300 多间国际标准客房，宽敞而带空调。此外，我们还有一个**中式餐厅**，一个豪华西餐厅，**五个大小不一的多功能厅**以及一个 24 小时咖啡厅。在**大堂商务中心**的旁边有一个商店，供应**哈瓦那雪茄**、啤酒、橙汁、矿泉水、可口可乐等饮料。另外，本宾馆还拥有**理发店**、美容厅、面包房、书店和纪念品店等，为你的生活方式和需求**提供最大限度的方便和舒适条件**。我们希望大家在这里都能住得愉快。你们需要什么，我们都随时恭候。

❑ Parte III: Interpreta el siguiente discurso del español al chino:

Queridos huéspedes, bienvenidos a nuestro hotel. **Aquí se apreciarán en todo momento** sus **sugerencias, comentarios y críticas sobre** nuestro hotel. **A fin de** que se alojen todos agradable y cómodamente, **permítanme hacer una presentación sobre** nuestros servicios. **La Recepción 24 horas está en el lobby de la planta baja**. Allí se prestan los **servicios de recogida del aeropuerto, check-in, arreglo de las cuentas, reservaciones de billete de tren o de avión, cambio de moneda extranjera, alquiler de coches, depósito de equipaje y caja fuerte en recepción** etc.

El **restaurante** está en el segundo piso. El **bar cafetería** está en **la planta baja**, allí se ofrecen diversas **bebidas alcohólicas o no alcohólicas** y **todo tipo de pasteles**. Dentro del retaurante grande hay **un rincón destinado a cocinas especiales** que se encuentra en el este del patio, donde hay un *chef* famoso que prepara **platos típicos de cada lugar**. Las tiendas están en **la falda del edificio**. Allí se venden ropa, **artesanía, golosinas, vinos de marca** y recuerdos. En el salón también se puede encontrar un **buzón de correo postal** y **teléfonos públicos. Para terminar, les deseo una estancia feliz en nuestro hotel**. Muchas gracias a todos.

课文 D

❑ **Parte I:** Interpreta el siguiente diálogo alternativamente al español y al chino.

Ⓐ ¡Hola! **¿En qué puedo servirle?**

Ⓑ 我想要一份 3 号午套餐。可以过十分钟送到我房间来么？

Ⓐ Sí, ¡cómo no, señor! Su nombre y el número de su habitación por favor.

Ⓑ 胡安·托雷斯，2111 房间。

Ⓐ ¡Vale! **¿Algo más?**

Ⓑ 是的，我的房间需要开通上网服务。

Ⓐ Vale, usted puede anotar **el nombre del usuario y la contraseña. Este es el cable para la Internet.**

Ⓑ 好的，谢谢。我还想送洗几件衬衫。

Ⓐ Usted puede **marcar la extensión** 8888. Es **departamento de lavandería**.

Ⓑ 谢谢。（他立即**拨了** 8888）您好！2111 房间**有几件衬衫要洗**。

Ⓒ ¡Vale! **¿Ha rellenado el impreso?**

Ⓑ 我马上填。你们什么时候来拿？

Ⓒ En diez minutos. **¿Necesita usted planchado?**

Ⓑ 是的。您什么时候可以全部搞定？

Ⓒ Mañana por la mañana.

Ⓑ 谢谢。

Ⓒ **A sus órdenes**.

❑ **Parte II:** Interpreta el siguiente discurso del español al chino:

Queridos invitados,

Ante todo, en nombre de todo el personal de nuestro hotel, **les doy una calurosa**

bienvenida por su visita a Shanghái. **Permítanme hacer una breve presentación sobre nuestros servicios.** Nuestro hotel **se encuentra entre** los mejores de la ciudad. Se fundó en 1923. **Siempre ha gozado de fama internacional. Ha sido la primera opción para** las personalidades importantes de muchos países, **entre las cuales figuran jefes de Estado**, altos funcionarios gubernamentales y **eminentes hombres de negocio.**

Contamos con más de 300 **habitaciones de estándar internacional**, espaciosas y con aire acondicionado. Además, tenemos un **restaurante de cocina china** y **otro lujoso de cocina occidental**; tenemos 5 **salones multifuncionales de diferentes tamaños** y una cafetería de 24 horas. **En el lobby** y al lado del **Centro de Negocios** hay una tienda donde se venden **cigarros habaneros**, cervezas, jugo de naranja, agua mineral y coca cola etc. Además nuestro hotel cuenta con **peluquería, salón de belleza**, panadería, librería y tienda de souvenir, etc. para **ofrecerte las máximas facilidades y una total comodidad a** su estilo de vida y sus necesidades. **Esperamos que tengan todos aquí una estancia agradable. Cualquier cosa que necesiten, estamos a su completa disposición.**

❑ **Parte III:** Interpreta el siguiente discurso del chino al español:

亲爱的来宾，欢迎大家光临本店。**本店随时欢迎大家的建议、意见和批评。**为了使大家在本店住得愉快舒适，特将本店的服务项目作一介绍。24小时总服务台设在底楼大堂，可办理机场接客、入住登记、结账、火车票或飞机票预订、外币兑换、汽车租赁、行李储存、服务台保险箱等服务。

餐厅设在二楼。**酒吧咖啡厅在底楼**，那里供应各种**酒精或非酒精饮料**以及**各种糕点**。在大餐厅里还有一个**特色风味角**，它位于院子的东部，这里有**著名厨师**烹制各种**地方名菜**。商店设在**大楼裙楼**，出售服装、**手工艺品**、点心、名酒和纪念品。大厅里还设有邮政信筒和公用电话。最后我要祝大家在本店度过美好时光。非常感谢大家！

Unidad 4

Transporte
第 4 单元　交通安排

课文 A

❏ **Parte I:**　Interpreta el siguiente diálogo alternativamente al español y al chino.

- Ⓐ　Perdón, ¿cómo puedo ir al Parque Zhongshan?
- Ⓑ　您最好坐地铁。先乘一号线，到人民广场**换乘**二号线到中山公园。
- Ⓐ　¿Me podría decir cuándo sale el próximo metro para la **Plaza del Pueblo**?
- Ⓑ　大约 3 分钟一趟。
- Ⓐ　¿Está lejos? ¿Cuántas paradas hay hasta el Parque? ¿Cuánto tiempo se necesitaría?
- Ⓑ　从这里到人民广场有 5 站，从那里到中山公园还有 4 站，**总共是** 9 站，大概需要 25 分钟。
- Ⓐ　Por favor, ¿dónde está **la boca del metro**?
- Ⓑ　您看**那边有肯德基店的高楼处**就有一个。您下楼梯，**顺着指示牌**可以很方便地到达地铁**自动闸机口**。不过您先要在**售票处**或自动售票机那儿买票，4 元一张。
- Ⓐ　¿Cómo puedo saber si el metro va para la **Plaza del Pueblo**?
- Ⓑ　您可以依据"人民广场"这个标识确认。
- Ⓐ　¿Cómo puedo **cambiar a la línea 2** cuando llegue allí?
- Ⓑ　站内有清楚的标识，您可以**根据绿色箭头所指方向换乘**。
- Ⓐ　¿Necesito comprar otro billete?
- Ⓑ　不用，票价已经包括全部车程了。
- Ⓐ　Bueno. Muchas gracias por su ayuda.
- Ⓑ　不用谢。您不会迷路的。如果有什么问题您可以问马路上的人。祝您在上海一切顺利。

❏ **Parte II:** Interpreta el siguiente discurso del chino al español:

女士们、先生们：

下面**请允许我**就上海市近年来的**交通设施建设**向大家作些简单的介绍。

这些年来，上海的**市政基础设施建设**使每一个来上海参观访问的游客都感到惊叹不已。**跨越黄浦江的**世界级斜拉大桥、过江隧道、地铁、轻轨、内外环高架道路、立交桥以及**磁悬浮列车**等都为上海**增添了光彩**。

高架交通网和**颇有运载能力的**地铁线路极大地缓解了城市交通的拥挤状况，**方便了人们的出行**。例如，地铁二号线与地铁一号线**交汇于**人民广场，**穿越**黄浦江，将**繁华的**浦西市中心和浦东新区的**金融中心**及高科技园区**连接在一起**，成为浦江两岸之间最重要的轨道交通线，**大大缓解了**两岸之间的**交通拥堵**。

地铁、轻轨、磁悬浮列车的**成功运行标志着**现代化的地下、地面和高架三个层面的**立体交通网**已经颇具规模。最新修建的中环隧道和高架，为城市的交通蓝图锦上添花。我们相信，随着2010年世博会的**不断临近**，上海市的交通设施一定会越来越完善，人们的生活也会越来越便利。

❏ **Parte III:** Interpreta el siguiente discurso del español al chino:

Estimados amigos chinos:

Verdaderamente estoy sorprendido del desarrollo de su país, **en especial** el desarrollo de **la infraestructura**. Para **elevar la calidad de vida** de la gente, **se han dedicado inmensos recursos humanos y materiales a** la construcción de **infraestructura del tráfico** en su país y se han realizado muchos **proyectos de transporte**. Por ejemplo, los puentes y metros que **sirven como un vínculo formidable** entre Puxi y Pudong **facilitan las inversiones y operaciones comerciales**. Los seis **puentes sobre el Río Huangpu** están asumiendo más del 60% del transporte entre ambos lados del Río.

Adicionalmente, se ha formado **el sistema de transporte que une el subterráneo, el de la superficie y el de la autopista elevada. Lo que más me impresiona, entre otras cosas**, es el tren Maglev. Esta es la primera **línea comercial** de tren de levitación magnética en el mundo. Ella vincula la estación Longyang Lu del metro línea 2 con el Aeropuerto Internacional de Pudong **con una velocidad máxima de 430 kilómetros por hora**. Sólo **tarda 7 minutos en cubrir una distancia de 30 kilómetros**, que normalmente necesita 30 a 40 minutos **aún para un taxi**. El tren **se mueve por fuerza magnetomotriz**. Corre como si se mantuviera en el aire, **de ahí viene su nombre**.

Según la prensa, el ex-Primer Ministro chino y el ex-Canciller alemán **se han presentado personalmente en la operación prueba** del primer tren Maglev comercial del mundo. El tren Maglev **marca una revolución de velocidad para el mundo en el transporte de superficie**. El tráfico rápido y cómodo no sólo **ha contribuido a la prosperidad de** la ciudad, sino también a su desarrollo. El avance rápido de China **anuncia al mundo** que su futuro **tiene una perspectiva brillante y llena de esperanza**.

Unidad 4　Transporte

课文 B

❑ **Parte I:** Interpreta el siguiente diálogo alternativamente al español y al chino.

Ⓐ　请问，去中山公园怎么走？

Ⓑ　**Es mejor tomar el metro.** Ud. puede **tomar primero la línea** 1 hasta la **Plaza del Pueblo** y **hacer cambio** ahí **a la línea** 2 para el Parque Zhongshan.

Ⓐ　您能告诉我下一班开往**人民广场**方向的地铁什么时候来吗？

Ⓑ　Cada tres minutos aproximadamente.

Ⓐ　中山公园远吗？一共有几站？需要多少时间？

Ⓑ　De aquí a la Plaza del Pueblo hay **5 paradas** y de allá al Parque Zhongshan hay otras 4 paradas. **En total 9 paradas** y se necesitaría 25 minutos **más o menos**.

Ⓐ　请问**地铁口**在哪里？

Ⓑ　Mire, **aquel edificio alto donde hay un KFC** ahí hay una. Bajando por la escalera y **siguiendo los letreros** llegará fácilmente a la **puerta automática del metro**. Pero primero tiene que comparar billetes **en la taquilla** o en **la máquina vendedora**. Le costará 4 yuanes.

Ⓐ　我怎样才能知道哪列车是开往人民广场方向的呢？

Ⓑ　**Siga el letrero que dice "Plaza del Pueblo".**

Ⓐ　我到那里以后怎么**换乘**二号线？

Ⓑ　Hay letreros claros. Puede llegar allí **siguiendo las flechas en color verde**.

Ⓐ　我需要再买票吗？

Ⓑ　No hace falta. **Todo el trayecto está incluido.**

Ⓐ　好的。非常感谢您的帮助。

Ⓑ　De nada. **No va usted a perderse. Cualquier duda,** puede preguntar a los **transeúntes. Que todo le vaya bien en Shanghái.**

❑ **Parte II:** Interpreta el siguiente discurso del español al chino:

Señoras y señores:

Ahora, **permítanme hacerles una breve presentación sobre** las **infraestructuras de transporte** terminadas en los últimos años en Shanghái.

Durante los últimos años, Shanghái **le sorprende a cada uno de los turistas que** vienen a visitar la ciudad **con sus obras de** infraestructura. **Los puentes colgantes** de fama mundial y **los túneles que cruzan el Río Huangpu**, metros, **tren elevado, anillo interior y exterior de autopistas, cruces a distintos niveles** y el **tren Maglev**, etc. **Todo esto contribuye a la gloria de esta ciudad.**

La red de autopistas y el sistema de metros de transporte masivo han aflojado considerablemente los atascos de la ciudad y han facilitado el viaje de los ciudadanos. Por ejemplo, la línea 2 del metro, que **se une con** la 1 en la Plaza del Pueblo, **atraviesa** el Río Huangpu y **comunica** el **concurrido centro** de la ciudad Puxi con el **centro financiero** y parque de alta tecnología de la zona nueva de Pudong. **Se ha convertido en** la línea de metro más importante entre ambos lados del río **aliviando enormemente la congestión** de tráfico entre estas dos zonas de la ciudad.

La exitosa puesta en funcionamiento del metro, **el tren elevado** y el Maglev **indica que se ha formado un sistema moderno tridimensional de** transporte constituido por **el subterráneo, el de superficie** y **el elevado. El recién terminadoanillo intermedio constituido por túneles y autopistas elevadas, es como miel sobre hojuelas para la planificación del transporte urbanístico.** Estamos convencidos de que **con la aproximación de** la Expo 2010 **el sistema de tráfico de Shanghái seguirá perfeccionándose**, y que la vida de la gente va a ser cada día más cómoda.

Unidad 4　Transporte

❑ **Parte III:** Interpreta el siguiente discurso del chino al español:

尊敬的中国朋友们：

贵国的发展，**尤其是基础设施**的发展，**让我极为惊叹**。为了提高人们的生活质量，贵国在**交通设施**等基础建设上投入了相当大的人力物力，完成了**许多工程项目**。例如，**连接**浦东浦西的大桥和地铁为外商**投资和业务经营提供了便利**。六座**跨江大桥**承担着60%的跨江运输任务。

此外，地下、地面、高架结合的交通运输体系也已形成。其中，给我印象最深的莫过于**磁悬浮列车**了。这是世界上**首条商用**磁悬浮列车线路，它连接了地铁二号线龙阳路站和浦东国际机场。**最高时速**达到430公里，行程30公里只需7分钟便可到达目的地。而在通常情况下，**即使出租车也需要**30到40分钟。列车以**电磁为动力**，在运行时悬浮于空中，**故而得名**。

据报道，中国和德国的前总理还**亲自参加了**世界上第一列商用磁悬浮列车的**试运行**。磁悬浮列车**给世界地面交通带来了一场速度革命**。顺畅便捷的交通不仅促进了**城市的繁荣**，也推动了城市的发展。中国的飞速发展**向世界宣告**中国的未来**充满光明和希望**。

课文 C

☐ **Parte I:** Interpreta el siguiente diálogo alternativamente al español y al chino.

Ⓐ ¿Podría alquilar un coche? **Quisiera uno por una semana**.

Ⓑ 当然可以。没问题。

Ⓐ ¿Qué coches tiene usted? **¿Cuánto cuesta al día?**

Ⓑ 我们这里有奥迪、桑塔纳、别克、小面包车、**跑车**、**房车**、**厢式送货车**等。您想要什么车？

Ⓐ ¿Tiene **coche deportivo descapotable**? ¿Cuánto por día?

Ⓑ 每天 200 欧元，但是需要**特别的驾照**。您想来一辆？

Ⓐ No, **sólo por preguntar**. Como somos 4, necesitamos un Buick negro de cuatro puertas.

Ⓑ 好的，一辆别克，价钱是每天 45 欧元，**不限里程**。汽油费一般不包含在租费中，必须**由**顾客自己承担。交车时帮您灌满油箱，还车时您也得加满油。

Ⓐ De acuerdo. ¿Este coche **tiene seguro**? ¿Tengo que **pagar una entrada**?

Ⓑ 有的。这辆车**有保险**。现在您需要付押金。

Ⓐ Sí. ¿Qué otros documentos necesito?

Ⓑ 您的**驾驶证**和护照。您有**国际驾照**吗？

Ⓐ Sí. Aquí los tiene.

Ⓑ 谢谢。**请填写这个表格**。

Ⓐ Vale.

Ⓑ 请好好检查车子，还车时必须**保持原样**。您想在哪里**还车**？想**在这里还车**吗？

Ⓐ Sí. ¿Aquí tengo que firmar?

Ⓑ 对，请在这里签字。祝您好运！

Ⓐ Muchas gracias.

Ⓑ 应该的。

Unidad 4　Transporte　039

❏ **Parte II:**　Interpreta el siguiente discurso del chino al español:

女士们，先生们：

下面，请允许我向大家介绍一下上海的**标志性建筑**——金茂大厦。

金茂大厦位于上海浦东新区陆家嘴**金融贸易区黄金地段，与著名的外滩风景区隔江相望**。**占地面积** 2.4 万平方米，**高** 420.5 米，**主楼** 88 层，**地下室** 3 层。金茂大厦的设计者是美国芝加哥著名的 SOM 设计事务所。设计师**以创新的设计思想，巧妙地将世界最新建筑潮流与中国传统建筑风格结合起来，使其成为**当今沪上最方便舒适、最灵活安全的办公、商贸、娱乐和餐饮的**理想场所**。

金茂大厦的 53—87 层**为世界上离地面最高、设施最齐全、装修最豪华的上海金茂君悦大酒店**。大厦周边交通十分便利，过江隧道或地铁二号线**可以直达**。从金茂大厦去**浦西最繁华的**商贸区，可以坐车过隧道，仅需 10 分钟，而到上海虹桥机场或到浦东国际机场的车程也只有 30 分钟，地理位置十分优越。

❏ **Parte III:**　Interpreta el siguiente discurso del español al chino:

Queridos amigos, **durante mi estancia en Shanghái, me di cuenta** de que **la infraestructura de transporte del Delta del Río Yangtze** es excelente. Particularmente, **me ha impresionado mucho** el tren de alta velocidad entre Nanjing y Shanghái.

Esta vez **tengo la suerte de** tomar el tren CRH (China Railway Highspeed) para ir a Nanjing. Dicen que anteriormente **el tren tardaba por lo menos 4 horas en llegar a** Nanjing desde Shanghái, pero el CRH **no tarda más que** una hora y 58 minutos.

Los EMU (Electric Multiple Units) **son trenes de pasajeros con potencia propia, dotados de modernas instalaciones de servicio**, y pueden **ser conducidos por ambos extremos**. En China, **los EMU** que alcanzan **a una velocidad** de 200 o más kilómetros **por hora** toman CRH **como abreviación**. Estos trenes CRH también se llaman "**tren bala**" porque su forma **parece mucho a** una bala, cuya velocidad puede alcanzar a 200 o más kilómetros por hora.

El tren D419 es **el interurbano** que vincula Nanjing y Shanghái y **hace escala en Changzhou, Wuxi, Suzhou, etc. Todas ellas son ciudades bien desarrolladas económicamente** del **delta**. Las líneas que llevan la letra D, **representan una velocidad** entre 200 a 300 km/hora y las líneas que llevan la letra G **significan una velocidad** mayor de 300 km/hora. **En fin**, el CRH ha facilitado cada vez más el tranporte entre **Shanghái y las provincias de su entorno** y promoverá, **sin duda alguna**, el desarrollo y la prosperidad de esta zona.

Unidad 4　Transporte

课文 D

❏ **Parte I:**　Interpreta el siguiente diálogo alternativamente al español y al chino.

Ⓐ　我可以租辆车吗？我**想租一辆用一星期**。

Ⓑ　**Por supuesto**. No hay problema.

Ⓐ　您有些什么车？**每天费用多少**？

Ⓑ　Tenemos Audi, Santana, Buick, minibús, **coche deportivo, furgoneta familiar, furgoneta de reparto** etc. ¿Qué tipo de coche quiere usted?

Ⓐ　您有**敞篷跑车**吗？**多少钱一天**？

Ⓑ　200 euros por día, pero necesita un **carnet especial**. ¿Quiere usted uno?

Ⓐ　不，我只是问问而已。我们是四个人，需要一辆四门的黑色别克车。

Ⓑ　Vale, un Buick, el precio es unos 45 euros al día con **kilometraje ilimitado**. En general, **las tarifas no incluyen gasolina. La tienen que pagar los clientes. El coche va con el tanque lleno** y tiene que **estar lleno el tanque cuando lo devuelva**.

Ⓐ　好的。这辆车**有保险吗**？我要交**押金**吗？

Ⓑ　Sí. Tiene **un seguro de automóvil**. Ahora tiene que **dejar un depósito**.

Ⓐ　好的，我还需要哪些证件？

Ⓑ　Su **carnet de conducir** y su pasaporte. ¿Tiene usted **carnet internacional de conducir**?

Ⓐ　有。在这里。

Ⓑ　Gracias. **Rellene este impreso** por favor.

Ⓐ　好的。

Ⓑ　Revise bien el coche. Debe usted devolverlo **en el mismo estado**. ¿Dónde quiere **dejar el coche**? ¿Quiere **devolverlo aquí**?

Ⓐ　是的。我必须在这里签字吗？

Ⓑ　Sí, por favor firme aquí. ¡Buena suerte!

Ⓐ　非常感谢。

Ⓑ　**A su disposición**.

❑ **Parte II:** Interpreta el siguiente discurso del español al chino:

Señoras y señores:
Ahora permítanme presentarles **una construcción emblemática de** Shanghái, la **Torre Jinmao**.

La Torre Jinmao se encuentra en **una localidad de oro de la zona comercial y financiera** Lujiazui del nuevo **Distrito de Pudong** de Shanghái. **Mira al famosísimo Malecón de lindos paisajes del otro lado del río Huangpu.** La torre **ocupa una superficie de** 24,000 m², **mide 420,5 metros de altura** y **cuenta con** 88 pisos y otros 3 de **sótano**. **Fue obra diseñada por** la prestigiosa empresa **Diseños SOM** (Skidmore, Owings & Merrill LLP) de Chicago en los Estados Unidos. Los diseñadores, **con sus ideas creativas, han combinado ingeniosamente la más reciente corriente arquitectónica internacional con el estilo tradicional chino**. Esto **ha hecho de la torre un lugar ideal para** oficinas, comercios, diversiones y restaurantes, porque su ubicación es una localidad cómoda, accesible y segura en Shanghái.

Del piso 53 al 87 de la **Torre Jinmao** se encuentra el **Grand Hyatt Shanghái** que es **el hotel de mayor altura con instalaciones más completas y decoraciones más lujosas** del mundo. **El tráfico del alrededor** de la Torre **es tan fácil que se puede llegar** directamente **por** el túnel que cruza el río Huangpu o **por** el metro línea 2. De la Torre Jinmao a las **zonas comerciales más animadas de Puxi** se puede llegar **por el túnel** en sólo 10 minutos **en coche**. Y **por su localidad muy ventajosa** el viaje en coche **sólo tarda** 30 minutos **en llegar al** aeropuerto internacional de Hongqiao o de Pudong de Shanghái.

❑ **Parte III:** Interpreta el siguiente discurso del chino al español:

亲爱的朋友们，**在上海逗留的这段时间里**，我发现长三角地区的交通设施建设非常出色。尤其是连接南京和上海的高速列车，**给我留下了深刻的印象**。这次我有幸乘坐动车组去了一次南京。据说过去从上海至南京的火车**至少需要 4 个小时**，而乘坐动车组，全程仅仅花了 1 小时 58 分钟。

动车组是自带动力（Multiple Units）、配备现代化服务设施，而且可以两端驾驶的旅客列车。在中国，时速200公里及以上的动车组统一采用"CRH"（China Railway High-Speed）这个简称。动车组又称"子弹头"，因为它的外形犹如"子弹头"，而且时速可以达到200公里甚至更高。

D419次列车作为沪宁之间的城际列车，经停常州、无锡、苏州等站，这几个都是长三角地区经济很发达的城市。带字母D的车次速度在每小时200至300公里之间，而带有字母G的车次速度在每小时300公里以上。总之，动车组使上海与周边省份的交通变得越来越便利，无疑它也将带动这些地区的发展和繁荣。

Unidad 5

Banquete y Recepción
第 5 单元　宴请招待

课文 A

❑ **Parte I:** Interpreta el siguiente diálogo alternativamente al español y al chino.

Ⓐ 女士们，先生们，**请坐**。今天我们为大家准备了一些**中国式的酒菜**。**希望各位喜欢**。

Ⓑ **Supongo que** me va a gustar todo.

Ⓐ 我想**大家都很熟悉了**，那我就**不作介绍了**。

Ⓑ **¡Qué magnífico es ver aquí a tantos amigos!** La comida **parece riquísima**.

Ⓐ 这是中国的**冷盘**，请大家**随便用**。

Ⓑ Gracias. **No se preocupe por nosotros. No vamos a perder ningún plato bueno**.

Ⓐ 多吃点**烤鸭**。这是我们中国的名菜。

Ⓑ Gracias. **La piel es crujiente y la carne, tierna**. A mí **me encanta**.

Ⓐ 我很高兴您喜欢它。中国的**烹调**确实丰富多彩。

Ⓑ Muy interesante. **La apariencia, el olor y el sabor todos son buenísimos. ¡Es un objeto de artesanía!**

Ⓐ 请再吃点鱼。你们知道为什么**最后**需要吃点鱼吗？

Ⓑ ¿Por qué? **¿Acaso tiene algún secreto**?

Ⓐ 因为在汉语里的"鱼"和"余"是**同音词**，所以吃鱼就可以表示"**有盈余**"，意思是"富足"。中国人**以此表示良好的心愿**。

Ⓑ ¡Qué interesante! Y este pescado es ahora **todavía más exquisito**. Me gusta. La comida de hoy es muy rica.

Ⓐ 各位能够赏光到此，我感到非常荣幸。让我们举杯祝愿马丁内斯先生和夫人身体健康。

Ⓑ Muchas gracias a todos. **Sentimos mucho no poder** quedarnos por más tiempo. **De no ser así, seguro que visitaríamos a todos ustedes**.

Ⓐ 干杯！
Ⓑ ¡Salud!

❏ Parte II: Interpreta el siguiente discurso del chino al español:

女士们，先生们：

首先，请允许我向全体来宾**表示热烈的欢迎**。

如今的中拉贸易关系，**比任何历史时期都好**。最近 5 年，我国和拉美的**贸易总额**已经有了大幅度的增加。我们正是在这无可比拟的时刻举行这次展览会的。

去年，**我们高兴地接待了数十个来自拉美各国的重要的贸易代表团，另一方面，我国的商务人士也不断地到拉美各国考察访问，寻找商机**。

这次展览会的目的是加强这些方面的交流。它将向**中国人民**——尤其是各个**政府部门、国营企业、贸易公司、专家和科学工作者**展现目前拉美工业的**整体成就**。

我非常**珍视**中拉在贸易合作中发展建立起来的**友谊和信心**。**我确信**，这次展览会将进一步**加强**双方的合作关系，并对**扩大**两大洲之间的**互利贸易作出贡献**。

今天，我们举办宴会，**款待各位朋友，旨在创造契机增进**中拉双方商务人士之间的了解和交流。**让我们举杯，祝愿本次展会圆满成功**！干杯！

❏ Parte III: Interpreta el siguiente discurso del español al chino:

Señoras y señores,

Las relaciones entre China y América Latina **han conocido un nuevo impulso** a partir de los últimos años **como consecuencia** de la aceleración del crecimiento económico chino y de la **demanda ingente de energía e insumos** que requiere y requerirá este país, durante los próximos 30 años, para **consolidar** su desarrollo. Ello **ha estimulado también la proyección de China hacia una zona en la que percibe posibilidades de complementariedad**, lo que la ha llevado a **convertirse en** un socio **imprescindible** para **numerosas economías de la región** latinoamericana. **Algunas de las características** de esta complementariedad de los países de América Latina con China **podrían ser:**

1) Los países latinoamericanos se encuentran **en vías de desarrollo, característica que** comparten con China. 2) Estos países **tienen necesidades de bienes de consumo** y **capitales; y 3) tienen abundancia de materias primas**, lo que **constituye** una importante **fuente de suministro** para los planes de modernización de China, **y a la vez, un mercado de grandes potencialidades** para sus productos.

En este proceso de mayor dinamismo económico ambas partes han logrado encontrar medios que les permitan **superar sus diferencias culturales y los desequilibrios comerciales**, y han sido capaces de **aprovechar las ventajas de la globalización** y de la nueva situación internacional.

Unidad 5   Banquete y Recepción

课文 B

❏ **Parte I:**   Interpreta el siguiente diálogo alternativamente al español y al chino.

Ⓐ   Señoras y señores, **siéntense por favor**. Hoy hemos preparado **algo típico de la comida china** para ustedes. **Espero que les guste**.

Ⓑ   我想我什么都会喜欢的。

Ⓐ   Creo que **entre ustedes se conocen ya bastante bien**. Entonces no **hace falta una presentación**.

Ⓑ   能在此见到这么多的朋友真是太好了！饭菜看上去也很可口。

Ⓐ   Estos son **platos fríos** chinos. **Sírvanse** por favor.

Ⓑ   谢谢。您别担心我们。好吃的东西我们是不会错过的。

Ⓐ   Tomen más el **pato laqueado**. Es una **especialidad** china.

Ⓑ   谢谢。皮脆肉嫩，我很喜欢。

Ⓐ   **Me alegro de que le guste**. La **gastronomía** china **tiene realmente mucha variedad**.

Ⓑ   很有意思。色、香、味俱全。简直是个工艺品！

Ⓐ   **Sírvanse** el pescado, por favor. ¿Saben por qué **al final** deben comer un poco de pescado?

Ⓑ   为什么？难道还有什么奥秘？

Ⓐ   Porque en chino el carácter "pescado" (Yu) **suena igual que** el caracter "sobrante" (Yu), por eso **comer pescado puede significar tener "cosas sobrantes"** que equivale **"tener abundancia"**. Los chinos **expresan con ello su buen deseo**.

Ⓑ   真有意思。现在这个鱼也更加有味道了。我很喜欢。今天的饭菜很好吃。

Ⓐ   **Es un honor mío poder tenerlos aquí**. Vamos a **levantar la copa, brindemos por** la salud del señor Martínez y su señora.

Ⓑ   谢谢各位。我们很抱歉不能在此久留，否则一定拜访各位。

Ⓐ   ¡Salud!

Ⓑ   干杯！

❑ **Parte II:** Interpreta el siguiente discurso del español al chino:

Señoras y señores:

Antes que nada, permítanme dar una calurosa bienvenida a todos los distinguidos invitados.

La relación comercial de hoy entre China y América Latina **es mejor que en cualquier otra época de la historia. En los últimos 5 años, se ha registrado un gran incremento en el monto total del** comercio entre China y los países latinoamericanos. **Precisamente en este momento incomparable** celebramos esta feria.

El año pasado, **tuvimos la alegría de** haber recibido a **decenas de** importantes delegaciones comerciales de los países latinoamericanos, mientras que **los comerciantes chinos** realizaban constantemente **visitas de investigación** a estos países **para buscar oportunidades de negocio**.

El objetivo de esta feria es fortalecer los intercambios en este aspecto. Esta feria **presentará íntegramente los éxitos de la industria** de América Latina **al pueblo chino**, sobre todo, al **sector gubernamental, empresas estatales públicas**, compañías comerciales, expertos y científicos.

Yo **estimo mucho la amistad y confianza que** se han establecido con el desarrollo de la cooperación económica sino-latinoamericana. **Estoy convencido de** que la feria va a **consolidar** nuestra relación cooperativa y **contribuir a** ampliar **los comercios de mutuo beneficio** entre dos continentes.

Hoy **ofrecemos** este banquete **en honor de todos los amigos aquí presentes para** crear una oportunidad de **fomentar** el entendimiento y la comunicación entre los hombres de negocio de ambas partes. **Vamos a levantar la copa, deseando que** sea todo un éxito esta feria. ¡Salud!

❏ **Parte III:** Interpreta el siguiente discurso del chino al español:

女士们、先生们：

近年来，由于中国经济的迅速增长，**由于**中国**为了巩固**其发展，现在和今后 30 年将需要**大量的能源和原材料**，中国与拉丁美洲的关系**得到了新的**推动。这种情况**也**刺激中国成为拉美国家**能够看到互补性的**地区，使得中国变成了拉美地区许多国家不可或缺的伙伴。拉美国家与中国之间的这种互补性**有这样一些特点**：

1）拉美国家**处于发展中，这个特点与中国相同**；2）拉美国家**需要消费品和资金**；3）拉美国家**拥有大量的原材料**，能成为实现中国现代化计划的重要**供应国**，同时也是中国产品巨大的**潜在市场**。

在这活跃的经济发展过程中，双方已经找到了能够**逾越**他们之间**文化差异**和**贸易不平衡**的办法，能够**利用经济全球化带来的好处**，利用新的国际环境。

课文 C

❑ **Parte I:** Interpreta el siguiente diálogo alternativamente al español y al chino.

Ⓐ 这道是什么菜？看上去好可爱。

Ⓑ Este se llama "*xiaolong baozi*", es **empanadilla con relleno de carne y hecho a vapor**, es un plato típico de Shanghái. **Sabe muy especial si** lo mojas en vinagre.

Ⓐ 让我尝尝。请把醋递给我好吗？

Ⓑ Toma.

Ⓐ 谢谢。我来尝一尝。哇！真鲜哪！里面有汁水，挺烫人的。

Ⓑ Sí, es cierto. **El relleno está muy bien preparado**.

Ⓐ 今晚我们的胃口可好了。你的厨艺真不错。

Ⓑ Gracias. Come más este pollo con chile "*gongbao jiding*". ¿Has probado este **pescado agridulce**? Es también muy típico.

Ⓐ 都非常好，我吃了不少，我已经饱了，谢谢。

Ⓑ **Me alegro de que te guste esto**.

Ⓐ 哦，我想现在已经不早了，我们得走了。关太太，谢谢你邀请我们来你家共进晚餐。

Ⓑ **Muchas gracias por venir a** mi casa. **¿Por qué tenéis la prisa de iros tan pronto? ¿No podéis quedar un poco más?**

Ⓐ 我们很愿意，但是我们必须早点回去。明天还有很多安排。谢谢你所做的一切。

Ⓑ De nada. **A mí me alegra que os guste la comida**.

Ⓐ 因为你厨艺高超。

Ⓑ Gracias. **¡Que todo os vaya bien en Shanghái!**

Ⓐ 谢谢，晚安。再见。

Ⓑ Adiós.

Parte II: Interpreta el siguiente discurso del chino al español:

女士们，先生们：

晚上好！值此**金风送爽**之际，我们今晚**相聚**在东方明珠**塔**下。我谨**代表上海市人民政府**和上海人民，**对各位的光临**表示热烈欢迎。我愿借此机会，向各位并通过各位，向所有关心和支持上海发展的朋友们，**表示诚挚的谢意和良好的祝愿。**

中国**加入世贸组织**，标志着对外开放进入一个**崭新**的历史时期。我们正在更大规模、更广领域和更高层次上参与国际竞争。上海，作为**沿海开放城市的领头羊**，已经率先感受到前所未有的发展机遇和严峻的挑战。

在这**经济全球化**的大潮流中，上海人民正在**聚精会神地**全面建设经济发达、社会和谐的小康社会，加快实现现代化。毫无疑问，在这个过程中，教育将起到不可替代的作用，这将为所有**在座的**朋友们创造更多的发展机会和空间。

让我们共同举杯，为这次国际教育会议的圆满成功，为我们的真诚合作，为在座各位的事业辉煌、身体健康、家庭幸福，干杯！

Parte III: Interpreta el siguiente discurso del español al chino:

Queridos amigos, **mis colegas y yo estamos muy contentos de** poder **reunirnos aquí. Estamos muy agradecidos por su invitación y hospitalidad. Entre** los asesores e invitados que asisten a esta reunión **figuran ejecutivos de alto rango** de compañías multinacionales, economistas **de renombre**, expertos y **estudiosos de mucha erudición. Me alegro mucho de tener la oportunidad de** compartir mis opiniones con ustedes. En todo este proceso **he sentido profundamente** su espíritu de sincera cooperación y **su actitud realista y práctica**.

Debemos **poner en pleno juego este espíritu cooperativo y esta sabiduría colectiva**. Esto **no sólo contribuirá a** planificar y fomentar el desarrollo de Shanghái, **sino también a** promover conjuntamente la cooperación y desarrollo de ambas partes y en todos los terrenos. **Esperaba ya desde hace tiempo** esta reunión de asesoría para alcaldes y **poder hacer sugerencias y dar consejos con respecto al** desarrollo de Shanghái en los 20 años venideros y también **para ofrecer mi granito de arena a la modernización de** la educación en Shanghái. Hoy **nos reunimos alegres aquí para** un sólo objetivo: **fomentar** la cooperación y la comunicación.

Con la globalización económica como fondo, tenemos que **agarrar las nuevas oportunidades, enfrentar los nuevos desafíos y hacer todo lo posible para crear** nuevas perspectivas de cooperación en todos los aspectos, logrando así una **complementariedad de ventajas**, beneficios mutuos, **cooperaciones a largo plazo** y desarrollo **conjunto**.

Deseo que el **seminario** de hoy pueda **promover el desarrollo económico y social** de Shanghái. También **deseo que** la economía de Shanghái, **llena de vigor y perspectiva**, siga avanzando a grandes pasos. Que tomemos de la mano para esforzarnos juntos por la modenización de Shanghái y por nuestra prosperidad **conjunta**. ¡Salud!

Unidad 5　Banquete y Recepción

课文 D

❏ **Parte I:**　Interpreta el siguiente diálogo alternativamente al español y al chino.

Ⓐ　¿Qué es este plato? **Tiene buena pinta**.

Ⓑ　这叫"小笼包",意思是**带肉馅的蒸出来的小馒头**。这是正宗的上海小吃。**蘸着醋吃,别有风味**。

Ⓐ　Déjame probarlo. ¿**Me pasa el vinagre, por favor**?

Ⓑ　拿着。

Ⓐ　Gracias. Voy a probarlo. ¡Ummm! **¡Es una delicia!** Tiene caldo adentro. **Me ha quemado**.

Ⓑ　是的,这个肉馅做得非常好。

Ⓐ　**Tenemos muy buen apetito** esta noche. **Tú cocinas bastante bien**.

Ⓑ　谢谢。你再多吃点这个"宫保鸡丁"。你尝过这个**糖醋鱼**了吗？它也很有特色。

Ⓐ　**Todo es sabroso**. Ya comí mucho y **estoy lleno**, muchas gracias.

Ⓑ　你喜欢吃这个我就很高兴。

Ⓐ　Oh, **creo que ya es muy tarde. Nos tenemos que ir** ahora. Sra. Guan, **muchas gracias por invitarnos a** cenar a su casa.

Ⓑ　谢谢你们的光临。为什么这样急着要走？不能再多留一会儿吗？

Ⓐ　**Nos gustaría**, pero **tenemos que volver pronto**. Mañana **tengo mucho que hacer. Gracias por todo**.

Ⓑ　不客气。我很高兴你们喜欢今天的饭菜。

Ⓐ　Porque **cocinas muy bien**.

Ⓑ　谢谢。祝你们在上海一切顺利。

Ⓐ　Gracias. Buenas noches. Adiós.

Ⓑ　再见。

❏ **Parte II:** Interpreta el siguiente discurso del español al chino:

Señoras y señores:

Buenas noches. **Con la brisa del viento dorado, estamos reunidos** esta noche **al pie de** la Torre Perla Oriental. **En nombre del gobierno municipal de Shanghái** y de su pueblo, **me gustaría dar una calurosa bienvenida a todos los presentes**. Quería **aprovechar esta oportunidad para expresar nuestros sinceros agradecimientos y mejores deseos a ustedes, y por medio de ustedes**, a todos los amigos que han mostrado interés y apoyo al desarrollo de Shanghái.

La incorporación de China a la OMC simboliza **una nueva etapa histórica para su apertura al exterior**. Estamos participando en una competencia internacional **a una escala mayor, en un terreno más amplio, y a un nivel más alto**. Shanghái, **como cabecera de las ciudades abiertas de la costa, ha sido la primera en darse cuenta de la coyuntura de desarrollo y desafíos sin precedentes en la historia**.

En las corrientes de la **globalización económica**, el pueblo Shanghainés **se ha centrado en** construir una **sociedad modestamente acomodada** con una economía desarrollada y **una armonía social** para **acelerar la realización de la modernización**. **Sin lugar a dudas**, en este proceso, la educación va a **jugar un papel insustituible**, lo cual va a **crear más oportunidades y espacios de** desarrollo para todos los amigos **aquí presentes**.

¡Brindemos, copa en la mano, por la **coronación exitosa de** esta reunión internacional de educación, **por** nuestra sincera cooperación, **por** los grandes éxitos de su trabajo, **por** la salud y la felicidad familiar de todos! **¡Salud!**

❏ **Parte III:** Interpreta el siguiente discurso del chino al español:

亲爱的朋友们，我和我的同事很高兴在这里与各位相聚一堂。感谢你们的盛情邀请和款待。本次与会的顾问和嘉宾中，有跨国公司的**高层领导**、**知名的**经济学家、**造诣精**

深的**专家**和学者。**我很高兴有机会**与各位交流自己的观点。在这个过程中，**我深切地感受**到了各位真诚合作的精神和**积极务实的态度**。

我们**要充分发挥**这种**合作精神和集体智慧**，**这不仅有利于**规划和推动上海的发展，**而且将有利于**共同推进彼此在各个领域的合作和发展。**我一直期待着**本次市长咨询会议的到来，以便**能够为**上海今后 20 年的发展**献计献策**，并且**为**上海教育的**现代化作出我微薄的贡献**。我们今天欢聚在这里，**为**的就是一个共同的目标：**加强**合作和交流。

在经济全球化的大背景下，我们必须**抓住新机遇**，**迎接新挑战**，**不遗余力地开创**全面合作的新局面，实现**优势互补**、**互惠互利**、**长期**合作和共同发展。

希望今天的研讨能促进上海的**经济和社会发展**。同时也希望**充满蓬勃生机和广阔前景**的上海经济，继续以强劲的姿态**阔步向前**。让我们携手共进，为上海的现代化和我们的共同繁荣而努力！干杯！

Unidad 6

Cultura Diversa
第6单元　多元文化

课文 A

☐ **Parte I:**　Interpreta el siguiente diálogo alternativamente al español y al chino.

Ⓐ　A mí me gusta mucho **la ropa del estilo chino**. Quisiera comprar **una chaqueta** así.

Ⓑ　你个头不小，看来你要找一件合身的成衣不容易，我想你还是定做一件吧。

Ⓐ　¿Pero adónde voy para hacerme una así?

Ⓑ　你可以在我们的缝纫部定做。不过你需要先选一块料子。

Ⓐ　¿Qué telas tenéis? Quiero una chaqueta que **me abrigue bien y no pese demasiado**.

Ⓑ　我向你推荐这个面料，因为它质地好，耐穿又不易走样。

Ⓐ　¿Tenéis una **de color más claro**? Esta es **demasiado oscura para** la primavera.

Ⓑ　这块如何？这种料子砂洗过的，不起皱，不用熨烫。

Ⓐ　Es bonita. Me gusta. Pues, **me quedo con ésta**. ¿Cuántos metros necesito para una chaqueta?

Ⓑ　先让我给你量一下尺寸吧。请脱下外衣。

Ⓐ　Prefiero que me la hagan **más suelta**. Tú sabes, sólo un poquito más suelta, **en especial, alrededor del cuello**.

Ⓑ　让我看看，这料子一米宽，五尺半就足够了。

Ⓐ　¿Cuánto cuesta **en total** la tela y la confección?

Ⓑ　包括衬料和附件在内，总共要120欧元。请先支付80欧元定金，余款可以在取衣服时再付。

Ⓐ　Vale. **Me decías que necesitarías dos semanas para entregar**. ¿Puede ser más pronto? **Porque tengo que volver al país en cuatro días**.

Ⓑ 那我只有给你赶一下了。这样吧，你后天下午 5 点**来取**吧。不过，你得支付 50 欧元的**加急费**。

Ⓐ No hay problema. Muchas gracias.

❏ **Parte II:** Interpreta el siguiente discurso del chino al español:

欢迎您入住浦江饭店。我们酒店**巍然矗立于著名的外白渡桥北岸，毗邻上海大厦**，位于**市中心**，离上海的金融、购物中心和**主要旅游景点外滩**、南京路步行街等**近在咫尺**，交通十分便利。

酒店共有 129 个**舒适的房间**，包括标准房，**商务房，豪华房**以及**贵宾房**。酒店设有**商务中心**，满足您各种商务活动所需，包括传真、打字、复印、照相、**电子邮件收发**等服务。酒店**商场**提供各种服装、雪茄、葡萄酒、饮料、生活必需品及旅游纪念品等。**同时还提供国际、国内航班**、中国至日本轮船以及全国铁路、公路网的**订票服务**。

酒店的**餐厅**、**酒吧**提供高质量的**中餐和西餐**（包括国际水准的自助早餐）。还供应各种酒类、饮料和咖啡。这是一家理想的商务酒店，可以举办各种活动，拥有 10 个最多可容纳 250 人的会议室和组织婚礼、庆典、蜜月活动的**专家**。晚间还有各种各样的娱乐活动，卡拉 OK，迪斯科舞厅，有近万首中、外歌曲**可供您选择**。如果您有任何需要，请致电服务总台，我们将竭诚为您服务。希望您**在我们酒店舒适的环境中**拥有愉快的体验。

❏ **Parte III:** Interpreta el siguiente discurso del español al chino:

Se dice que el café fue descubierto por un pastor llamado Kaldi, quien **se dio cuenta inesperadamente que sus ovejas se volvían más energéticas después de tomar el fruto de una planta**. El pastor probó el fruto **con curiosidad** y encontró desde entonces **el fantástico café**.

La mayoría de los historiadores acuerdan que el origen del café es la región Kaffa de **Etiopía. De ahí se deriba** la palabra "café". Sin embargo, **los primeros que cultivaban y tomaban el café** eran los árabes. En el árabe se llama "*Oahwah*" que quiere decir "**bebida vegetal**".

Los primeros árabes que tomaban café masticaban el fruto por completo y sacaban el jugo. **Más tarde** empezaron a mezclar el café en polvo y grasa de animal. **Tomaban la mezcla para recobrar energía durante largos viajes. No fue sino hasta** el año 1000 el café verde se hirvió en agua y se convirtió en **una bebida deliciosa**. Como el Corán no permitía que se tomara el alcohol, los árabes tomaban el café **en lugar del** alcohol como bebida principal. En el siglo XVI, el café **se transmitió por Venecia de Italia y Marselle de Francia a Europa con el nombre de** "alcohol árabe".

Con los comercios de venecianos por toda Europa en el siglo XVII, el tomar café **llegó a estar de moda** entre europeos. Poco después, **apareció en Venecia el antepasado de las cafeterías europeas**: Bottega del Caffe.

课文 B

❏ **Parte I:** Interpreta el siguiente diálogo alternativamente al español y al chino.

Ⓐ 我很喜欢**中国式的衣服**，我想买一件唐装外套。

Ⓑ Eres **bastante corpulento. No creo que sea fácil encontrarte con una talla adecuada.** Creo que puedes **mandar a hacer una a la medida**.

Ⓐ 那我上哪儿去做这样一件衣服呢？

Ⓑ **La puedes encargar en nuestro departamento de sastrería**, pero primero, tienes que **escoger la tela**.

Ⓐ 你们有些什么料子？我想要**穿起来暖和但不太重的**。

Ⓑ **Te recomiendo esta tela**, porque es **de buena calidad. Es resistente y conserva bien la forma**.

Ⓐ 有没有**颜色稍浅一点的**？春天穿这个**颜色好像深了些**。

Ⓑ **¿Qué te parece ésta?** Esta **tela lavada con arena** no se arruga y **no hace falta planchar**.

Ⓐ 很漂亮。我很喜欢。**那就它了**。像我这样需要买几米呢？

Ⓑ **Déjame tomarte primero las medidas. Quítate la chaqueta** por favor.

Ⓐ 我喜欢做得**宽松**一些，你知道的，稍微宽松些，**尤其是领子这里一圈**。

Ⓑ Déjame ver. La tela tiene un metro de ancho. **1,9 metros ya es más que suficiente** para ti.

Ⓐ 这料子和工钱总共要多少？

Ⓑ **En total** 120 euros, incluído **el forro y accesorios**. Paga por favor 80 euros **de depósito. El restante lo podrás pagar cuando recojas la chaqueta**.

Ⓐ 好的。**你刚才说要两个星期才能做好，可以快点吗？因为我四天后就要回国了**。

Ⓑ Entonces **no puedo sino apresurarla**. Bueno, así quedamos, vuelve pasado mañana a las 5:00 de la tarde **a recogerla**, pero debes **pagar una extra de** 50 euros.

Ⓐ 没有问题，多谢你了。

❑ **Parte II:** Interpreta el siguiente discurso del español al chino:

Bienvenidos al Hotel Pujiang. Nuestro hotel **está erguido majestuosamente a la orilla norte del famosísimo puente** *Waibaidu*, al lado del **Hotel Mansiones de Shanghái**. Está **en el pleno centro**, muy **próximo a** los centros financieros y comerciales de Shanghái y a los principales **atractivos turísticos** como el **Malecón** y **la calle peatonal Nanjing Lu**. Es muy fácil el transporte.

El hotel tiene 129 amplias y **acogedoras habitaciones**, incluídas **las estándares, las ejecutivas, las de lujo y las de VIP**. Cuenta con un **Centro de Negocios**, que puede cubrir todas las actividades comerciales: fax, **mecanografía**, fotocopia, fotografía, **recepción y envío de correo electrónico**, etc. **El cento comercial** del hotel ofrece todo tipo de vestidos, cigarros, vinos, bebidas, objetos de uso diario y recuerdos turísticos, etc. **Ofrecemos también servicios como reservación de** billetes de vuelos nacionales e internacionales, de barcos entre China y Japón, así como de las redes nacionales de ferrocarril y de carretera, etc.

Los restaurantes y los bares del hotel proporcionan **comida china y occidental** de alta calidad (incluido el buffet internacional de desayuno). Además ofrecen todo tipo de licor, bebida y café. Es **un hotel de negocios ideal para todo tipo** de eventos, con 10 salas de reuniones **con capacidad de hasta 250 personas, especialista en la organización de** bodas, celebraciones y lunas de miel. Tenemos también **toda actividad de entretenimiento por la noche, como Karaoke y discoteca**, donde usted puede escoger entre aproximadamente diez mil canciones chinas y extranjeras. **Cualquier necesidad, no dude en** llamar a la recepción. **Haremos todo lo posible para brindarle buen servicio**. Le deseamos una feliz estancia en el **ambiente acogedor** de nuestro hotel.

❑ **Parte III:** Interpreta el siguiente discurso del chino al español:

相传咖啡是由一位名叫卡尔迪的牧羊人发现的。**他无意中发现他的羊吃了一种植物的果实后，会变得格外充满活力。牧羊人带着好奇心**尝试了这种果实，从此便发现了咖啡这种**奇妙的东西**。

大多数的历史学家都同意,咖啡的发源地是**埃塞俄比亚**的加法地区,**由此而得"咖啡"之名**。然而**最早种植并且食用咖啡的**却是阿拉伯人,在阿拉伯语中称为"奥赫瓦(Oahwah)",意思是**"植物饮料"**。

最早食用咖啡的阿拉伯人是将整个果实咀嚼,以吸取其汁液。后来他们开始把咖啡豆粉与动物脂肪混起来食用,**作为长途旅行中恢复体力的食品**。一直到公元1000年,绿色的咖啡豆才用水煮沸成为**美味的饮料**。由于《古兰经》严禁喝酒,于是阿拉伯人就喝咖啡,**把它作为替代酒的**主要饮料。到16世纪,咖啡就以"阿拉伯酒"的名义,**经由意大利的威尼斯及法国的马赛传入欧洲**。

随着17世纪威尼斯人在全欧洲各地的经商活动,喝咖啡**变成了欧洲人的一种时尚**。不久在威尼斯,**便出现了欧洲咖啡店的鼻祖——波特加咖啡店**。

课文 C

❑ **Parte I:** Interpreta el siguiente diálogo alternativamente al español y al chino.

Ⓐ 下午好，先生。**有什么能帮您的吗**？

Ⓑ Quería alquilar un coche desde mañana.

Ⓐ 您想租用多长时间呢？

Ⓑ **A lo mejor** 5 días. ¿**Cuáles son** los tipos de coches que tenéis?

Ⓐ 现在我们有桑塔纳、别克、**小面包车**、**房车**、中型汽车和运动跑车。不过如果你们一行有八个人或者更多，**租用别克商务车好一点**。

Ⓑ **Tiene razón. Será más conveniente alquilar** un Buick ejecutivo. ¿**Cuál es la tarifa?**

Ⓐ 可以按照固定公里数付也可以按天付。

Ⓑ **¿Cómo es la cosa?**

Ⓐ 也就是说，您可以付 100 公里或者付 8 个小时的一个工作日。**超出的公里数或者超出的小时数另外支付**。

Ⓑ ¿Si alquilo **por jornada**?

Ⓐ 先要付 5000 元**押金**，另外一天是 700 元，8 小时。**每超 1 小时**加付 60 元，**超过 5 小时按 1 天计算**。

Ⓑ Vale. Mañana voy a alquilar uno.

Ⓐ **汽油费**和保险费已经包括在内。

Ⓑ Vale. **A propósito**, ¿tenéis otros sitios para **devolver el coche**?

Ⓐ 您可以把车还在机场，我们在那儿有自己的**收车点**。请出示您的护照、驾驶证和信用卡。

Ⓑ Aquí los tiene. ¿Tengo que **pagar el depósito** ahora?

Ⓐ 是的，现在就要支付。请填一下这份表格，然后在这儿签字。**明天上午 6 点以后的任何时间您都可以来这里取车**。

Ⓑ Si tengo algún problema, **¿a quién me puedo dirigir?**

A 您可以致电我们的**客户服务中心。电话号码在合同上**。请保存合同原件，把副本还给我。

❑ **Parte II:** Interpreta el siguiente discurso del chino al español:

中国人喝茶已有四千多年的历史，中国人在**日常生活中不可缺少的**饮料之一就是茶，俗话说"**开门七件事：柴、米、油、盐、酱、醋、茶**。""你看，茶被列入开门七件事之一，由此可以看出**喝茶的重要。

以茶待客是中国人的一种习惯。客人进门，主人立即**送上一杯香气扑鼻的热茶**，边喝茶边谈话，**气氛轻松愉快**。

在中国，茶已形成一种**独特的文化现象**。人们把煎茶、品茶作为一种艺术。从古至今，中国各地都设有不同形式的**茶楼、茶馆**等。人们在那里喝茶、吃点心（就像西班牙人吃塔帕斯）、**欣赏文艺演出，可谓休息、娱乐一举两得**。在中国南方，不但有茶楼茶馆，还有一种**茶棚**，这种茶棚多设在**风景优美**的地方，**游人一边喝茶一边观景**。

在中国各地，喝茶的**礼节**也不一样。在北京，主人端上茶来，**客人应立即站起来，双手接过茶杯**，说声"谢谢"；在南方的广东、广西，主人端上茶后，要用弯曲的右手食指和中指**轻轻地敲三下桌面，以示下跪致谢**；在另一些地区，**客人想继续喝茶，茶杯中应留些茶水**，主人见了会继续加茶水。如果杯中茶水全没了，主人认为你不再喝了，也就不给你加茶水了。

❑ **Parte III:** Interpreta el siguiente discurso del español al chino:

El desarrollo tecnológico ha facilitado mucho a la gente el viaje por todos los lados. **El cheque de viajero ahorra mucho el molestar de llevar encima montones de efectivos**. Mejor dicho, es **una manera fácil de llevar gran cantidad de dinero**.

Se puede **cambiar el cheque de viaje en efectivo en** cualquier banco, hotel o motel de la localidad, y **se puede también hacer efectivo en la mayoría de** los restaurantes. **Al pasear por las calles haciendo compras**, tú **puedes pagar en muchas**

tiendas con este tipo de cheque. En comparación con el efectivo, el cheque de viajero **resulta más seguro** porque **está extendido a nombre del portador** y tienes que firmar en la línea de firma inferior del cheque cuando pagas y no olvides de poner la fecha.

Si pierdes o te roban el cheque, **llama en seguida a un centro de servicio al cliente** o al banco que te lo ha vendido y dile el número de éste. Por eso **lo más importante es anotar el número de tu cheque en un papel y no dejar este papel junto con el cheque**. Los cheques de viajero perdidos o robados **se pueden reembolsar o compensar con otro cheque en el banco**. Así aunque se ha robado o perdido, no se pierde tu dinero. Los cheques de viajero **tienen varias denominaciones** para que escojas, pero hay que pagar al banco uno por ciento más por este servicio.

Unidad 6　Cultura Diversa

课文 D

❑ Parte I:　Interpreta el siguiente diálogo alternativamente al español y al chino.

Ⓐ　Buenas tardes, señor. **¿En qué puedo ayudarle?**

Ⓑ　我想从明天开始租一辆小汽车。

Ⓐ　¿Para cuánto tiempo quiere?

Ⓑ　大概五天吧。你们**有些**什么类型的车？

Ⓐ　En este momento tenemos Santana, Buick, **minibús, furgoneta familiar**, coches medianos y deportivos. Pero si son 8 o más, **un Buick ejecutivo es más cómodo**.

Ⓑ　您说得对。租一辆别克商务车**会方便许多**。能告诉我租金多少吗？

Ⓐ　**Se puede pagar por kilometraje fijo o por jornada.**

Ⓑ　这怎么讲？

Ⓐ　O sea, **se paga por los cien kilómetros o por una jornada de ocho horas**. Y **los kilómetros ú horas extras se deben pagar aparte**.

Ⓑ　假如我按天租呢？

Ⓐ　Primero hay que pagar 5000 yuanes **como depósito**, más 700 yuanes por ocho horas y 60 yuanes **por cada hora extra. Más de 5 horas extras equivalen un día más**.

Ⓑ　好，我租一辆，明天开始用。

Ⓐ　**Los gastos de gasolina** y seguro ya están incluidos.

Ⓑ　好的，**顺便问一下**，你们还有别的地方可以**还车**吗？

Ⓐ　Puede dejarlo en el aeropuerto, allí tenemos **un puesto a recogida**. Su pasaporte, carnet de conducir y tarjeta de crédito por favor.

Ⓑ　给。我现在就要**付押金**吗？

Ⓐ　Sí, por favor. Rellene este formulario y firme aquí. **Mañana a cualquier hora después de las 6:00 a.m. puede recoger aquí el coche.**

Ⓑ　如果出了问题，**我该打电话找谁**？

A   Puede llamar a nuestro **servicio de clientes. El número está puesto en el contrato.** Guarde el contrato original por favor y déjeme la copia.

❑ **Parte II:** Interpreta el siguiente discurso del español al chino:

En China tomar té ya tiene una historia de más de 4 mil años. **Una de las bebidas imprescindibles de la vida diaria** de los chinos es el té. **Hay un dicho popular: "Al abrir la puerta enfrentará siete cosas fundamentales**: la leña, el arroz, el aceite, la sal, la salsa, el vinagre y el té". **Como ves, el té se encuentra entre las siete. De ahí puedes apreciar** la importancia de tomar el té.

Servir té a las visitas es una costumbre de los chinos. Una vez entrado por la puerta el invitado, el anfitrión **le servirá enseguida una taza de té caliente y aromático** y empezarán a conversar tomando el té **en un ambiente alegre y relajado**.

En China, el té constituye **un fenómeno cultural singular**. La gente **toma la preparación y la cata del té como arte**. Desde la antigüedad hasta hoy día, en todas partes de China hay **edificios o casas de té** de diferentes estilos. **Allí se toman el té y los aperitivos** (como tapas de España) **disfrutándose de los programas artísticos**. Es **una buena combinación del descanso y la diversión**. En el Sur, además de edificios o casas de té, hay un tipo de **barraca de té** que se construye generalmente en **lugares de lindos paisajes**. Ahí los **turistas toman el té apreciando la bella naturaleza**.

El protocolo de tomar el té varía según el lugar en China. En Beijing, cuando ofrece el anfitrión una taza de té, **la visita debe ponerse de pie enseguida y recoger la taza con ambas manos** dándole "gracias". En el Sur como en Guangdong y Guangxi, al ofrecerle el té, los invitados deben **tocar suavemente tres veces la mesa con los dedos** índice y corazón encorvados de la mano derecha **en señal de dar agradecimientos de rodillas**. En otras zonas, **si quiere tomar más té, el invitado debe dejar un poco de té en su taza**. Al verlo, el dueño **le va a servir más**. Si no queda nada en la taza, el dueño cree que ya no quiere tomar más y no va a servirle más.

❑ **Parte III:** Interpreta el siguiente discurso del chino al español:

科学技术的发展使人们的出行越来越方便了。**旅行支票**大大地为人们**省去了携带大量现金的麻烦**。可以说，这是**随身携带巨款**的一个方便的办法。

旅行支票可以在任何一家当地银行、旅馆或汽车旅馆**兑现，也可以在大多数餐馆兑现**。你在**逛街购物**时，**也可以在大多数商店里用这种旅行支票支付**。比起现金，旅行支票要安全得多，因为它是**签发给持有人的**，当你要支付时必须在支票最底下的那条签字线上签字，而且不要忘记写上日期。

如果你的旅行支票丢失了或被窃了，你要**马上打电话给客户服务中心**或卖给你支票的银行，告诉他们该支票的号码。因此，**最重要的是你要把支票号码记在一张纸上，而这张纸不要和你的支票放在一起**。丢失或被窃的那些支票，**银行可以退给你现金或补发支票**。这样一来，即使支票被窃或遗失，你的钱不会丢。旅行支票**有多种票面**可供你选择，但买旅行支票时要向银行多支付百分之一的服务费。

Parte II   Exposición y Reunión
第二部分　会展会务

Unidad 7

Reunión y Recepción
第 7 单元　会议接待

课文 A

❏ **Parte I:**　Interpreta el siguiente diálogo alternativamente al español y al chino.

Ⓐ　Señor Li, **han llegado todos nuestros invitados**. Como mañana ya empezamos la reunión, **¿qué le parece si vamos a definir ahora algunos detalles?**

Ⓑ　没问题。你们最后准备用哪个厅？

Ⓐ　El salón mayor del tercer piso. Necesitamos **hacer preparaciones** esta noche desde las siete hasta las once.

Ⓑ　好的。你能不能先告诉我你们最喜欢什么样的菜单？

Ⓐ　Nos gustarían los platos cantoneses y **los especiales recomendados por los chefs**.

Ⓑ　你希望宴会采取哪一种服务方式呢？我们**有两种服务：法式服务和美式服务**。你可以选择一种，一切由你来定。

Ⓐ　**A la francesa**. ¿Y cuánto cobraría por persona si pedimos que los camareros sirvan las bebidas a los invitados?

Ⓑ　每人 60 元，**不包括品牌饮品**。

Ⓐ　**¿Y cómo cobráis por las marcas indicadas** por los clientes?

Ⓑ　有两种收费方式：通常我们是**按瓶收费**，不过如果你喜欢，**也可以按饮用量收费**。

Ⓐ　**Prefiero la segunda. ¿Habrá algún cobro de servicio aparte?**

Ⓑ　有的，比如客人自带饮品。

Ⓐ　**Ya lo tengo claro**. Ahora **la decoración de la mesa**. ¿Qué te parece si se **colocan** las banderas de cada país participante?

Ⓑ　这是个好主意。如果放些花，再放些轻柔背景音乐的话就更妙了。

Ⓐ ¡Fenomenal! Señor Li, **muchas gracias por** tu amable atención y tus consejos.

Ⓑ 不客气，先生，非常乐意。如果还有疑问的话，请电话或发邮件与我联系。我将为您服务。

❏ Parte II: Interpreta el siguiente discurso del chino al español:

我想给大家简要介绍一下下周会议结束以后举办宴会的情况。**宴会将于**11月11日晚上在二楼的牡丹厅**举行**，只为亚洲地区的销售经理举行。

四个人一桌，摆放**绿色亚麻布桌布和白色餐巾**。另外，每张餐桌上都会**摆放花瓶**。我们不仅会满足嘉宾客人的特殊要求，还考虑到有些代表是来自**伊斯兰国家的素食主义者**，我们将为**不同宗教信仰的人**准备各种菜肴。

现在我们来说一下价格问题。一次64人的宴会，最低价格是10000元，**不包括饮料，饮料是单独收费的**。因为是一场小规模的宴会，**客人不到100位**，我建议你们按消费支付。但是不管哪种方式，都**不要忘了支付总费用20%的预付款**。

顺便说一下，之前你给我提出的在11月12日举办50人的**自助午餐会**，现在已经确认，将在本酒店主餐厅举行，时间是12点到14点。**请于明天支付预付款**。

❏ Parte III: Interpreta el siguiente discurso del español al chino:

Un agradable entorno, sumado a nuestra **consolidada experiencia en el campo de la organización de eventos especiales y la profesionalidad de** nuestros empleados, **convierten al Hotel de China en** el lugar ideal para celebrar todo tipo de actividades.

El Hotel de China **cuenta con** cinco restaurantes **distintos, desde el más pequeño y elegante al más lujoso e imponente, desde el más íntimo para dos personas al más multitudinario para 500 personas. La decoración personalizada** y el carácter exclusivo de cada restaurante, **combinados con** la profesionalidad y experiencia de **nuestro equipo de chefs, camareros y encargados** de banquete, **garantiza el éxito absoluto de los eventos**.

Si lo desea, podemos **ofrecerle nuestro servicio de catering de calidad hotelera** a cualquier lugar de Shanghái donde desee llevar a cabo celebraciones importantes como una boda. Normalmente, **disponemos de una amplia propuesta de cócteles, aperitivos y menús, así como todos los complementos: servicio de cocineros y camareros, cubertería, mobiliario, alfombras, decoración del ambiente, discoteca, etc. Póngase en contacto con nuestro servicio de catering y nuestro personal estará encantado de colaborar con** ustedes en la organización de un evento **que recordarán para siempre**.

课文 B

❑ **Parte I:** Interpreta el siguiente diálogo alternativamente al español y al chino.

- Ⓐ 李先生，我们的客人都已经到了。明天我们就要开会了，我们现在来敲定一些细节怎么样？
- Ⓑ No hay problema. ¿Qué salón vais a ocupar **definitivamente**?
- Ⓐ 三楼最大的那个厅。今晚 7 点到 11 点我们需要**做点准备工作**。
- Ⓑ Vale. **¿Podrías decirme primero qué menú les gustaría más**?
- Ⓐ 我们想要粤菜以及**主厨所推荐的特色菜肴**。
- Ⓑ ¿Cómo te gustaría que se sirviera en el banquete? Tenemos **dos tipos de servicios: a la francesa y a la americana**. Puedes escoger uno, **todo depende de ti**.
- Ⓐ 法式服务。如果我们想要服务员给客人斟酒的话每个人要收多少钱？
- Ⓑ Sesenta yuanes por persona, **no incluidas las bebidas de marca**.
- Ⓐ 对客人指定的品牌饮品你们怎么收费？
- Ⓑ Hay dos formas: normalmente **cobramos por botella**, sin embargo, **también aceptamos el cobro por el consumo si quieres**.
- Ⓐ 我喜欢后面一种收费方式。还有额外的服务收费吗？
- Ⓑ Sí, por ejemplo en el caso de que el cliente quiera consumir las **bebidas traídas de fuera**.
- Ⓐ 我都明白了。现在我们来谈一下**餐桌的装饰**。如果放上每个与会国家的国旗，你觉得怎么样？
- Ⓑ ¡Buena idea! Sería fantástico si se decora con flores y se pone alguna **música suave de fondo**.
- Ⓐ 太棒了！李先生，谢谢你的热情接待和提出的这些建议。
- Ⓑ De nada, señor, **con mucho gusto**. Cualquier cosa podrías ponerte en contacto conmigo tanto por teléfono como por e-mail. Estaré a tu completa disposición.

❏ **Parte II:** Interpreta el siguiente discurso del español al chino:

Les voy a **hacer una breve presentación sobre** la celebración del banquete de la próxima semana después de la reunión. **El banquete se celebrará en** el salón *Peonía* del segundo piso **el día 11 de noviembre por la noche y sólo en honor de** los Jefes del Departamento de Ventas del área asiática.

Cada cuatro personas comparten una mesa, que se va a decorar con **mantel verde de lino y servilletas blancas**. Aparte, **se va a colocar un florero en** cada mesa. No sólo satisfaremos las demandas especiales de los VIPs, sino también prepararemos distintos platos **para personas de diferentes religiones** teniéndo en cuenta que algunos de ellos son de **países islámicos** que **son vegetarianos**.

Ahora vamos a hablar del precio. El precio mínimo es de 10000 yuanes para un banquete de 64 personas, **no incluidas las bebidas, que se cobrarán aparte**. Como es un banquete pequeño, los invitados **no van a llegar a cien** personas, **es recomendable pagar por el consumo**. Pero de todas formas **no se olvide de pagar un 20% del monto total como anticipo**.

A propósito, el otro día me pediste **un almuerzo bufé para** 50 personas para el día 12 de noviembre y ahora **está confirmado ya. Eso será en** el Salón Principal del Hotel desde las 12hs. hasta las 14hs. **Favor pagar el anticipo mañana**.

❏ **Parte III:** Interpreta el siguiente discurso del chino al español:

一个令人愉快的环境，加上我们在举行重大活动方面的丰富经验和我们员工的专业精神，使中国大酒店成为举办各种活动的理想场所。

中国大酒店拥有五个不同餐厅，从面积最小、最高雅的到最豪华、最气派的餐厅，从只供二人用餐的最私密的餐厅到面积最大、可容纳五百人的餐厅，应有尽有。每个餐厅个性化的装饰和独有的特点，加上我们厨师班子、服务生以及宴会操办人员的专业水准和经验确保了各种活动的绝对成功。

如果您需要，我们可以在上海任何一个您希望举办如婚礼等重大活动的地方**为您提供我们酒店优质的服务**。通常，**我们可以提供多种选择，例如鸡尾酒会、开胃小菜、套餐以及各种补充服务，例如提供厨师和服务生**，餐具、餐厅家具、地毯、环境布置、迪斯科舞会等。请与我们的餐饮部取得联系，我们的人员**将非常乐于配合您组织一场永生难忘的**活动。

课文 C

❏ **Parte I:** Interpreta el siguiente diálogo alternativamente al español y al chino.

Ⓐ ¡Buenos días, señora! **¿En qué puedo servirle?**

Ⓑ 早上好，我可以见一下**销售经理**吗？

Ⓐ **Lo siento**, el gerente **no está en este momento. ¿Usted tiene cita?** Cómo se llama usted?

Ⓑ 真遗憾！我是特雷莎·王女士。我没跟他预约过。我想和他谈谈在你们宾馆举办国际会议的可能性问题。

Ⓐ Muy bien, señora Wang, **quiere usted esperarlo o consultarme a mí**. Si quiere, **puedo ofrecerle alguna información que le pueda interesar**.

Ⓑ 非常好。事实上，我已经访问过你们宾馆的网站了，看来你们在举办会议方面有很多经验。我今天就是想认识一下你们。

Ⓐ **Es cierto, tenemos bastantes experiencias en** eso. Le puedo **enseñar algunas fotos de las conferencias celebradas aquí mismo con mucho éxito**.

Ⓑ 哇！这不是具有世界影响的亚洲峰会吗？是在你们宾馆举办的吗？

Ⓐ ¡Exactamente! **Ha sido todo un éxito** y **seguro que usted ha escuchado hablar de eso o leído** editoriales de aquel momento. **Estos días estamos preparándonos para** dos conferencias globales que se organizarán aquí dentro de seis meses. Mire, **éstos son los documentos por enviar**.

Ⓑ 太棒了！经过您的解释，现在我对你们宾馆信心倍增了。

Ⓐ Gracias, señora. **La verdad es que usted puede estar completamente tranquila si nos encarga la tarea**. Mire, tengo aquí otra cosa que mostrarle. **Es un folleto tríptico para** presentar nuestro Departamento de Conferencias.

Ⓑ 太好了！我可以带一份回去研究研究。还有，如果不太麻烦的话，可以带我参观一下你们的会议中心吗？

Ⓐ **Con mucho gusto. Por aquí, por favor**. Este Centro **está recientemente**

remodelado. Tenemos un equipo de sonido más moderno. Está dotado de equipo de interpretación simultánea de cinco cabinas.

- Ⓑ 谢谢。这个会议中心是本市我所见过的最好的一个。
- Ⓐ Sí, todo **de diseño nuevo** y dispone de **un proyector digital del último modelo** de HP. Ahora le llevo al Departamento de Conferencia **para que vea usted cómo trabaja aquí con mucha eficiencia nuestro personal**.
- Ⓑ 谢谢！好极了！我想我们会很快作出决定的。

❏ Parte II: Interpreta el siguiente discurso del chino al español:

我们酒店位于本市的**旧城区**。如果您沿着太阳大街走，在离莫拉大道不远处的**左侧，您将会看到当代艺术博物馆，而我们的酒店就在这家博物馆的后面**。

我们的酒店相当大。**我们拥有娱乐厅、餐厅、适应各种口味的精品屋**。我们有**私家海滩**，不过是人工的。海滩边**有凉亭**可以吃点喝点什么。我们有大小不同的三个会议厅和四个舞厅。**这是举行各种活动的理想场所**。您可以在此举行董事会、工作会议、洽谈会，甚至**全国或者国际性的会议**。我们有一个**会议部**，它可以帮助您组织类似的活动。

我们的会议厅配有无线网络、**数码电视**，音响设备、**电子黑板**、秘书办公室、通讯服务和独立的卫生间。我们**提供数码投影仪**、麦克风和摄像机，**但需提前向组织者申请并支付一点额外费用**。另外我们**还提供您所需的例如翻译文件、雇佣礼仪小姐或秘书、旅行社等服务项目，以确保您的工作会议能成功举办**。

我们还提供**鸡尾酒**、自助餐、**茶歇**、午间商务套餐等。**如果您跟我们确认**包括住宿、茶歇、午餐和其他一揽子服务的话，我们**可免费提供会议厅**。

❏ Parte III: Interpreta el siguiente discurso del español al chino:

La posición líder del Puerto de Barcelona **viene de tiempo atrás. Fue en la Edad Media, con** la expansión catalana por el Mediterráneo y en los siglos XVIII y XIX, con el vigoroso comercio con las colonias **cuando** el Puerto de Barcelona **consiguió situarse como uno de los principales puertos para los comercios de ultramar.**

Esta importancia se ha mantenido hasta hoy: más de 300 **líneas marítimas unen regularmente con** 400 puertos de los cinco continentes. **Esto lo sitúa, con mucha diferencia, como el principal puerto español en líneas regulares, seguido por** los puertos de Bilbao, que cuenta con unas 190 líneas, y Valencia, que ofrece 160 líneas regulares a sus clientes.

El Puerto de Barcelona es la puerta por la que entran y salen tanto los productos **con alto valor añadido** que en él se producen como las **materias primas** que nutren a sus industrias. El puerto barcelonés **concentra la mayor oferta logística de** la península ibérica. **La concentración de todos los modos de transporte** (puerto, aeropuerto, autopistas, ferrocarril) **en un mismo espacio permite que el puerto se convierta en uno de los principales ejes comerciales y de transporte del sur de Europa**.

Cabe recordar que en un radio de 700 kilómetros se encuentran Madrid, Pamplona, Zaragoza u otras **principales ciudades del industrializado noroeste** español, así como algunas ciudades francesas. **El puerto potencia también la utilización del ferrocarril para llevar mercancías a destinos aún más lejanos. Con la llegada del ancho de vía europeo a** Barcelona, las mercancías descargadas en este puerto llegarán a sus destinos europeos **con una sustancial mejora de tiempo. Esta mejora sitúa a Barcelona en** una posición competitiva **frente a** los puertos del norte de Europa (Amsterdam, Bremen, Rotterdam) **para los tráficos con** Lejano Oriente, el Norte de África y Mercosur.

Unidad 7 Reunión y Recepción 079

课文 D

☐ **Parte I:** Interpreta el siguiente diálogo alternativamente al español y al chino.

Ⓐ 早上好，女士。**有什么能帮您的吗**？

Ⓑ ¡Buenos días! ¿Podría ver al **director de ventas**?

Ⓐ 对不起，**经理他现在不在**。您有预约吗？请问您叫什么名字？

Ⓑ **¡Qué lástima!** Soy Teresa Wang. **No le he pedido cita. Quería hablar con él sobre** la posibilidad de celebrar una conferencia internacional en su hotel.

Ⓐ 很好，王女士，**您是想等他呢还是问我**？如果您愿意，我可以给您一些您可能会感兴趣的信息。

Ⓑ ¡Perfecto! **En realidad he visitado** la página web de su hotel, y **parece que tenéis mucha experiencia en celebrar las conferencias**. Precisamente hoy quiero conocerlos a ustedes.

Ⓐ 确实，我们在这方面**有相当多的经验**。我可以给您看一些会议的照片，就是在这里成功举办过的。

Ⓑ ¡Oh! **¿No es ésta la Cumbre de Asia que tuvo una influencia mundial?** ¿Fue aquí en su hotel?

Ⓐ **完全正确**！这次会议十分成功，您一定有所耳闻或者读过当时的社论。最近我们正在着手准备六个月后在这里举行的两场全球性会议。您看，**这些就是要发出去的文件**。

Ⓑ ¡Magnífico! ¡Después de su explicación, **ahora tengo mucha confianza en** su hotel!

Ⓐ 谢谢你，女士。事实是**如果您把任务交给我们，您就可以一百个放心**。您瞧！我还有其他东西给您看。这个**三折小册子**是介绍我们会议部的。

Ⓑ **¡Fenomenal! Podría llevarme uno para estudiarlo.** Y otra cosa, ¿**podría enseñarme** el Centro de Conferencia del hotel **si no le molesta mucho**?

Ⓐ 乐意之至。请这边走。这个中心是**最近翻新过的**。我们有最现代化的音响设备。

中心还配有同声传译设备，有五个翻译间。

Ⓑ Gracias. **Este Centro de Conferencia es el mejor que he visto en esta ciudad**.

Ⓐ 是的，它是**全新设计**的，并有惠普**最新款数码投影仪**。我带您到我们的会议部去一下，**看看我们这里的员工是如何高效工作的**。

Ⓑ ¡Muchas gracias! ¡Estupendo! **Creo que vamos a tomar una decisión rápida**.

❏ Parte II: Interpreta el siguiente discurso del español al chino:

Nuestro hotel **está situado en el casco viejo de la ciudad. Si sigue usted por la calle Sol** y, un poco antes de la avenida Mora, **a mano izquierda encontrará** el Museo de Arte Contemporáneo y nuestro hotel **está precisamente detrás de ese museo**.

Somos un hotel bastante grande. **Disponemos de casino**, restaurante y *boutiques* **exclusivas para todos los gustos. Tenemos una playa privada** pero artificial. En la playa **se levanta un kiosko** donde se puede comer o tomar algún aperitivo. Tenemos tres **salones de conferencia** y **cuatro salas de fiestas de diferente capacidad** que son **lugares ideales para todo tipo de actividades**. Usted podrá organizar **juntas directivas, reuniones de trabajo, seminarios** hasta **conferencias nacionales e internacionales**. Tenemos una **sección de convenciones** que le puede ayudar a organizar semejantes actividades.

Nuestros salones **están equipados con** Wifi, **televisión digital**, equipo de sonido, **pizarra electrónica, oficina del secretariado, servicio de telecomunicación** y sanitarios independientes. **Proporcionamos proyector digital**, micrófonos y videocámara **previa solicitud a** los organizadores **con un pequeño costo adicional**. Además **le proporcionamos servicios como traducción de documentos, contratación de azafatas o secretarias o agencias de viajes, etc. para asegurar todo el éxito de su reunión de trabajo**.

Ofrecemos también **servicio de Coctel**, Bufé, *Coffee break*, **Almuerzo de Menú Ejecutivo** etc. **Brindamos de cortesía nuestro salón de conferencia si** nos confirma el alojamiento, los *coffee-breaks*, los almuerzos y demás servicios **dentro del paquete**.

❑ **Parte III:** Interpreta el siguiente discurso del chino al español:

　　巴塞罗那港的**领导地位由来已久**。**早在**中世纪，**随着**加泰罗尼亚人在地中海地区的扩张，**随着**十八和十九世纪与殖民地贸易的蓬勃发展，巴塞罗那港**就是一个重要的海外贸易港口**。这一重要地位至今仍然保持着：有 300 多条**定期航线**与世界五大洲 400 个港口相连。**这使它成为西班牙定期航线数遥遥领先的主要港口，位居其后的**毕尔巴鄂港有 190 条航线，瓦伦西亚港有 160 条航线提供给客户。

　　巴塞罗那港是该区生产的**高附加值产品**和哺育其工业的**原材料出出进进的门户**。巴塞罗那港**集中了**伊比利亚半岛所能提供的**大部分物流**方面的服务。由于港口在同一个空间集中了多种运输方式（港口、机场、高速公路、铁路运输），**使巴塞罗那港已成为南欧地区的一个重要的贸易中心和交通枢纽**。

　　值得一提的是，在其方圆 700 公里的范围内，**就有**马德里、潘普洛纳、萨拉戈萨等西班牙西北部工业化地区的**主要城市**及法国的一些城市。同时，**巴塞罗那港还强化使用铁路运输把货物运抵更远的地方**。随着欧洲宽轨铁路接通巴塞罗那，**将大大缩短抵达欧洲目的地的时间**。这种改善将使巴塞罗那在与远东、北非及南方共同市场的运输方面**相对于**欧洲北部港口阿姆斯特丹、不莱梅、鹿特丹**处于更好的竞争地位**。

Unidad 8

Apoyo Técnico
第8单元　技术支持

课文 A

❏ **Parte I:**　Interpreta el siguiente diálogo alternativamente al español y al chino.

Ⓐ　听说几个月前你动了一次手术？是怎么回事？

Ⓑ　**Padecía** ya hace años **del cálculo biliar**. Siempre quise quitarlo pero no se podía. Después **me afectó una inflamación grave. Me dolía tanto que no podía dormir ni comer. Sin otro remedio, me quitaron la vesícula biliar**.

Ⓐ　手术进行得怎么样？一定很疼吧。

Ⓑ　**La operación se llevó felizmente y también fue un éxito**. No sentí tanto dolor, porque el medico **me aplicó anestesia**.

Ⓐ　还好，你要好好休息，祝你早日康复！

Ⓑ　Gracias. **Estoy** ya completamente **recuperado**.

Ⓐ　你知道现在外科医生**能够借助机器人**动手术吗？而且还做得非常好呢。

Ⓑ　**¡No me digas! No puedo imaginar cómo** se hace la operación con *robot*. Haz el favor de explicármelo.

Ⓐ　说起来你都不相信，2001年6月，就有一例同样的**胆囊切除手术**在机器人的协助下完成了。

Ⓑ　¿Verdad? ¿Cómo se realizó la operación?

Ⓐ　外科医生在美国，而病人则**在几千英里之外的**欧洲。使用的机器人**是法国制造的**。

Ⓑ　**¡Es increíble! ¿Fue el cirujano quien hizo la operación manipulando el** *robot*?

Ⓐ　是的，法国的机器人**通过光纤电缆连接到了**纽约**医生的控制台**。

Ⓑ　**Ahora sí lo comprendo**: el cirujano puede **manipular el brazo del** *robot* para realizar la operación.

A 没错，而且整个手术只花了一个小时。

B **Quería saber si** es seguro usar los *robots* en la operación.

A 对有些人来说，可能觉得不安全。其实这是人类在**追求完美精确度**的过程中跨出的重要一步。

B **Confío en que** al hacer las cosas, el *robot* puede **alcanzar una precisión mayor. Los progresos de la medicina nos han traído bienestar para nuestra salud**.

A 我同意你的看法。我认为机器人将来可以做很多很多了不起的事情。

B Creo que mi próxima operación **podrá ser llevada con *robot***. La operación será más exitosa.

❏ **Parte II:** Interpreta el siguiente discurso del chino al español:

中医是世界上最古老的医学之一，是人类的**巨大财富**。我们都知道**针灸**是传统中医药十分重要的一部分，它的效果有时甚至比**西药**还好。今天我们就来了解一下**针灸的一些原理**。

目前还在对针灸疗法进行着研究。大致上来说，根据**中医**的看法，我们的**器官**会产生气，这种气在一种我们称之为"**经络**"的通道中运行。**针灸的功能就是要调节这种气**，为此找到了**分布在经络上的几百个穴位**。用针刺进这些穴位，就会产生刺激而振奋气的活动。人体内共有14条经络，各条经络互相联系又和某个器官或者脏腑相通，所以我们能够通过刺激穴位来治疗人体内部器官的疾病。

针灸与生物电有关系，以电针为例，由于针灸用的针，如金针、银针和**不锈钢针**，它们的**导电性**都不同，所以**针灸的效果**也不同。

为获得**预期效果**，针插入穴位后，要使用一定的针法。而针法基本分为两种：**捻和扎**。现在在中国的一些医院里，**针灸被应用到麻醉上**。经证明针灸麻醉能止痛、**让身体放松、催眠**，甚至能改变人的生理状况，如高血压者可以降压，反过来同样如此。

❏ **Parte III:** Interpreta el siguiente discurso del español al chino:

El Complejo Siderúrgico de Baoshan (Baosteel) de CHINA BAOWU STEEL GROUP

está situado en el distrito del mismo nombre de Shanghái y se encuentra a orillas del Río Changjiang (Yang-tsé) y próximo a su **desembocadura al** mar. La empresa **es una de las más modernas y automatizadas de su tipo en China, con** tecnología japonesa y alemana. **El primer pilote de acero se instaló** en 1978 y la primera etapa de la construcción se concluyó en 1985. Antes China importaba cada año millones de toneladas de **acero laminado**, pero ahora con la producción del Complejo, ya **no hace falta** importar **planchas de acero laminado** o **lingotes** entre otros productos de acero.

Baosteel **cuenta con** un **alto horno** de 4000 m^3 y **con una capacidad de producción diaria de** 10.000 toneladas de **hierro fundido**, una acería de **dos convertidores** de 300 toneladas cada uno. Hay una planta de **pre-laminación** de un kilómetro de largo, **una central termoeléctrica** para el servicio interno y con dos generadores de 350.000 **kilovatios** cada uno. Además **dispone de** un **muelle mecanizado** donde se reciben las materias primas, **con una capacidad anual de descarga de** 20 millones de toneladas. También **dispone de** una planta de **coque**, una planta de **tubos sin soldaduras**, un **centro energético**, una sala de control automático y un **taller mecánico**.

Todas estas obras pertenecen a **la primera etapa** de construcción y en la segunda etapa se construyeron **otro alto horno, otra acerería** con convertidores y otra planta de **laminación en frío**. Ya en los años 90 del siglo pasado se habían terminado todas las tres etapas de su construcción. Baosteel **ha realizado un gran esfuerzo en el tratamiento de las escorias y las aguas y gases desechados**, así como en **la forestación de la zona fabril**, plantando millones de árboles y estableciendo decenas de hectáreas de semilleros **con el fin de reducir al mínimo** la posible contaminación. **En cuanto a** la formación del **personal técnico, en realidad** se comenzó **desde el mismo principio y al mismo ritmo de** la construcción de la infraestructura básica. Se han enviado **al exterior** ingenieros y **obreros calificados en grupo** para que se capaciten, mientras que los **obreros novatos han recibido la formación en** otras empresas o puertos.

Unidad 8　Apoyo Técnico

课文 B

❏ **Parte I:**　Interpreta el siguiente diálogo alternativamente al español y al chino.

Ⓐ　**Oí decir que** hace unos meses **te hicieron una operación. ¿Cómo fue?**

Ⓑ　我的胆结石已经好多年了，一直想摘除而没有成功。后来**发生了严重的炎症**。疼得我寝食难安。没有办法就给我切除了。

Ⓐ　¿Cómo fue la operación? Seguramente te dolió muchísimo.

Ⓑ　手术很顺利，也很成功。我没有感到很疼，因为医生**给我用了麻醉**。

Ⓐ　**Menos mal**, debes descansar bien. ¡Qué te recuperes rápido!

Ⓑ　谢谢！我现在已经**完全康复**了。

Ⓐ　¿Sabes que ahora los cirujanos ya **pueden usar robots para hacer operaciones**? ¡Además la hacen muy bien!

Ⓑ　是吗？我难以想象机器人怎么能做手术。请你给我介绍介绍。

Ⓐ　**Parece mentira que**, en junio de 2001 **se logró una operación** semejante de **sacar la vesícula biliar con la ayuda de un** *robot*.

Ⓑ　真的吗？手术是如何进行的呢？

Ⓐ　El médico estaba en Estados Unidos mientras que el enfermo se encontraba en Europa que está a miles de millas. El *robot* que se usó **fue hecho en Francia**.

Ⓑ　真是不可思议。是外科医生操纵机器人做手术吗？

Ⓐ　Sí, el *robot* de Francia **se conectó con la plataforma del médico** en Nueva York **por medio de la fibra óptica**.

Ⓑ　现在我明白了，外科医生就可以控制机器人的手臂来进行手术了。

Ⓐ　**Efectivamente**. Y sólo **tardaron una hora en** terminar toda la operación.

Ⓑ　我想知道机器人来动手术是**不是安全**。

Ⓐ　**A lo mejor** para algunos eso **sonaría inseguro**. Pero **en realidad**, eso constituye un paso importante para la humanidad **en su búsqueda de precisión**.

Ⓑ　我相信机器人做起事来**精确度更高**。医学界的进步给我们的健康带来了福音。

Ⓐ　Comparto tus ideas. Yo creo que los *robots* podrán hacer muchas **cosas sorprendentes**.

Ⓑ　我的下一次手术也许就可以**用机器人来完成**。手术将更加成功。

❑ Parte II:　Interpreta el siguiente discurso del español al chino:

La medicina tradicional china es una las más antiguas del mundo y es **un gran tesoro** de la humanidad. Sabemos todos que **la acupuntura forma una parte muy importante en la medicina tradicional china** y a veces incluso podría ser más eficaz que los **medicamentos occidentales**. Hoy vamos a conocer un poco de **los fundamentos de la acupuntura.**

Actualmente aún **se están haciendo investigaciones sobre** esta terapia. **A grandes rasgos**, según **la medicina tradicional china, nuestros órganos producen energía**, que circula por una especie de pasillos que **denominamos "meridianos". La función de la acupuntura es sencillamente regular esa energía**, para ello se han encontrado **centenares de puntos a lo largo de los meridianos. Al aplicarse las agujas en** los puntos, **se pueden producir irritaciones que activen la energía**. Hay un total de 14 meridianos. Todos ellos **se conectan entre sí y están en contacto con algún órgano o víscera, por lo tanto** podemos **tratar las enfermedades de órganos internos del cuerpo humano por medio de la activacion de los puntos**.

La acupuntura tiene algo que ver con la **bioelectricidad. Tenemos el caso de la acupuntura eléctrica**. Las agujas de diferentes metales- oro, plata o **acero inoxidable**- por tener desigual **conductibilidad eléctrica**, al ser aplicadas, **se producen distintos efectos** también.

Para conseguir el efecto deseado se hacen determinados movimientos **al introducir las agujas en los puntos** y básicamente son dos: **rotación y penetración**. Ahora en algunos hospitales en China **la acupuntura se ha aplicado para la anestesia. Está probado que** las agujas **calman el dolor, relajan el cuerpo, producen el sueño** e incluso cambian todo **un estado fisiológico**, por ejemplo, **en caso de presión**

arterial alta, bajarla, y viceversa.

❑ **Parte III:** Interpreta el siguiente discurso del chino al español:

中国宝武钢铁集团的宝山**钢铁联合企业**（宝钢）**位于上海宝山区**，就在长江边，靠近长江**入海口**。宝钢**采用**日本和德国的技术，**是中国同类型企业中最现代化与自动化的钢铁企业之一**。1978年**打下第一根钢桩**，1985年结束第一期工程。以前中国每年要进口几百万吨**钢材**，但是现在有了宝钢的生产，**就无须进口轧钢板、钢锭**等钢材产品了。

宝钢**拥有**一个4000立方米、**日产量**为10000吨的**高炉**，一个拥有两个300吨**转炉**的**炼钢厂**，一个长约1千米的**初轧车间**，还有一个专为公司供电的**热电厂**，电厂拥有两台35万**千瓦**的发电机，还有**卸载原料的机械化码头**，码头的**年卸货量**为2000万吨。另外，还有**焦炼车间**、**无缝钢管**车间、能源中心、自动化控制室和**机修车间**等。

所有这些都属于**一期工程**。二期又建造了一个高炉、一个转炉炼钢厂和一个**冷轧钢厂**。早在上世纪90年代就完成了该公司的三期工程建设。公司在**治理废渣**、**废水和废气**方面**做了很大的努力**。此外，还**绿化了厂区**，种了数百万棵树，建了几十公顷**苗圃**，**尽可能减少污染**。**至于技术人员**的培训，从**一开始便与基础设施的建设同步进行**。工程师和**熟练工人被分批**派往国外**接受培训**，而新工人则到别的企业或港口**接受培训**。

课文 C

❏ **Parte I:** Interpreta el siguiente diálogo alternativamente al español y al chino.

Ⓐ 你好！我能帮你什么忙吗？

Ⓑ **Me gustaría comprar** un **ordenador portátil**, pero veo que hay tantos modelos que **no sabría cuál llevaría**.

Ⓐ 你能告诉我你要怎样的笔记本电脑吗？比如，一些你感兴趣的配置。

Ⓑ No sabría mucho. **Últimamente he oído hablar mucho de** Windows 10 Home, que **es de la última tecnología**, ¿verdad?

Ⓐ 是，没错。那是**操作系统**。还有什么呢？

Ⓑ Ahora **está de moda** "el doble núcleo". Quiero eso también, **aunque no entiendo qué es** exactamente.

Ⓐ 好的，请听我给你解释，所谓"双核"意思是处理器拥有两个芯片。说到**硬盘容量**的话，要多大的？

Ⓑ Eh, me gustaría que sea 256 gigas y que la **memoria del sistema** sea de 2 gigas.

Ⓐ 那**显卡**呢？

Ⓑ Como no juego los **videojuegos**, una **común y corriente** estaría bien.

Ⓐ 那其他的**配件**呢？

Ⓑ Ah, **se me olvidaba**...quería una **pantalla LCD** de 14 pulgadas **con cámara y el micrófono integrados**, ¿será posible?

Ⓐ 没问题，就是价格会高点。

Ⓑ Por último, ¿el portátil traerá la **tarjeta de red inalámbrica**?

Ⓐ 是的，**当然了**，已经包含在里面了。

Ⓑ ¡Perfecto! Entonces por favor enséñame un modelo de la marca Lenovo **con todas las características mencionado. Perdóname por la molestia.**

Unidad 8   Apoyo Técnico

❏ **Parte II:**   Interpreta el siguiente discurso del chino al español:

　　上海新国际博览中心（SNIEC）是中国最大最重要的展览中心之一，位于中国的经济金融中心上海浦东区。距离**地铁**、**磁悬浮**、**浦东机场**、**中外环线**都很近。周边有**五星级宾馆**、**高级写字楼**和完备的生活设施。目前拥有九个展厅，面积达 103 500 平方米，**室外展览面积** 100 000 平方米。上海新国际博览中心凭借其优越的地理位置、方便的交通设施、单层无柱的展馆建筑特色以及多种多样的服务功能，自 2001 年 11 月正式启用以来赢得了广泛关注和好评。

　　作为一个多功能的场馆，上海新国际博览中心**被认为是**举办各种公司、社会活动的**理想场所**。每年在此举办约 60 余场世界级的展览会，至于中小规模的展览更是**每天都有**。这一数字随着场馆的扩建**将继续增长**。可以预料，到几个月后全部扩建工程完工时该中心的**室内面积将达到** 200 000 平方米，**室外面积达** 130 000 平方米。

❏ **Parte III:**   Interpreta el siguiente discurso del español al chino:

El Centro Internacional de Exposición de China (CIEC), **subordinado al Consejo Chino para el Fomento del Comercio Internacional (CCPIT por su sigla en inglés)** y la **Cámara del Comercio Internacional de China** (CITC), **organiza y realiza** exposiciones internacionales **de diferentes escalas, teniendo como objetivo promover y consolidar intercambios y cooperaciones económicos y tecnológicos** entre China y otros países. Como miembro de la Unión de Ferias Internacionales (UFI), el centro **toma parte activa en** las actividades **del sector de exposición** internacional y **se esfuerza por** elevar el nivel de las exposiciones en China al nivel internacional.

Localizado en el nordeste de Beijing, el Centro Internacional de la Exposición de China **está bien comunicado con** todas partes de la ciudad. **Está a sólo** 10 kms **del** centro de la ciudad, a 5 de la zona diplomática y a 20 del aeropuerto y **cuenta con más de** 20 hoteles **a su alrededor**. Este centro de exposiciones **cuenta con pabellones interiores de** 60.000 m^2, **un espacio al aire libre de** 70.000 m^2, **un aparcamiento de** 10.000 m^2, un campo de 10.000 m^2 para contenedores y **un almacenaje aduanero de** 3.000 m^2.

Desde su establecimiento en 1985, en este centro se han celebrado más de ochocientas exposiciones internacionales **de todo tipo con una superficie de** más de 9 millones de m^2, **muchas de las cuales gozan de fama internacional**. Por ejemplo, la Feria Internacional de Máquinas Herramientas de China, la de Equipos y Tecnología de Telecomunicación de China, la de Maquinaria Textil de China y la de Metal y la Metalurgia de China que **se encuentran entre las primeras cuatro ferias especializadas más importantes en su sector del mundo**.

课文 D

☐ **Parte I:** Interpreta el siguiente diálogo alternativamente al español y al chino.

Ⓐ ¡Hola! ¿**En qué puedo ayudarte?**

Ⓑ 我想要买一台笔记本电脑，但是我看这里有这么多的款式，我都**不知道买哪个好了**。

Ⓐ ¿Podrías decirme **qué tipo de portátil quieres**? Por ejemplo, **algunas características que te interesen**.

Ⓑ 我不是很清楚。**最近我经常听说** Windows 10 Home，这是**最新的技术**，对吗？

Ⓐ Sí, es cierto. Eso es **el sistema operativo**. ¿Qué más?

Ⓑ 现在**双核很流行。我也想要那个，虽然我不是很明白那确切指的是什么。**

Ⓐ Bien, déjame explicarte, el llamado "**doble núcleo**" quiere decir que **el procesador tiene dos chips**. Y en cuanto a **la capacidad del disco duro**, ¿cómo será?

Ⓑ 呃，我想要 256G 的，**内**存要 2G 的。

Ⓐ ¿Y la **tarjeta gráfica**?

Ⓑ 因为我不玩**电脑游戏**，普通的**显**卡就可以了。

Ⓐ ¿Y **con respecto a otros accesorios**?

Ⓑ 啊，我刚才忘记了，我想要 14 寸的**液晶显示屏**，还有**内**置的**摄像头和麦克风**，可以吗？

Ⓐ No hay problema, **sólo que subiría un poco el precio**.

Ⓑ 那么笔记本带**无线网卡**吗？

Ⓐ Sí, **por supuesto**. Está incluida ya.

Ⓑ 太好了！那么请给我看一款联想的**带有所有说到过的配置的**电脑。**对不起，要麻烦你了。**

❏ **Parte II:** Interpreta el siguiente discurso del español al chino:

El Nuevo Centro Internacional de Exposición de Shanghái (SNIEC) es uno de los centros de exposición más grandes e importantes de China. **Está situado en** el distrito Pudong de Shanghái, **centro económico y financiero** del país, y **muy cerca del metro, Maglev,** aeropuerto Pudong y **el anillo intermedio y periférico de autopistas**. Cuenta a su alrededor con **hoteles de 5 estrellas, edificios de oficinas de alto rango e instalaciones completas de vida**. Actualmente el SNIEC tiene **nueve pabellones interiores de** 103.500 m² y **un espacio al aire libre de** 100.000 m². Desde **la puesta en funcionamiento** en noviembre de 2001, el SNIEC **ha llamado mucho la atención** y **granjeado buenos comentarios debido a su localidad ventajosa, fácil comunicación, especial estilo arquitectónico de un solo piso y sin columnas**, así como a su **multiple servicio y funcionalidad**.

Siendo una área multifuncional, el SNIEC **ha sido considerado como sede ideal para** actividades empresariales y sociales. Se celebran unas sesenta **ferias de categoría mundial** cada año. Y las exposiciones medianas y pequeñas **se celebran cada día. Esta cifra va a crecer** con las obras de ampliación de los pabellones. **Se puede prever que** cuando terminen todas las **obras de ampliación dentro de pocos meses**, los **pabellones interiores** serán de 200.000 m² y **el área exterior**, 130.000 m².

❏ **Parte III:** Interpreta el siguiente discurso del chino al español:

中国国际展览中心（CIEC）隶属于**中国国际贸易促进会**（CCPIT）和**中国国际商会**（CITC），**组织和举办各种规模的**国际展会，**旨在推动和加强**中国和其他国家之间的**经济和技术交流与合作**。作为国际博览会联盟（UFI）的成员，中国国际展览中心**积极参与**国际**展览业界**的活动，并**努力使中国的展览业达到国际水准**。

地处北京的东北角，中国国际展览中心与市区各地**四通八达**。**离市中心只有** 10 公里，离使馆区 5 公里，距机场 20 公里，**周边还有** 20 余家宾馆。该中心拥有 6 万平方米的**室内场馆**、7 万平方米的**室外展场**、1 万平方米的**停车场**、1 万平方米的集装箱场地和 3 千平方米的**海关保税仓库**。

自 1985 年建成**以来**，在此共举办**各类**国际性展览会 800 多个，**展出面积** 900 多万平方米。其中许多展览**享有国际盛誉**。例如，中国国际机床展、中国国际通信设备技术展、中国国际纺织机械展和中国冶金金属展**位居最重要的国际专业展前四名**。

Unidad 9

Ferias y Exposiciones
第9单元　商贸展销

课文 A

❑ **Parte I:** Interpreta el siguiente diálogo alternativamente al español y al chino.

- Ⓐ 何塞·洛佩斯先生，您对合同稿有什么意见？您对每个条款都同意吗？
- Ⓑ Sr. Wang, **hemos hecho un estudio detallado del borrador**. Estamos de acuerdo **en lo fundamental**, pero tenemos algunos cambios.
- Ⓐ 是吗？任何问题您都可以提出来。我认为咱们已经有了很坚实的合作基础。
- Ⓑ Primero, **en cuanto al formato del contrato**, hemos preparado un **borrador corregido**. Aquí lo tiene. ¿Está de acuerdo?
- Ⓐ 可以。不过合同中所有的内容都得用中西两种文字书写。
- Ⓑ Sí, naturalmente. Ahora vamos a **revisar las cláusulas** del contrato. **Empecemos por** las descripciones, **especificaciones**, cantidad, precio por unidad, **importe y transporte**.
- Ⓐ 我都检查过了。
- Ⓑ Entonces ahora vamos a **definir las cláusulas** que **no estoy de acuerdo del todo**.
- Ⓐ 好的。您能告诉我哪几条吗？
- Ⓑ Sobre **la forma de pago**. No puedo **abrir una carta de crédito a 90 días**, porque es costoso. **Prefiero** pagar cuando llegue la mercancía.
- Ⓐ 用信用证支付是国际惯例。我们从一开始就谈到了这个问题。很遗憾我不能接受任何其他支付方式。
- Ⓑ Bien, **aceptado**. Sin embargo **tengo que añadir que** hay que despachar la mercancía **antes del** 31 de octubre. No podemos aceptar **nada de retraso**.
- Ⓐ 可以，我想强调一下，我们的价格是上海离岸价，所以运输和保险费用应由贵方负担。还有什么疑问吗？
- **B** **Ningún problema**. Todos los problemas que hemos discutido ya **están incluídos en** el contrato.
- **A** 那太好了！洛佩斯先生，合同什么时候能准备好？
- **B** **Pasado mañana** firmaremos aquí a las tres de la tarde.
- **A** 那真是太好了，那星期四见！
- **B** ¡Hasta el jueves!

❏ Parte II: Interpreta el siguiente discurso del chino al español:

"水是生命与健康之本。与水相关的人权是人类健康而尊严的生活所必不可少的。这是相对于其他一切人权的先决条件。"这是联合国文件中的一句话。我们承认与水相关的权利是普遍的人权，所以我们一直在推介联合国的目标，推介一切为争取全世界所有的人都拥有足够、安全、经济的水而采取的行动和做法。

水在满足人类生命的需要、健康、饮食安全、福利和可持续发展的机会方面起着根本性的作用。世界性的水危机在许多会议上常常被当作单纯的水短缺问题，当作水资源缺乏问题。然而在很大程度上，它也是与水的可持续管理相关的危机，而且这种水管理必须在社会、经济、政治和环境四个层次上做得更加高明、有效、公正和一贯。

在这次研讨会上我们想介绍一下科技创新的价值，介绍那些为了实现水资源可持续管理而采取的新利用方式以及新管理模式和取得社会共识方面的价值。为此，我们想强调在知识和技术方面的创新，以及力求管理质量、透明度、百姓社会负责任地参与等方面的想法和做法。可持续的创新并不一定都是新的，也意味着反思现在和恢复那些堪称典范的传统用法、做法和技术。

❏ Parte III: Interpreta el siguiente discurso del español al chino:

Estimados amigos, **por el Metro** línea 8 y los autobuses urbanos 68, 125 y 23 se puede llegar al **Centro de visitantes**, es **de entrada libre y gratuita** entre las 10 y las 20 horas de todos los días. **A las horas en punto y en media hay visitas guiadas**. En sus 500 m² los visitantes pueden conocer, **a través de pantallas táctiles**, todo el proyecto de la Feria y pueden **pasar por** la conocida "**área de la sensación**". En ella, el visitante puede sentir la lluvia, la humedad. La entrada a este centro **es completamente gratuita** y no es necesario **pedir hora**, ya que la visita sólo tiene una duración de 30 minutos y **cada turno es cómo máximo de 20 personas. Por motivos de seguridad y sólo en casos excepcionales, el centro permanecerá cerrado al público para visitas oficiales**.

Con el objetivo de garantizar el éxito y prestigio de la Feria, se ha nombrado al **Excmo. Sr.** D. Emilio Fernández como **Comisario General** de la Exposición, que **representa al Gobierno de España**. El Comisario nació en enero de 1950 en Santander, Cantabria de España, y **tras licenciarse en Derecho**, en 1980 **ingresó en la carrera diplomática. Entre otros destinos y ocupaciones**, el Sr. Fernández ha trabajado en la **Misión de España ante las Comunidades Europeas**. En 1996 **fue nombrado Embajador de España en Australia** y en 2001, **Embajador** de España **en Argelia**. Desde mayo de 2004 era **Director General** de Relaciones Económicas Internacionales del **Ministerio de Asuntos Exteriores y Cooperación** hasta diciembre de 2005 en que fue nombrado **Comisario General. La Oficina del Comisario** se encuentra actualmente situada en **la primera planta del** número 65 del Paseo de Fernando el Católico de Zaragoza.

课文 B

☐ **Parte I:**   Interpreta el siguiente diálogo alternativamente al español y al chino.

Ⓐ   Señor José López, ¿qué opiniones tiene **sobre el borrador del contrato**? **¿Está de acuerdo con cada una de las cláusulas?**

Ⓑ   王先生，**我们仔细地研究了合同稿**。我们**大体上同意**，但是有一些**修改意见**。

Ⓐ   ¿Sí? **Cualquier cosa la puede usted plantear**. Creo que ya tenemos una base **bien sólida** de cooperación.

Ⓑ   首先，**就合同的格式而言**，我们公司准备了一份**修改稿**。这就是，您同意吗？

Ⓐ   De acuerdo. Pero todo el contenido del contrato **debe ir tanto en chino como en español**.

Ⓑ   那当然。现在，让我们**检查**一下合同的**条款**，先从品名、规格、数量、单价、总额以及运输来看吧。

Ⓐ   **Los he revisado todo**.

Ⓑ   那我们现在来**敲定**一下我不完全同意的那些条款吧。

Ⓐ   Vale, ¿me puede decir **cuáles son**?

Ⓑ   关于**付款方式**。我**不能开 90 天的信用证**，因为费用很贵。**我更喜欢**货到付款。

Ⓐ   **Pagar con carta de crédito es una práctica internacional. Hemos tocado** este tema **desde el comienzo. Siento mucho no poder aceptar ninguna otra forma de pago**.

Ⓑ   好的，我同意。但是我必须补充一点，必须在 10 月 31 日之前**交货**。我们不能接受任何拖延。

Ⓐ   **De acuerdo. Quería reiterar que** nuestro precio es **de FOB Shanghái**, por eso **el transporte y el seguro los pagan ustedes**. ¿Alguna duda más?

Ⓑ   没有任何问题。我们讨论过的所有问题都已包含在合同中了。

Ⓐ   ¡Estupendo! Señor López, **¿cuándo tendrá listo el contrato?**

Ⓑ   后天下午三点我们可以在此签约了。

Ⓐ ¡Excelente! ¡Hasta el jueves!
Ⓑ 星期四见。

❑ Parte II: Interpreta el siguiente discurso del español al chino:

"**El agua es fundamental para la vida y la salud. El derecho humano al agua** es **indispensable para** una vida **saludable y digna. Se trata de** un **pre-requisito para** todos los demás derechos humanos." Estas son **las palabras de** un documento de las **Naciones Unidas**. Como reconocemos que **el acceso al agua** es un **Derecho Humano universal, hemos venido trabajando para presentar los objetivos** de las Naciones Unidas y las **iniciativas y experiencias encaminadas a** que toda la población mundial cuente con agua suficiente, segura y económica.

El agua juega **un papel fundamental para** la satisfacción de las **necesidades vitales humanas**, la salud, **la seguridad en la alimentación**, el bienestar y las oportunidades de **desarrollo sostenible**. La crisis mundial del agua se presenta **con frecuencia** en diferentes foros como un **problema exclusivamente de escasez, de falta de oferta de recurso**. Sin embargo, **es** también **una crisis en buena medida ligada a** la **gestión sostenible** del agua que debe ser más inteligente, eficiente, **justa y solidaria en sus cuatro dimensiones**: social, económica, política y ambiental.

En este **seminario** queremos **presentar** el **valor de la innovación científico-técnica**, el valor de los nuevos aprovechamientos y de las **renovadas fórmulas de gestión** y **concertación social conducentes a** la **sostenibilidad de los recursos hídricos**. Por ello, queríamos destacar las innovaciones en el conocimiento y tecnología, así como **las ideas y experiencias que procuren** la calidad en la gestión, la transparencia y la **implicación responsable** de la sociedad civil. **La innovación para la sostenibilidad no siempre es sinónimo a lonuevo**, significa también **repensar el presente** y recuperar usos, prácticas y técnicas **tradicionales ejemplares**.

❑ **Parte III:** Interpreta el siguiente discurso del chino al español:

尊敬的朋友们，**乘坐地铁**八号线和公交 68、125 和 23 路可以到达**游客中心**。每天 10 点到 20 点都可以**免费自由出入**。**每个正点或半点时有导游陪同**。在这 500 平方米的空间，游客可以**通过触摸屏**了解博览会的所有项目，还可以**经历**著名的"**体验区**"。这里游客可以感受到下雨、潮湿。进入该中心**完全是免费的**，也不需要**预约**时间，因为这个过程只需 30 分钟，**每轮最多 20 人**。**出于安全考虑，只有在非常特别的情况下，才会对公众关闭，供官方人士参观**。

为了保证博览会的成功与信誉，已经任命**尊敬的**埃米利奥·费南德斯先生为博览会**警察总长，他代表西班牙政府**。警察总长 1950 年 1 月生于西班牙坎塔布里亚省的桑坦德。在**法律系本科**毕业后，于 1980 年**开始外交生涯**。费南德斯先生**曾在西班牙驻欧盟使团**等不同部门工作。1996 年被任命为**西班牙驻澳大利亚大使**，2001 年被任命为西班牙**驻阿尔及利亚大使**。2004 年 5 月起，担任**西班牙外交与合作部**经济关系司**司长**至 2005 年 12 月被任命为警察总长。**警察总长办公室**现位于萨拉戈萨市费南多·卡托利科大街 65 号**底楼**。

课文 C

❏ **Parte I:** Interpreta el siguiente diálogo alternativamente al español y al chino.

Ⓐ 我是皇朝家具公司的**总经理**，很高兴在这里**再次见到你**。

Ⓑ Yo también, **muy encantado de verlo de nuevo**. Esta vez he venido a **hablar con ustedes sobre la fundación de una empresa de capital mixto**.

Ⓐ 搞合资就意味着要在**税收**方面给投资者**一些优惠的待遇**，我们对此也很感兴趣。

Ⓑ Entonces **veamos ahora los detalles del proyecto. ¿Cuáles son los requisitos para** ustedes para establecer **una empresa de capital mixto**?

Ⓐ 我们希望能得到贵方技术上的支持。如果你们能组织一些技术研讨会和专门的培训班那就再好不过了。

Ⓑ Claro que sí. **¿Hay algún reglamento con respecto al aporte de inversión** por la parte extranjera **en el capital registrado**?

Ⓐ 根据有关规定，外国合资者的投资比例不应少于 25%。

Ⓑ Creo que no habrá ningún problema. **Haríamos cargo de** la maquinaria y otros equipos principales. **Además, ofrecemos capacitación técnica del personal**.

Ⓐ 你们提供的设备**需要做一个评估**。

Ⓑ Calculo que nuestra inversión **ocupará unos** 55%.

Ⓐ 最好不要超过 50%。

Ⓑ De acuerdo. **¿Cómo se fijarían** los precios de los productos **más adelante**?

Ⓐ 我们应该确定一个产品定价的机制。我认为产品价格应该根据国际市场的价格，在考虑到双方利益的基础上，由双方共同协商。

Ⓑ Bueno, **hablemos** ahora **del plazo**. ¿Qué duración tendría la empresa mixta?

Ⓐ 这个企业规模不大，我建议先定为 6 年。还有，如果搞成合资企业，我方是否有权自行**招聘**或解雇人员呢?

Ⓑ **Cualquier parte podría hacerlo**, pero siempre **por medio del departamento del personal**, **excepto** los miembros de la **junta directiva**.

Ⓐ 我们将草拟一份合同，明天下午送来给你。

Ⓑ Vale. Hasta mañana.

❑ Parte II: Interpreta el siguiente discurso del chino al español:

中国进出口商品交易会，又称广交会，创办于 1957 年春季。每年春秋两季在广州举办，会期一个月，迄今已有五十年历史。广交会是中国目前历史最长、层次最高、规模最大、商品种类最全、到会客商最多、成交效果最好的综合性国际贸易盛会。

广交会由 50 个交易团组成，有来自全国各地数千家资信良好、实力雄厚的外贸公司、生产企业，包括中外合资、外商独资企业、中国私营企业，还有许多科研院所都踊跃参展。

广交会的贸易方式灵活多样，除传统的看样成交以外，还举办网上交易会。电子商务已经日益发展。广交会以出口贸易为主，也做进口生意，还可以开展多种形式的经济技术国际合作与交流项目，以及商检、保险、运输、广告、咨询等业务活动。来自世界各地的客商云集广州，互通商情，增进友谊，他们把广州看作外贸采购的天堂。

据交易会新闻中心的数据显示，最近一期广交会的成交额达三百六十四亿美元。其中 89% 的成交额来自于机械、电子设备、服装、纺织以及农产品；一半金额与欧盟国家、东南亚国家联盟和香港地区交易达成；57% 与广东、浙江和山东代表团交易达成；与中国的生产企业所达成的交易额中，与国企、外资企业和私企的成交额分别是 82%、6% 和 8%。

❑ Parte III: Interpreta el siguiente discurso del español al chino:

La 16ª Feria Internacional de Computación y Electrónica **es el único evento en su tipo donde se reúnen todas las principales marcas** de esa industria **para exhibir lo más novedoso en tecnología**. Ustedes podrán asistir al **acto del lanzamiento de nuevos productos o modelos y** encontrar amplias **informaciones de los productos, servicios y promociones especiales**. Por eso ustedes **recibirán sorpresas increíbles**.

En esta Feria podrán encontrar **toda la línea blanca de electrodomésticos para su hogar o su empresa**. Habrá computadoras **de último modelo** y **de toda variedad. Ordenadores portátiles, PC Sobremesa y Ordenador de bolsillo**; impresoras multifuncionales, **escáneres, cámaras digitales, memorias de todo tipo, discos extraíbles, pantallas de plasma, pantallas LCD, proyectores**, equipo de sonido, accesorios, productos de redes, servicios de Internet, componentes para armar su propia PC y muchos productos más.

Con dieciséis años de experiencia, esta Feria Internacional de Computación y Electrónica **ha llegado a ser la segunda feria mayor de esta industria en el mundo, solo después de** la de Alemania. En los últimos años, **con el ajuste y la reubicación de la estructura industrial del mundo** y el continuo crecimiento rápido de la economía china, la Feria **ha llamado mucho la atención de** los fabricantes y distribuidores **por su influencia y escala cada vez mayor**. Este año va a ocupar unos 18,500 m^2 de exhibición, o sea, va a ocupar todos los pabellones de la **planta baja** del *World Trade Center*.

Unidad 9 Ferias y Exposiciones   103

课文 D

❏ **Parte I:** Interpreta el siguiente diálogo alternativamente al español y al chino.

Ⓐ **Soy gerente general** de la empresa de muebles *Huangchao* (Dinastía). **Me alegro de volver a verlo** aquí.

Ⓑ 我也很高兴见到你。我这次来是想和你们谈谈建立合资企业的问题。

Ⓐ **Montar una empresa mixta significa que** a los inversores les darán **tratos preferenciales de impuesto, tema que** nos interesa también.

Ⓑ 那我们现在就谈谈项目的具体事宜吧。贵方搞合资经营的条件是什么？

Ⓐ Esperamos el **apoyo técnico por su parte. Sería perfecto si podrían ustedes organizar seminarios de tecnologías o cursos especiales de formación**.

Ⓑ 那当然可以。在注册资本中，对国外合营者的投资比例有什么明文规定吗？

Ⓐ **Según los reglamentos referentes, el aporte del coinversionista extranjero** debería ser **no menor del** 25%.

Ⓑ 我想没有任何问题。我们将负责机械设备和其他主要设备。此外，我们还将提供员工的技术培训。

Ⓐ **Se necesitaría hacer una evaluación del** equipo proporcionado por ustedes.

Ⓑ 我估计我们的投资将达到 55%。

Ⓐ **Mejor no sobrepasar** el 50%.

Ⓑ 我同意。以后产品的价格如何确定？

Ⓐ Debemos **establecer un mecanismo para fijar el precio de** nuestros productos. Creo que los precios se decidirán **entre ambas partes de acuerdo con** los precios del mercado internacional, **teniéndose en cuenta los beneficios de las dos empresas**.

Ⓑ 好的，现在咱们谈一谈合资期限的问题。那合资企业期限多长呢？

Ⓐ Como es una empresa pequeña, **sugeriría un plazo de** seis años **para empezar**. Otro punto, si llegamos a hacer la empresa mixta, ¿**tendremos derecho a contratar o despedir a los empleados?**

🅑 双方均有权招聘或解雇人员，但是都必须**通过人事部门**。**董事会成员除外**。

🅐 **Haremos un borrador del contrato** y mañana por la tarde te lo voy a traer.

🅑 那好，我们明天见。

❏ Parte II: Interpreta el siguiente discurso del español al chino:

La **Feria de Importación y Exportación de China, también llamada** Feria de Cantón (Guangzhou), **fue fundada en** la primavera de 1957. Se celebra cada año en esta ciudad en la primavera y el otoño **con una duración de un mes** respectivamente. **Ya tiene cincuenta años de existencia.** Esta feria **es actualmente la feria internacional multifuncional de comercio de más larga historia, más alto nivel, mayor envergadura, más completa en productos, más concurrencia de visitas y mejor rendimiento de negocios en China**.

La Feria **está compuesta por** cincuenta delegaciones comerciales **con una participación muy activa de** millares de **corporaciones fuertes y de buen crédito de** comercio exterior y **fabricantes, incluyendo compañías mixtas sino–extranjeras o de capital único extranjero, empresas privadas** chinas y muchas instituciones de investigación científica.

Las formas de comercio en la Feria de Cantón son muy **variadas** y **flexibles**. Además de la forma tradicional de **hacer negocios según muestras**, también se celebra **la Feria en línea** (online). El **comercio electrónico** está desarrollándose diariamente. **La Feria está orientada principalmente al comercio de exportación**, pero también al de importación. Además, se puede desarrollar muy variados **proyectos de cooperación e intercambio económico-técnico internacional, así como las actividades y operaciones tales como la inspección de mercancías**, los **seguros**, el **transporte**, la **publicidad y la asesoría, etc. Los hombres de negocio** del todo el mundo **se reúnen** en Guangzhou, **intercambiando las informaciones comerciales y fomentando la amistad**. Ellos toman la ciudad de Guangzhou como **paraíso de adquisición** del comercio internacional.

Según las cifras dadas a conocer por el Centro de Prensa de la Feria, la última feria **ha logrado un volumen de operaciones de alrededor de 36.400 millones de dólares americanos**. Entre ellos, el 89 % **correspondió al sector de maquinarias, equipos electrónicos, vestidos, textiles** y productos agrícolas; **la mitad del importe correspondió al** negocio realizado con países de la Unión Europea y de **la ASEAN** (Asociación de Naciones del Sudeste Asiático) así como con Hong Kong; el 57 %, al **negocio realizado con** las delegaciones de Guangdong, Zhejiang y Shandong; **dentro del negocio realizado con** las empresas productoras chinas, el 82 %, 6 % y 8 % correspondió a las **empresas públicas, las con inversiones extranjeras** y **las de capital privado** chino, **respectivamente**.

❏ Parte III: Interpreta el siguiente discurso del chino al español:

第 16 届国际计算机与电子展览会是**同类展会中唯一集合了该工业全部重要品牌以展示最新科技成果**的展会。你们将可以出席**新产品、新款式的发布会**，并能得到关于产品、服务和特别促销的广泛信息。所以你们**将会收获难以置信的惊喜**。

在这次展会上，你们将能看到**家用或企业用白色系列家电**。将有各种各样**最新款式的**计算机。有**手提电脑、台式电脑、袖珍电脑、多功能打印机、扫描仪、数码相机、各种存储工具、可移动硬盘、等离子显示屏、LCD 屏幕、投影仪**、音响设备、配件、网络产品、互联网服务、组装您自己电脑的组件和其他产品。

经过十六年的经验积累，国际计算机与电子展览会**已经发展成为该行业的世界第二大展，仅次于**德国的同类展览。近年来，随着**世界产业结构调整与转移**、中国经济持续快速增长，该展会**因其规模和影响越来越大**而**吸引**了生产商和销售商的**极大关注**。今年该展会面积将达 18 500 平方米，也就是说展会将占用世贸中心**底楼**的所有大厅。

Unidad 10

Exposición Industrial
第10单元　工业展览

课文 A

❏ **Parte I:** Interpreta el siguiente diálogo alternativamente al español y al chino.

Ⓐ　¿Podría usted darme **un catálogo de sus productos**?

Ⓑ　您是对自行车整车还是只对**零配件**感兴趣？

Ⓐ　Ambas cosas me interesan.

Ⓑ　好的！这是**我们明年产品的完整目录**。如果您不赶时间的话，请到我们展台去看看公司**最新研发的车型**吧。

Ⓐ　Muchas gracias. Como veo en su *stand*, **ustedes se esfuerzan mucho en la innovación** de los productos.

Ⓑ　是的。因为我们拥有自己的**研发部门**，所以每年都会**更新产品**。

Ⓐ　**Muy bien. Eso es lo que buscaba para** mi mercado. Hoy día montar la bicicleta es **más bien un ejercicio de moda**. Para **satisfacer** la demanda de los clientes jóvenes, es importante **tener productos de mucha variedad**.

Ⓑ　没错。在我国也是如此。不过这些年正在出现**许多款式的**电动自行车。很受欢迎，因为**充一次电可以跑** 50 公里。

Ⓐ　Entonces es **un medio de transporte bien práctico y ecológico**.

Ⓑ　确实如此。另外，我们还在生产**可折叠自行车**，很是实用，因为可以带进地铁。

Ⓐ　¡**Fenomenal**! ¿Puede **facilitarme** ahora mismo **la cotización** de todos sus productos?

Ⓑ　还是建议您先挑选您最感兴趣的车型，然后我再**以电子邮件的方式报价给您**。

Ⓐ　De acuerdo. **¿Pero me dará un precio competitivo?**

Ⓑ　当然啦。今年我们公司正想进入贵国市场，所以我们会提供尽可能优惠的条件。

Unidad 10　Exposición Industrial　107

Ⓐ　¡Me alegro mucho de esta noticia!

❏ **Parte II:**　Interpreta el siguiente discurso del chino al español:

　　去年，共有来自 37 个国家的 706 家企业参加了**为期四天的**国际自行车展，**总面积达到** 70 000 平方米。**参展企业**中有 346 家**来自海外**，占总数的 49%，本国企业达 360 家。展会的**第一天对新闻界和重要人士开放，随后对专业人士开放，最后一天是针对普通观众的**。统计数据表明最后一天共有**来自** 60 个国家的将近 20 000 名观众。所以，观众的**热情是空前高涨的**，这给展会的组织者**很大的鼓舞**。

　　根据以往的经验，我们预计今年在 9 月 17 日（周六）、18 日（周日）两天将会有大约 30 000 名**终端顾客**前来参观国际自行车展。而明年的展会将有**新的设想和新的规模**。展会将在新国际博览中心举行，将首次使用最近落成的北部展馆。新的展馆高 11 至 15 米，为**完全没有柱子的结构**，有着非常柔和的灯光和良好的通风。80 000 平方米的室内面积，再加上 75 000 平方米的**室外展览面积**，我们相信一定会成为又一个极其具有吸引力的、非常理想的展览场所。因此，这样的展会**将会成为**全世界自行车行业**最权威的展会**。我们将为**保持它的世界领先地位**而努力奋斗。

❏ **Parte III:**　Interpreta el siguiente discurso del español al chino:

Existen dos **Exposiciones reguladas por** el BIE, o sea, por el Buró Intenacional de Exposiciones (*Bureau International des Expositions*). Una se llama **Exposición Internacional**, como la de Expo Zaragoza 2008; la otra se llama **Exposición Universal**, como la de 'Expo 92' de Sevilla o **'Expo 2010' de Shanghái**. La primera se celebra durante 3 meses **en una superficie máxima de** 25 hectáreas y **aborda una temática específica**. En el caso de Zaragoza, la temática es "Agua y Desarrollo Sostenible". La segunda se celebra cada 5 años **en un recinto sin límite de superficie** durante 6 meses en los que **se aborda una temática general. En el caso de Shanghái, la temática es "Mejor Ciudad, Mejor Vida"**.

La primera exposición internacional se celebró en Londres en 1851. **Tras su éxito, numerosas exposiciones tuvieron lugar en** el mundo, entre ellas por ejemplo la

Exposición de París de 1889, que **dio vida a la Torre Eiffel. Conforme el número de manifestaciones iba en aumento, se fue haciendo patente la necesidad de controlar su frecuencia.** Fue en 1928 cuando **se creó para ese cometido** el *Bureau International des Expositions* (BIE).

El 16 de diciembre de 2004, Zaragoza **fue nombrada como sede de** la Exposición Internacional del año 2008, **imponiéndose a las otras candidaturas de Grecia y de Italia**. La celebración **coincidirá con la conmemoración del bicentenario de Los Sitios de Zaragoza** (1808).

Expo Zaragoza 2008 **tiene por temática el agua**. Los avances tecnológicos del s. XX crearon el **espejismo de** poder asegurar el bienestar sobre la Tierra **mediante el dominio de las fuerzas de la Naturaleza**, pero **junto a grandes logros** aparecieron graves **desequilibrios ecológicos y sociales. A principios del** siglo XXI la Humanidad **se enfrenta a espinosos problemas de índole ambiental**, entre ellos **la crisis del agua. Un reto que alcanza escala planetaria y se caracteriza por el ritmo vertiginoso de los cambios.**

课文 B

❑ **Parte I:** Interpreta el siguiente diálogo alternativamente al español y al chino.

Ⓐ 您能给我一份贵公司**产品**的**目录**吗？

Ⓑ ¿Le interesan bicicletas completas o solamente **piezas y repuestos**?

Ⓐ 两者我都有兴趣。

Ⓑ Bueno. Aquí tiene usted **nuestro catálogo completo para el próximo año. Si no tiene prisa**, haga el favor de **pasar a nuestro stand para** ver los **modelos últimamente desarrollados** de la empresa.

Ⓐ 谢谢您。正如我在你们展台看到的，贵公司**在**产品的**创新上下了很大的功夫**。

Ⓑ Sí. Porque tenemos nuestro propio **departamento de investigación y desarrollo. De modo que se renuevan** nuestros **producctos** cada año.

Ⓐ 太好了。这正是我为**市场一直寻找的**产品。如今骑自行车**不过是一项时髦的运动**。要想**满足年轻客户的需求，产品多样化十分重要**。

Ⓑ **Tiene razón. Aquí pasa lo mismo**. Sin embargo, estos años están surgiendo **muchos modelos** de **bici ecléctrica. Son bien acogidas**, porque **pueden aguantar hasta 50 km después de cargar la batería**.

Ⓐ 这样的话就是**实用而环保的交通工具**了。

Ⓑ **Exactamente**. Además estamos produciendo **bici plegable** que es un **medio funcional** porque se puede llevar al metro.

Ⓐ 太棒了！您能否现在就将这些产品**给我报价**？

Ⓑ **Es más recomendable que elija primero los modelos más interesantes** y le **pasaré el precio por e-mail**.

Ⓐ 行。不过，**您会给我一个有竞争力的价格吗**？

Ⓑ Seguro. Como este año **estamos intentando** entrar en el mercado de vuestro país, **le ofrecemos las mejores condiciones que podamos**.

Ⓐ 听到这个好消息我非常高兴！

❏ **Parte II:** Interpreta el siguiente discurso del español al chino:

El año pasado, **un total de** 706 empresas de 37 países participaron en la Feria Internacional de Bicicleta **que duró cuatro días con una superficie de** 70 mil m² de exhibición. **Entre los expositores**, 346 empresas **provinieron** del extranjero que ocupan el 49% del total y otras 360 empresas son nacionales. **El primer día** de la exposición **fue para la prensa y personalidades. Los días siguientes** fueron para los **visitantes especializados** y **el último día fue para el público en general. Según estadística**, unos 20 mil visitantes **provenientes de** 60 países **se presentaron el último día en la Feria.** Por eso **el alto entusiasmo del público fue un récord.** Todo ello **dio un gran estímulo al** organizador.

De acuerdo con las experiencias del pasado, calculamos que el sábado 17 y el domingo 18 de septiembre de este año van a visitar la Feria Internacional de Bici unos 30 mil **consumidores finales**. Y la Feria del próximo año **va a tener nuevas ideas y escalas. Será en** el Nuevo Centro de Exposiciones Internacionales y **va a estrenar el pabellón del norte recién terminado**. El nuevo pabellón tiene una altura de 11 a 15 metros y es **de una estructura sin columna alguna, con luces muy suaves y buena ventilación.** Con una **superficie interior de** 80 mil m² y una exterior de 75 mil m², **tenemos la seguridad de que** va ser **otro lugar muy atractivo e ideal de exhibiciones**. Por eso semejante feria **será la máxima autoridad en** la industria de bicicletas del mundo. **Trabajaremos duro para que** ella ocupe un puesto líder en este sector mundial.

❏ **Parte III:** Interpreta el siguiente discurso del chino al español:

　　由**国际博览局**（BIE, Bureau International des Expositions）**控制的**展览有两种：一种是**国际博览会**，例如 2008 萨拉戈萨国际博览会；另一种是**万国博览会**（世博会），例如 1992 年的塞维利亚世博会或者 2010 年的**上海世博会**。前者的会期是 3 个月，**最大面积是 25 公顷**，它针对某个具体的主题。这次萨拉戈萨的主题是"水与可持续发展"。后者每 5 年举行一次，**展区没有面积限制**，会期是 6 个月，主题比较宽泛。这次上海的主题是"城市让生活更美好"。

Unidad 10 Exposición Industrial

首届国际博览会 1851 年于伦敦举行。**在其成功之后，数目众多的博览会在**世界各地举办，1889 年的巴黎博览会就是其中的一例，**由此诞生了埃菲尔铁塔。随着举办意愿的增加，越来越感到有必要控制博览会的频率**。于是在 1928 年国际博览局便应运而生。

2004 年 12 月 16 日萨拉戈萨**战胜希腊和意大利的候选城市**，被指定为 2008 年国际博览会的举办城市。这天**正逢萨拉戈萨包围战（**1808 年）**200 周年纪念日**。

2008 年萨拉戈萨国际博览会以水为主题。20 世纪的技术进步创造了一种以为**掌握自然力量**就能保证在地球上幸福生活的**假象**。但是，**伴随着巨大成果而来的是严重的生态和社会的不平衡**。21 世纪初，人类**面临着棘手的环境问题**，其中就有**水危机**。这是**全球范围的挑战，其特点就是变化多端，令人眼花缭乱**。

课文 C

❏ **Parte I:** Interpreta el siguiente diálogo alternativamente al español y al chino.

Ⓐ **Supongo que** la empresa ya debe **tener experiencia en** otros **mercados extranjeros**, ¿no?

Ⓑ 确实如此。我们已经向美国和欧洲一些国家出口了五年之久。在亚洲和非洲也拥有一些大客户。

Ⓐ ¿Había vendido en mi país antes?

Ⓑ 到目前为止还没有。

Ⓐ ¿Por qué? ¿**Acaso** el mercado de nuestro país **no es atractivo**?

Ⓑ 不，不是因为这个。贵国的市场**非常有吸引力**。我本人**一直想**访问你们美丽的国家。

Ⓐ Entonces ¿por qué?

Ⓑ 因为我们的生产能力有限。

Ⓐ Entonces pueden **poner más líneas de producción**, porque el mercado es tan bueno.

Ⓑ 是的，是这样的。我们已经有一个计划，**打算**明年**生产翻一番**。

Ⓐ Ahora **me interesan mucho** las bicicletas para niños. ¿Se exportan también?

Ⓑ 是的，我们也出口。但有一个**最低起订量**的要求，每款车 1000 台。

Ⓐ **Es razonable**. Y ¿me va a **dar un 5% de repuestos más** por **cada 1000 unidades de pedido**?

Ⓑ 您已经相当了解我们的工作方式了。此外，只要您告诉我们所需的零配件的编号，我们将在两周内寄送。

Ⓐ **Veo que** la empresa **presta mucha atención al** servicio **postventa**.

Ⓑ 谢谢。因为我们总是希望**赢得客户**的信任，并保持**尽可能稳定的**合作关系。

Ⓐ **Eso ayuda mucho en el desarrollo sostenible** de una empresa.

Ⓑ 因此，我们也希望与您开始生意往来，并在将来维持好这样的关系。

Ⓐ **Me alegro mucho**. Hoy es solamente **un comienzo. De seguro que tendremos mucho más oportunidades de cooperación**.

Ⓑ 肯定会的。对此我没有丝毫的疑问。

❏ Parte II: Interpreta el siguiente discurso del chino al español:

明年**国际汽车零部件展览会**展示**面积将达** 215 000 平方米，约有**来自** 70 个国家的 2 500 家**参展商与会**，所以是**汽车零部件行业**最为重要的展会。由于展会是向来自世界各大洲的 140 000 家**国际采购商和当地参观者展示最新技术、创新及趋势**的极好机会，许多重要企业**已经表示**将会**带最好的产品**与会。

所以在这次展览会上将可以看到**世界上大多数品牌的生产厂商，其中重要的如**奥迪、宝马、卡特皮勒、克莱斯勒、雪铁龙、大宇、大发、道奇、雪佛莱、菲亚特、福特、本田、现代、依维柯、五十铃、吉普、起亚、马自达、奔驰、三菱、日产、标致、雷诺、铃木、丰田和大众。**您可以想象这次展览会将是多么地了不起**。

参加展览会的部门将包括：汽车零部件和配件生产商、售后服务、保险公司、经销商、运输商和广告商。在汽车零部件方面将有悬挂系统、泵系列、电池、点火器、离合器、散热器、轮子、轮胎、挡风玻璃、保险钢、电器系统、灯具、镜子、刹车闸、传感器、行李箱、方向盘等。还将有普通五金、工具、机油、润滑油、挡泥板等。此外，汽车工业、**经销商**和机修厂等使用的焊接、校正等设备。在运输、仓储、保险和汽车装潢方面自然也**是顶尖企业**参加。

❏ Parte III: Interpreta el siguiente discurso del español al chino:

Estimados amigos, **déjenme hacer una breve presentación del Buró Internacional de las Exposicions (BIE)**. Esta institución fue creada, **por iniciativa de varios Estados, mediante la firma de una convención** internacional **en Paris** en 1928. **Tiene por objeto reglamentar** la **frecuencia** de celebración de las exposiciones y **velar por su calidad**. Regula **de este modo** todas aquellas exposiciones internacionales **con una duración superior a** tres semanas, **sin carácter comercial**, organizadas por un Estado que envía invitaciones a otros Estados **por vía diplomática**. Pero **hay que**

exceptuar las exposiciones de Bellas Artes.

La **Secretaría General, con sede en** París, está dirigida por el **Secretario General**. Francia es **la Potencia Depositaria de** la Convención. Cualquier Estado **puede llegar a ser miembro del** BIE **si se adhiere a** la Convención de 1928 y a sus posteriores protocolos. El BIE cuenta actualmente con 91 miembros. **Su financiación se basa en** el porcentaje de las **cotizaciones abonadas por** los Estados de las Naciones Unidas, **una parte sustancial de** sus recursos **proviene de los gastos de inscripción de las exposiciones así como del porcentaje sobre las ventas de las entradas a las exposiciones**.

La **Asamblea General**, a la que asisten los delegados de los **Estados miembros**, y también algunos **observadores**, se reúne **dos veces al año** en París. **Durante los debates** los delegados **estudian las candidaturas para nuevos proyectos** y **tienen conocimiento de los informes** presentados por los Presidentes de las cuatro Comisiones que **se ocupan de los asuntos** del BIE y de los **informes sobre** las exposiciones **en vías de organización**.

Mediante los **procesos de inscripción** el BIE **controla la frecuencia, la calidad de las exposiciones** y **las condiciones de participación impuestas a** los participantes extranjeros. Este proceso comienza **en el momento en que un gobierno informa al BIE de su proyecto**. Tras la inscripción, **el gobierno organizador** puede enviar a otros gobiernos las invitaciones.

Unidad 10 Exposición Industrial

课文 D

❑ Parte I: Interpreta el siguiente diálogo alternativamente al español y al chino.

Ⓐ 我想贵公司在其他**海外市场**也**有经验**，对吗？

Ⓑ **Efectivamente. Ya llevamos 5 años exportando a** los EE.UU. y a los países europeos. Luego en Asia y África también **tenemos compradores importantes**.

Ⓐ 之前曾向我国销售过吗？

Ⓑ Hasta el momento todavía no.

Ⓐ 为什么？难道我国的市场**没有吸引力**吗？

Ⓑ No, no por esto. **Es muy atractivo** el mercado de su país. Yo personalmente siempre **tenía ganas de** visitar su lindo país.

Ⓐ 那是因为什么原因呢？

Ⓑ Es que **tenemos limitada la capacidad de** producción.

Ⓐ 那你们可以**搞更多的生产线**，因为市场这么好。

Ⓑ **Sí, es cierto**. Ya tenemos **un plan para duplicar nuestra producción** en el próximo año.

Ⓐ 现在**我**对你们的童车**非常感兴趣**。也做出口吗？

Ⓑ Sí, también exportamos. Pero hay un **pedido mínimo de** 1000 unidades por cada modelo.

Ⓐ 这很合理。每千台车公司都会向我**提供**5% 的**配件**吧？

Ⓑ Usted **ya conoce bastante bien cómo trabajamos**. Además, **siempre que nos diga las referencias de** las piezas y repuestos **que necesite**, le enviaremos dentro de 2 semanas.

Ⓐ 看得出来，贵公司十分注重售后服务。

Ⓑ Muchas gracias. Porque siempre queremos **ganar la confianza de nuestros clientes** y mantener relaciones de cooperación **de lo más estable posible**.

Ⓐ 这将对企业的**可持续发展**很有帮助。

Ⓑ **De modo que** también esperamos **empezar el negocio con** ustedes y mantenerlo muy bien en el futuro.
Ⓐ 我很高兴。今天仅仅是一个开始，我们一定会有更多的合作机会。
Ⓑ Seguro que sí. De eso no tengo ninguna duda.

❑ **Parte II:** Interpreta el siguiente discurso del español al chino:

La **Feria Internacional Autopartes** del próximo año **será de una superficie de** 215.000 m² y **con la presencia de** casi 2.500 **Expositores** de 70 países. Será la más importante exhibición de la **industria de autopartes**. Como será buena oportunidad para **exhibir las más recientes tecnologías, innovaciones y tendencias** a más de 140.000 **compradores internacionales** de todos los continentes y a **visitantes locales**, muchas empresas importantes **han manifestado su interés de** participar **con sus mejores productos**.

Así que en la feria se podrá ver **fabricantes de autopartes de la mayoría de las marcas del mundo. Entre ellas podemos destacar** las siguientes: Audi, BMW, Caterpillar, Chrysler, Citroën, Daewo, Daihatsu, Dodge, Chevrolet, Fiat, Ford, Honda, Hyundai, Iveco, Isuzu, Jeep, Kia, Mazda, Mercedes Benz, Mitsubishi, Nissan, Peugeot, Renault, Suzuki, Toyota, Volvo y Volkswagen. **Usted puede imaginar lo maravillosa que será la feria**.

Los **sectores participantes** de la feria serán: **Fabricantes de Autopartes y Accesorios, Servicios Postventa, Aseguradoras, Concesionarios, Transportistas y Publicistas**. De las autopartes habrá **sistema de suspensión, bombas, baterías, bujías, embragues, radiadores, ruedas, llantas, parabrisas, paragolpes, sistema eléctrico, faros**, espejos, **frenos, sensores, valijas, volantes** etc. Habrá también **ferretería general**, herramientas, **aceites, lubricantes, guardabarros** etc. Además estarán presentes también **los equipos como de soldadura** y de **alineación** para la industria automotriz, **los concesionarios** y **los talleres mecánicos**, etc. De los servicios del **transporte, almacenamiento**, seguros y **decoración** naturalmente asistirán también las **empresas de punta**.

❑ **Parte III:** Interpreta el siguiente discurso del chino al español:

尊敬的朋友们，**请允许我简要地介绍一下国际展览局**。这个机构是 1928 年**由一些国家发起并在巴黎签署**国际协议而创建的。**其目的是控制**举办展览会的**频率**和**监督**展览会的**质量。通过这种方式**控制一切三周**以上**，由政府组织并**通过外交途径**给其他国家发邀请的**非商业性**国际展览会。**不过美术展应该除外。**

总秘书处设在巴黎，由**秘书长**领导。法国是**协议存放国**。任何国家**只要遵守** 1928 年**协议及其后续的议定书**，都可以成为国际展览局的**成员**。目前拥有 91 个会员国。**资金来源基于**各国向**联合国**缴款额的百分比，还有**相当一部分资金来自展览会的登记费用，以及展览会门票销售的分成。**

由**会员国代表**和一些**观察员**参加的**全体大会**每年在巴黎举行两次。在**会议辩论中研究新项目的候选国**，听取负责国际展览局事务的四个委员会主席的**报告**，以及**正在组织过程中的**展览会的**报告**。

通过这个**登记过程**，国际展览局**控制展览的频率和质量**，控制附加给国外参加者的**参展条件**等。这个过程**从**一个国家政府**向**国际展览局**报告项目时**就开始了。在登记完成以后，**举办国政府**就可以向其他国家发邀请了。

Unidad 11

Exposición Tecnológica
第11单元 科技展览

课文 A

❏ **Parte I:** Interpreta el siguiente diálogo alternativamente al español y al chino.

Ⓐ ¿**Cuáles son las especificaciones de** esta máquina?

Ⓑ 所有的相关信息都在我们的目录上了。您对制冰机感兴趣?

Ⓐ Sí. **Somos fabricante de este tipo de** máquina. Estoy buscando un **proveedor de buena calidad para** luego **montar las partes** en nuestra propia fábrica.

Ⓑ 我们生产所有的主要部件。例如蒸发器和减速器，**质量都极为上乘**。

Ⓐ **Me he fijado mucho en** los evaporadores. ¿Pero serán capaces de fabricar evaporadores para máquinas **de menor volumen de producción**?

Ⓑ 最少是400公斤的。

Ⓐ Perfecto. ¿**Aceptan la producción OEM** (Original Equipment Manufacturer)?

Ⓑ 没问题。但我想知道你们**年需求量**是多少?

Ⓐ **Aproximadamente** 1000 unidades. Y creo que la cantidad aumentará **en poco tiempo**, porque **estamos trabajando fuerte en el mercado latinoamericano**. Necesitamos un buen precio.

Ⓑ 这里是主要机型的价格。

Ⓐ Pero **no me parecen muy atractivos sus precios. ¿Tienen los certificados y homologaciones para los mercados extranjeros?**

Ⓑ 我们几乎所有的产品都在欧洲、美国和亚洲做过认证。我们90%的产品都出口到国外。

Ⓐ ¿**Nos harán descuentos?**

Ⓑ 完全取决于贵公司的订货量。

Unidad 11　Exposición Tecnológica　119

Ⓐ　　Vale, **hablaremos de este tema más tarde**.

Ⓑ　　我相信最终的价格一定会相当具有竞争力。

❏ Parte II:　Interpreta el siguiente discurso del chino al español:

巴西国际农业展览会每年举办一届。上届展览会的展出面积是十万平方米，**参展厂商** 600 家，**接待观众** 14 万人。意大利、日本、美国、德国、西班牙等国家都**组团参展**。巴西最重要的三家银行是展览会的**合作伙伴**，它们**提供金融咨询服务**。

罗拉**会展服务（上海）有限公司**主营国外展会的组织、会议的筹办、布展和撤展，以及海外推销展会等。本公司与政府机构和参展公司保持密切的合作关系。致力于中国企业在世界范围内的开拓，建立广泛的**服务基地**，积累招展经验和建立良好的商业信誉。

展会目录册包含参展商所需要的各种资料，并**以印刷品的方式免费发给**参展商、新闻界代表以及展会参观者。参展商在目录册中**可以看到参展企业特点的描述**和产品服务目录。另外，还单独印刷了**袖珍导游图**，这是参观者在展会必不可少的指引图。在封底和内页还印有企业徽标，突出了这些企业展馆的**位置**和特点及其欢迎词。

❏ Parte III:　Interpreta el siguiente discurso del español al chino:

La **Feria Madrid por la Ciencia** es **una de las principales acciones** del Programa de Ciencia y Sociedad que la **Comunidad de Madrid, a través de** su Dirección General de Universidades e Investigación, **puso en marcha en** el año 2000 **dentro del** Plan Regional de Investigación Científica e Innovación Tecnológica. Este Programa **busca no sólo fomentar** una política de comunicación de la ciencia **desde los expertos a los ciudadanos sino que persigue también incrementar la participación ciudadana en** las actividades científicas.

Se enmarca en las acciones específicas **del área de** Ciencia y Sociedad, **cuyo objetivo principal es alentar** el desarrollo de relaciones entre ciencia y sociedad, **así como contribuir a que** los científicos **reflexionen de manera crítica** y **adopten una**

aptitud más receptiva ante las preocupaciones de la sociedad.

La Feria cuenta con un **equipo editorial que examinará imparcial y neutralmente cualquier sugerencia que se haga. Ofrece posibilidades de publicidad y patrocinio.** Estas posibilidades estarán abiertas, **con arreglo al principio de prioridad en el tiempo,** para los interesados en **el Catálogo Oficial** de la Feria y en el **sitio de noticias oficiales en línea.**

El periódico de la Feria **será lectura esencial para los visitantes,** delegados al Foro y **las personalidades**, pues todos ellos **desean seguir las noticias diarias de la ciencia. El periódico estará disponible en los hoteles y en el lugar de celebración,** y **es un vehículo ideal para** la **publicidad. En el sitio en la web** se efectuarán **actualizaciones diarias de las noticias, se incluirán** importantes **eventos** y anuncios de los **expositores,** y **se brindará la posibilidad de participar en debates en línea con moderador.**

Unidad 11　Exposición Tecnológica

课文 B

☐ **Parte I:** Interpreta el siguiente diálogo alternativamente al español y al chino.

Ⓐ 请问这台机器的**规格怎么样**?

Ⓑ Todos los datos relacionados **los tiene en nuestro catálogo. ¿Le interesan** las máquinas **de hielo**?

Ⓐ 是的。我们也是这种机器的生产厂家。我正在寻找**高品质的供应商**，以便将来在我工厂内**组装**。

Ⓑ Nosotros producimos todas las partes importantes. Por ejemplo, el evaporador y el reductor, **todos son de la mejor calidad.**

Ⓐ **我特别留意了**这些蒸发器。贵厂是否能够生产用于**更低产量**制冰机的蒸发器?

Ⓑ **La mínima cantidad es de** 400 kilos.

Ⓐ 很好。**是否可以贴牌生产**（OEM）呢?

Ⓑ **Ningún problema.** Pero quisiera saber su **pedido anual.**

Ⓐ 大约 1000 台。但我相信**短期内**这个数字就会上升。我们正在努力开拓拉美市场。我们需要一个好的价格。

Ⓑ **Aquí tienen ustedes el precio de los modelos principales.**

Ⓐ 但我并**不觉得你们的价格有什么吸引力啊**。你们拥有用于国外市场的证书或认证吗?

Ⓑ Sí, **tenemos casi todos los productos homologados en Europa, América y Asia. Unos 90% de nuestra producción se exporta al** exterior.

Ⓐ 可以给我们一些折扣吗?

Ⓑ **Depende completamente de la cantidad que piden ustedes.**

Ⓐ 行。这个问题我们**稍后再谈**。

Ⓑ **Estoy seguro de que** el precio final **va a ser muy competitivo.**

❏ **Parte II:** Interpreta el siguiente discurso del español al chino:

La **Feria Agrícola Internacional** de Brasil **se celebra una vez al año.** El año pasado la feria tuvo una superficie de exposición de 100.000 m², 600 **expositores** y 140.000 **visitantes.** Italia, Japón, los Estados Unidos, Alemania y España, entre otros países, **organizaron sus propias delegaciones para participar** en esta feria. Los tres bancos brasileños más importantes **fueron socios cooperativos de** la feria, los cuales **ofrecían servicios de acesoría financiera.**

Lola**expo Servicios (Shanghái) gestiona principalmente la organización de exposiciones, convocatoria de conferencias, montaje y desmontaje de pabellones, así como la promoción de las ferias en el exterior. Mantiene estrechas relaciones cooperativas con** instituciones gubernamentales y **con empresas expositoras. Se ha dedicado a la explotación de las empresas chinas en el ámbito mundial,** al establecimiento de amplias **bases de servicio,** a la **acumulación de experiencias de promoción** y a la **construcción de una buena fama comercial.**

El catálogo de la Feria contiene todos los datos que requieren los expositores y **se distribuye gratuitamente en formato impreso a** los expositores y representantes de **la prensa, así como a los visitantes del evento.** Los expositores **encontrarán** en el catálogo **una descripción de las características de las empresas participantes** y un índice de productos y servicios. Por otra parte, se imprimirá por separado **un plano de bolsillo. Este plano será una guía indispensable para orientarse los visitantes en el evento. Se han incluido los logotipos de las empresas en la contraportada y las páginas interiores,** y **se han destacado el lugar** y las características de los pabellones de estas empresas y **sus mensajes de bienvenida.**

❏ **Parte III:** Interpreta el siguiente discurso del chino al español:

马德里科技展是马德里大区政府大学与科研局，在地区科学研究与技术创新计划范围内实施的"科学与社会"项目的主要活动之一，启动于2000年。该项目不仅试图加强从专家到民众的科学传播政策，同时也希望提高民众参与科技活动的程度。

本项目属于《科学与社会》**范围内**的一项具体行动，**其主要目的是**推动科学与社会相互关系的发展，同时**有利于促使**科学家**以批评的态度进行反思**，并且对**社会的关注焦点采取更为务实的态度。**

　　博览会拥有一个**出版团队，它将公正、中立地审视提出的任何建议。将提供广告和赞助的机会。**这些机会**将按照先到先得的原则**，提供给对展会的**官方目录册**和**在线官方消息网站**感兴趣的客户。

　　展会**报纸**是**参观者**、论坛代表和知名人士的主要读物，因为他们**希望了解每天的科学动态**。报纸会放在宾馆和展会场所备取，这是广告的理想媒介。网站上的消息将每天更新，并且**将包括参展商**的一些重要**活动和通告**，还将提供参与有人主持的网上辩论会的机会。

课文 C

☐ **Parte I:** Interpreta el siguiente diálogo alternativamente al español y al chino.

Ⓐ **Hace poco,** en una conferencia en Beijing, **el hombre más rico del mundo** Bill Gates de Microsoft habló de un proyecto de entregar una computadora a cada persona pobre en el mundo.

Ⓑ 真的吗？但是，世界上有多少穷人呢？

Ⓐ Naturalmente **este magnate** sabe que son muchos los pobres en este mundo.

Ⓑ 我难以想象怎么可能给全世界的穷人送电脑呢？

Ⓐ Por eso **él piensa** dar primero a 1 000 millones de **usuarios** y después a 5 000 millones **para abarcar a todos los países.**

Ⓑ 这个想法很有意思，我几乎认为是疯子的想法。这个计划**有什么内容**？

Ⓐ El proyecto **consiste en lograr un acuerdo con** gobiernos e instituciones como el Banco Asiático de Desarrollo **para proveer computadoras y software instalado por el precio simbólico de** tres dólares cada unidad.

Ⓑ 我觉得这个计划很感人，因为每个人都需要有机会通过新的通讯产品来**开发自己的潜能**。

Ⓐ **Es cierto.** Bill Gates planteó que hay que **crear soluciones para** los pobres y **tratar de acabar con la miseria en forma rápida** mediante **la educación, las innovaciones y el trabajo.**

Ⓑ 他能想到帮助各国政府**消除贫困**，真了不起！

Ⓐ **No es común que siendo un empresario él sienta todavía la responsabilidad social.**

Ⓑ 这些想法都很漂亮，但是**怎么能够实现呢**？

Ⓐ El **piensa ofrecer** desde el **segundo semestre de** este año **este paquete por tres dólares** a las escuelas y gobiernos que el Banco Mundial y el Fondo Monetario Internacional **señalen como pobres auténticos.**

Ⓑ 我认为在这些投资的背后**有它真正的企图**。会是什么企图呢?

Ⓐ Bill Gates **no niega que** en esta inversión **hay un interés material.** El cree que los pobres, niños o jóvenes de hoy serán clientes en el 2015. Ahora **lo más importante es** la **formación de clientes** que serán los consumidores del futuro.

Ⓑ 所以他要作这样的投资,并且希望在几年后**收回投资**。这个计划对微软来说实在是个十分重要的商机。

❏ **Parte II:** Interpreta el siguiente discurso del chino al español:

许多人认为"生物燃料不会释放有害气体"。这些错误观念有必要澄清一下。有机物质作为**固体燃料**,它的颗粒和有害气体产生的污染要比许多汽油这样**经过提炼的碳氢燃料**严重得多。至于生物柴油、生物乙醇这样衍生的**生物燃料**也会释放气体和颗粒,而它的生产过程还会**造成严重的环境与社会后果,特别是在**穷国。比方说,**生物柴油的生产过程中就需要一种石油衍生产品甲醇**。

另外,所有的**生物燃料都会产生对植物的需求**,例如玉米、**大豆**和**甘蔗**等,这些都需要更多的**农业种植面积**。我们不应该忘记,自**新石器时代**以来,农业**就是滥伐树木的祸首**。在巴西,亚马孙的**原始森林**因为**种植大豆**而日益减少;印度尼西亚也一样,那是因为**种植棕榈油作物**。

但是危害最大的要数作为**人类食品**和**动物饲料**的农作物的价格上涨,其后果**全世界都可以感受到**。在西班牙,面包和牛奶价格即将上涨 20% 就令人烦恼,而国际机构提醒说,这种后果在第三世界则是**灾难性的**。最后,就像许许多多事例一样,生物燃料对一些公司来说是一宗好买卖,也是许多政治家的一层环保光彩,而距离任何环保利益却是十万八千里。

❏ **Parte III:** Interpreta el siguiente discurso del español al chino:

Feria Valencia es la institución **dedicada a la organización de ferias comerciales más antigua** de España. **Fundada en** 1917, ha cumplido casi **100 años de actividad.** Es la primera Feria española que **ha sido certificada por** la **Asociación Española de Normativas** (AENOR) con la norma ISO 9001/2000. Además cuenta con la **certificación** de la Asociación de Ferias Españolas (QAFE), y con el **diploma de compromiso de calidad** del Sistema de Calidad Turística en Destino (SICTED). Feria Valencia es **una entidad cofundadora** de la **UFI (The Global Association of the Exhibition Industry)** y de la AFE **(Asociación de Ferias Españolas)**.

Situado a cinco kilómetros del **centro urbano de Valencia, el recinto ferial está perfectamente comunicado con** la **red de carreteras nacionales de España a través de la autovía de circunvalación a la ciudad. También está conectada mediante autovía con** el puerto de Valencia -uno de los más activos del Mediterráneo- y con el aeropuerto, **situado a tan sólo 5 km.**

En cuanto a la superficie de exposición, Feria Valencia **dispone del** mayor y uno de los más modernos **recintos feriales** de España, que **a su vez es uno de los diez mayores de todo el mundo:** 231.000 metros cuadrados **de superficie cubierta de exposición.** En el año 2005 Feria Valencia celebró más de 40 **certámenes,** de los que más de la mitad **tuvieron carácter internacional** con el reconocimiento de la Secretaría de Estado de Comercio y de la UFI. En 2003 **tuvo la primera experiencia de** organizar certámenes en el extranjero, México Ferias del Niño, **con un rotundo éxito de participación, tanto de expositores como de visitantes.**

En el último año Feria Valencia **contabilizó más de un millón trescientos mil** visitantes de todo el mundo y más de doce mil expositores **participaron en sus certámenes (entre directos y representados). El impacto económico** de Feria Valencia **en su entorno se estima en** unos 700 a 800 millones de euros anuales.

课文 D

❏ **Parte I:** Interpreta el siguiente diálogo alternativamente al español y al chino.

Ⓐ 不久前，在北京的一次会议上，**世界首富**微软的比尔·盖茨谈到了给全世界的穷人送一台电脑的计划。

Ⓑ **¿Verdad?** Pero ¿cuántos pobres hay en el mundo?

Ⓐ **这个大亨**当然知道世界上的穷人是很多的。

Ⓑ **No puedo imaginarlo** ¿cómo puede entregarlo a todos los pobres del mundo?

Ⓐ 所以，**他打算**先给 10 亿用户，然后再给 50 亿，**以满足所有国家**。

Ⓑ Es bien interesante esta idea **y casi me parece loca. ¿En qué consiste** este proyecto?

Ⓐ 这个计划**就是**与各国政府以及亚洲开发银行这样的机构**达成协议**，以每台 3 美元的**象征性价格**提供装有软件的电脑。

Ⓑ **Me parece conmovedor el proyecto,** porque cada ser humano necesita la oportunidad de **desarrollar su potencial** a través de nuevos productos de comunicación.

Ⓐ 确实如此，比尔·盖茨提出应该给穷人创造一个**解决方案**，应该努力通过**教育、创新和就业**等办法**快速消除贫困**。

Ⓑ Él piensa ayudar a los gobiernos a **terminar con la miseria. ¡Qué fenomenal!**

Ⓐ 作为企业家还能想到社会责任，确实是不容易的。

Ⓑ Las ideas son bastante bonitas, pero **¿cómo se pueden realizar?**

Ⓐ 他打算今年下半年给世界银行和国际货币基金组织**认定**的真正贫穷的学校和政府提供这个 3 美元的电脑套装。

Ⓑ Creo que detrás de estas inversiones **están los verdaderos fines. ¿Cuáles serán?**

Ⓐ 比尔·盖茨**不否认**这个投资有**物质利益**存在。他认为今天的穷人，儿童或者青年，将是 2015 年的顾客。现在**最重要的是培养将来的消费者**。

B Por eso él quiere hacer esta inversión y espera **recuperar la inversión** dentro de unos años. Este proyecto es realmente una **oportunidad de negocio muy importante para** Microsoft.

❏ **Parte II:** Interpreta el siguiente discurso del español al chino:

Muchos creen que **"los biocombustibles no emiten gases nocivos". Es necesario aclarar estos conceptos equivocados.** La **biomasa,** como **combustible sólido,** contamina con **partículas y gases nocivos** más que muchos **carburantes líquidos refinados** como la gasolina. **En cuanto a** los **biocombustibles derivados,** como el **biodiésel** y el **bioetanol,** también **emiten gases y partículas,** pero además su producción **causa graves impactos ambientales y sociales, sobre todo en** los países pobres. Por ejemplo, el **biodiésel** precisa de **metanol,** un **derivado** del petróleo, en su producción.

Además, todos los **biocombustibles** están **generando una demanda de vegetales** como maíz, **soja y caña de azúcar** que requerirá más **superficie agrícola.** Y no olvidemos que la agricultura ha sido desde el **Neolítico** el **principal agente de deforestación.** En Brasil, la **selva amazónica** disminuye constantemente por el **cultivo de soja,** y lo mismo en Indonesia por el **cultivo de aceite de palma.**

Pero el efecto más pernicioso es el aumento de los precios de vegetales, **alimentarios humanos** y **para piensos.** Este efecto ya **se percibe a nivel mundial.** En España, el próximo aumento del 20% del precio del pan o la leche **puede ser molesto, pero los organismos internacionales alertan de que** en el Tercer Mundo el efecto puede ser **catastrófico. Al final,** como en tantos casos, **los biocombustibles son un próspero negocio para algunas compañías, y un barniz ecologista para** muchos políticos, pero **muy lejos de cualquier interés medioambiental.**

❏ **Parte III:** Interpreta el siguiente discurso del chino al español:

巴伦西亚博览会是西班牙**最早从事组织商业展览的**单位，成立于 1917 年，已经快

100 年的历史了。它是首家**获得西班牙标准协会**（AENOR）按照 ISO 9001/2000 标准**认证的博览会**。同时，它还拥有西班牙博览协会（AFE）**颁发的证书**、旅游目的地质量体系（SICTED）颁发的**质量承诺证书**。巴伦西亚博览会还是**世界工业博览协会**（UFI）和**西班牙博览协会**的共同创始单位。

博览会**距离巴伦西亚市中心** 5 公里，通过环城高速与西班牙国家公路网连通。同时**也有高速通往**地中海最活跃港口之一的巴伦西亚港，或者通往**仅仅 5 公里以外的**机场。

至于展览面积，巴伦西亚博览会的**展区在西班牙最大，也是西班牙最现代化的展区之一**。同时，它也是世界十大博览会之一：拥有 23.1 万平方米的**室内展览面积**。2005 年，巴伦西亚博览会举办了 40 多次**展览**，其中一半以上是**国际性展览**，得到了国家贸易部和世界工业博览协会的承认。2003 年**还曾首次**在国外组织了墨西哥儿童展，**在参展商与观众方面都取得了圆满的成功**。

巴伦西亚博览会统计，去年**共有 130 万**世界各地的观众和 12 000 余参展商（**直接或委派代表**）参加了他们举办的**展会**。巴伦西亚博览会**带动的周边经济影响力估计**每年达 7—8 亿欧元。

Unidad 12

Exposición Educativa
第 12 单元 教育展览

课文 A

❑ **Parte I:** Interpreta el siguiente diálogo alternativamente al español y al chino.

Ⓐ Buenos días. He leído **la presentación** de su centro de idiomas y **me parece muy atractiva su variada oferta de formación lingüística**.

Ⓑ 谢谢。如果您想了解更多详细信息可到我们展位来，我可以给您**再详细介绍一下**我们提供的培训。

Ⓐ Muchas gracias. **¿Me puede explicar** estos programas especiales para estudiantes chinos?

Ⓑ 针对具有初、中、高不同西班牙语语言水平的学生，我们配有不同的项目。这已经是我们连续第五年招收中国学生了。

Ⓐ **¿Quiere decir que** ya tienen bastantes experiencias?

Ⓑ 确切地说，是专业经验。我们了解中国学生的学习**特点**，这将**有助于**解决他们可能遇到的各种问题。

Ⓐ Muy bien. ¿Pero estos programas se realizarán en China o en España?

Ⓑ 这不一定。例如这个暑期班，第一个月**在国内由中国教师授课**，目的是为了使学生掌握这门语言的**基本**知识。

Ⓐ ¿Y los otros dos meses los pasaremos en España?

Ⓑ 是的，这三个月的**强化训练**以后，学员应该可以跟**西语国家人士**进行一些基本的沟通交流。

Ⓐ Me suena un programa emocionante.

Ⓑ 此外，**我们想提供的不仅仅是语言培训**，还有西班牙文化方面的培训，因为只有了解了文化才能进行**有效的沟通**。

Ⓐ Entonces ¿nos ayudarán a organizar algunas **visitas culturales** en España?
Ⓑ 那当然。这样学员也能更好地利用在西班牙**短暂的逗留**时间。
Ⓐ **Es muy interesante. Le voy a contactar cuando tenga alguna decisión.**
Ⓑ 期待您的消息。

❑ Parte II: Interpreta el siguiente discurso del chino al español:

塞万提斯学院**本**周末参加了北京教育展。此次**参展的目的是**为了向中国学生提供**西班牙语的学习项目，推介国外相关的语言学习中心。这方面的需求正处于上升阶段**。

塞万提斯学院的**优势就是**在北京市中心已经拥有一片空间。**与前几年相比**，现在是我们介绍在中国和西班牙将要**开设**西班牙语课程信息的**最佳时机**，因为**西班牙语**在中国青年**中的影响正日益扩大**。

除了参加此次展会以外，塞万提斯学院还通过制作**中文网页**，**尽量扩大**在北京**开设**塞万提斯学院的知名度。网站上**将会挂上各种重要的信息**，使中国**越来越多的互联网网民**能够找到各种可能的**选择**。

教育展**是**我们**在**希望学习和**进修**西班牙语的**人群中推销**自己的理想窗口。这些人学习西班牙语不仅仅是为了去西班牙或者某个拉丁美洲国家**继续进修**，同时也是为了**把西班牙语**当作**在中国找到一份工作的**手段**。

❑ Parte III: Interpreta el siguiente discurso del español al chino:

En el mundo hispano, si encuentras a Carmen Balcells, encuentras ya a García Márquez, Mario Vargas Llosa, Carlos Fuentes, Julio Cortázar, Pablo Neruda, Juan Rulfo, Jorge Amado, Camilo José Cela ... **Después de esfuerzos de varias décadas,** esta **abuelita española nacida en** 1930 **ha capturado a** casi **todos los escritores de primer orden del mundo hispano para someterlos bajo su bandera.** Hasta 2006, ella no sólo cuenta con una **Agencia Literaria** que lleva su propio nombre y con unos 170 **escritores contratados**, sino también **se ha granjeado el respeto de** los **círculos editoriales** del mundo. Ya en 2000, Juan Carlos I, rey de España,

le condecoró con una Medalla de Oro de Bellas Artes. No podemos sino decir que eso es un milagro para una agencia literaria.

Pero ese milagro **está relacionado con** García Márquez y su *Cien Años de Soledad*. **Cuando terminó de escribir** *Cien Años de Soledad,* García Márquez envió el manuscrito a su amigo mexicano Carlos Fuentes, quien **leyó de una vez** la obra y **se sentía gratamente asombrado**. El sabía que **se trataba de una obra tan estremecedora como** *Don Quijote*. **Al día siguiente**, él se la mandó a **un editor prestigioso** de España, pero fue devuelta implacablemente más tarde. **Fueron tan duros los golpes que él apenas podía creerlo. Fue Carmen Balcells quien tenía una vista perspicaz,** quien la aceptó **decididamente** y **se la recomendó a** la Editorial Sudamericana de Argentina.

Unidad 12　Exposición Educativa　133

课文 B

❏ **Parte I:**　Interpreta el siguiente diálogo alternativamente al español y al chino.

Ⓐ　早上好。我看了贵语言中心的介绍，觉得你们提供的丰富多彩的语言培训很有吸引力。

Ⓑ　Muchas gracias. **Si quiere informaciones más detalladas, usted puede pasar a nuestro stand.** Le puedo hacer **una introducción más detallada de** lo que ofrecemos.

Ⓐ　非常感谢。**您能介绍一下这些针对中国学生的特别项目吗?**

Ⓑ　Tenemos **programas correspondientes a estudiantes de nivel inicial, intermedio o avanzado de la lengua española. Este ya es el quinto año seguido que llevamos con** alumnos chinos.

Ⓐ　您是说，在这方面你们**具有相当的经验**?

Ⓑ　**Mejor dicho, experiencias profesionales.** Conocemos las **características** del estudio de los estudiantes chinos, lo cual **ayuda mucho en resolver los posibles problemas** que encuentren.

Ⓐ　很好。但这些课程是在中国还是在西班牙进行呢?

Ⓑ　**Eso depende. Tomemos como ejemplo este curso de verano.** El primer mes, **las clases se imparten aquí por los profesores chinos para** capacitar a los estudiantes con unos **conocimientos básicos** de la lengua.

Ⓐ　那后两个月我们要去西班牙上课吗?

Ⓑ　Sí. Después de estos tres meses de **preparación intensiva**, ya deben poder **realizar una comunicación básica con los hispanohablantes.**

Ⓐ　听来这项目真让人振奋。

Ⓑ　Además **lo que intentamos ofrecer no es** solamente una formación de idioma, **sino también** de las **culturas hispánicas,** porque sólo conociendo la cultura se logra **una comunicación eficiente.**

Ⓐ 那么你们会帮助我们组织一些在西班牙的**文化参观活动**吗？

Ⓑ Claro. Así pueden aprovechar mejor esta **corta estancia en** España.

Ⓐ 非常不错。一旦决定，我会同您联络的。

Ⓑ **A la espera de sus noticias.**

❏ Parte II: Interpreta el siguiente discurso del español al chino:

El Instituto Cervantes participó **este fin de semana** en la Feria de la Educación de Beijing, **cuyo objetivo es** ofrecer a los estudiantes chinos **programas de idioma español** y **presentar los centros extranjeros concernientes. Las demandas en este aspecto están en aumento.**

La ventaja que tiene el Instituto Cervantes **es que** ahora ya cuenta con un espacio en el centro de Beijing. **En comparación con los años de atrás** ahora es **el momento más adecuado para** ofrecer información sobre las posibilidades de cursos de español que **se impartirán en** China y en España, porque **el español está ampliando su influencia entre** los jóvenes chinos.

Junto a la Feria, el esfuerzo de **divulgar al máximo** la apertura del Instituto Cervantes en Beijing **se completa con** la elaboración de **la página web en chino,** donde **se colgarán todas las informaciones relevantes para** que **los internautas, cada vez más numerosos en** China, encuentren todas las **posibilidades de opción.**

La Feria de la Educación es una **ventana ideal para promocionarnos entre** los que desean aprender y **perfeccionar su español** no solamente para continuar estudios en España o un país de América Latina, sino también **para tomar** el español **como instrumento para** encontrar un trabajo en China.

❏ Parte III: Interpreta el siguiente discurso del chino al español:

在**西语世界**，你找到卡门·巴尔塞斯，就等于找到了加西亚·马尔克斯、巴尔加斯·略萨、富恩特斯、科塔萨尔、聂鲁达、鲁尔福、亚马多、塞拉……**经过数十年的努**

力，这位生于 1930 年的**西班牙老奶奶**几乎**把**西班牙语的**一流作家一网打尽，俱收麾下**。到 2006 年，她不仅拥有一家以其名字命名的**文学经纪人公司**和 170 多位**签约作家**，更**赢得了世界出版界的尊重**。早在 2000 年，西班牙国王卡洛斯一世**授予她美术金质奖章**。对一家文学经纪公司**我们不能不说这是一个奇迹**。

但是，这个奇迹**是**与加西亚·马尔克斯和他的《百年孤独》**相关的**。**在写完《百年孤独》**后，加西亚·马尔克斯把书稿寄给他的墨西哥朋友卡洛斯·富恩特斯。一口气读完小说以后，富恩特斯**不禁喜出望外**。他知道，摆在他面前的**是一部可与《堂吉诃德》相提并论的惊世之作**。第二天，他把书稿寄给一家西班牙**著名的出版社**，但是后来被无情地退了回来。**打击是如此之大，他简直不敢相信。是卡门·巴尔塞斯独具慧眼，毅然决然地**接受这部作品，并且**把它推荐给了**阿根廷的南美出版社。

课文 C

❑ **Parte I:** Interpreta el siguiente diálogo alternativamente al español y al chino.

Ⓐ **He notado que** también pueden **hacer cursillos cortos dirigidos a** las empresas específicas.

Ⓑ 是的，因为现在学习第二外语、甚至第三外语**已经相当热门，所以我们发现**很多**跨国企业**都有为员工**提供类似课程**的愿望。

Ⓐ Nuestra empresa **había ofrecido cursos de economía y contabilidad** a nuestros empleados. **Y ahora está buscando algo nuevo.**

Ⓑ 那**我相信**这个西班牙语课程肯定会让各位感兴趣的。

Ⓐ Es cierto que últimamente **estamos teniendo cada vez más clientes en América Latina y se nota la demanda de aprender español.**

Ⓑ 我们可以为您的团队**量身定制**具体的教学计划。

Ⓐ **Lo inconveniente es que** no tenemos **un horario fijo. Hacemos viajes con mucha frecuencia.**

Ⓑ 那么**平均每次**有多少人可以上课呢？

Ⓐ **Por lo menos 6, y suman 15 cuando más.**

Ⓑ 如果是这样，**您也无需担心。我们可以制定一个灵活的教学计划，老师可以按照**指定的时间前去上课。

Ⓐ Además, también deseamos que nos enseñe más **frases modelo y expresiones útiles para temas** del comercio internacional.

Ⓑ 这个想法很好，我们可以把它**写进教学计划**中去。

Ⓐ ¿Pero podemos tener una clase de prueba antes de empezar el curso?

Ⓑ 很遗憾，我们无法做到。不过今天下午我们在 B109 教室**有一场**关于西班牙语**的外语教学讲座**，您可以前来观摩我们的教学方式。

Ⓐ Muy bien. Vendré con mis colegas.

Ⓑ 欢迎，这是讲座的**邀请信**。

Ⓐ Entonces **nos vemos** esta tarde.

Ⓑ 你们放心，我们会向诸位提供高品质的服务。

❑ Parte II: Interpreta el siguiente discurso del chino al español:

关于青年，我们正面临着诸如缺少就业机会，缺少文化、体育和娱乐空间，滥用毒品，暴力程度令人担忧等问题。

从历史上看，拉美国家的教育一直未能与社会需要挂钩。此外，国家资源一般都达不到能满足整个社会在教育方面的需求的规模。然而，越来越明显的是如果不能显著改善教育发展的条件，国家发展也是**不能持续的**。我们费了很多时间和精力才明白教育的重要性，特别是**基础教育**。

正是在这种信念之下，我们政府最近几年开始了国家教育**现代化的深刻进程**。我们不讲改革，因为我们正在做的要远远超过形式的变化。国家通过**综合的、持续的培养**以寻求推动人的发展。这种培养是**基于价值文化**的，它能够让青年理解世界。

为此，政府**提出了**明年**消除文盲、普及启蒙教育与基础教育、实质性改善公办和民办学校的质量等目标**。这不是来自多少有点乌托邦式的思想实验室的梦想。这是我们今天正在奋发努力建设中的现实。

❑ Parte III: Interpreta el siguiente discurso del español al chino:

Señoras y señores:

Es sumamente honroso para mí, en representación del señor ministro de Educación Ingeniero Domingo Palermo Cabrejos, **dirigirme a tan distinguida audiencia para exponer algunas reflexiones que enmarquen de manera sucinta** las tareas que nuestro gobierno **emprende**, para **entender y enfrentar los problemas que afectan a nuestra juventud.**

Hoy, **en el pórtico de un nuevo milenio, la vertiginosa aceleración en la velocidad**

del cambio es el signo más evidente de la **angustiosa** y **al mismo tiempo estimulante situación actual.** Estos cambios, **por primera vez en la historia de la especie humana, se desencadenan, desde su inicio, en escala planetaria, influyendo en todos los países del orbe en el momento mismo en que se producen.** Los **deslumbrantes logros** que la inteligencia humana ha conseguido en un periodo de tiempo muy breve, **parecen demostrarnos que vivimos tiempos de ilusiones realizadas**.

Sin embargo, **nadie puede negar que** la satisfacción de las necesidades humanas **con equidad, antes que una realidad, sigue siendo una esperanza para** millones de personas en el mundo. Nosotros **sabemos en carne propia que no se puede cerrar los ojos ante los fantasmas de la guerra y de la violencia**. Los países del mundo, cada uno **desde su peculiar situación y su perspectiva singular,** se encuentran inmersos en este contexto.

课文 D

❑ **Parte I:** Interpreta el siguiente diálogo alternativamente al español y al chino.

Ⓐ 我注意到你们还可以**针对具体企业提供短期培训课程**。

Ⓑ Sí. Como el aprendizaje de una segunda, incluso una tercera lengua extranjera **está muy de moda, se observa que** muchas **empresas multinacionales** tienen ganas de **ofrecer tales cursos a** sus empleados.

Ⓐ 我们公司之前**曾经**为我们的员工开办过经济与会计课程，目前正在**寻找**一些新鲜内容。

Ⓑ **Estoy seguro de que** este curso de español les va a interesar a todos.

Ⓐ 确实，最近我们的拉美客户越来越多，已经感受到学习西班牙语的需求。

Ⓑ Podemos **elaborar planes** específicos de enseñanza **a la medida de** su equipo.

Ⓐ 不太方便的一点是我们没有固定的时间，常常出差。

Ⓑ Entonces ¿**cada vez** cuántas personas pueden asistir a las clases **en término medio**?

Ⓐ 至少会有 6 人，**多的时候会有** 15 人。

Ⓑ Si es así, usted **tampoco tiene por qué preocuparse**. Podemos **elaborar un plan flexible**. El profesor **puede ir a dar clases a la hora que indiquen**.

Ⓐ 另外我们还希望老师能够多教一些国际贸易中**常用的句型和用语**。

Ⓑ **Es muy buena la idea**. Podemos **incluirla en el plan de enseñanza**.

Ⓐ 是否可以在课程开始之前安排一次试讲呢？

Ⓑ **Siento mucho que no lo podemos hacer**. Pero esta tarde **tenemos una conferencia sobre** la enseñanza de español como lengua extranjera en la sala B109. **Puede venir a ver nuestra forma de enseñar.**

Ⓐ 好呀。那么我和同事一起过来。

Ⓑ Bienvenidos. Aquí tiene **la carta de invitación** de esta conferencia.

Ⓐ 那我们下午再见。

Ⓑ **No se preocupen. Les ofreceremos servicios de alta calidad.**

❏ Parte II: Interpreta el siguiente discurso del español al chino:

En lo relativo a la juventud, **enfrentamos los problemas tales como** el **déficit de oportunidades laborales, de espacios para la cultura, el deporte y la recreación; el abuso de drogas** y **los niveles preocupantes de violencia, entre otros.**

Históricamente, en los países latinoamericanos, la educación **no ha estado relacionada adecuadamente con las necesidades sociales. Adicionalmente a ello, los recursos de los estados generalmente son insuficientes frente a la magnitud de los requerimientos educativos de la sociedad en su conjunto. Cada vez es más evidente, sin embargo, que** el desarrollo **no es sostenible si no parte de** una agresiva mejora en las condiciones de desarrollo de la educación. **Nos ha tomado tiempo y esfuerzo llegar a convencernos de la importancia de la educación,** y en particular de la **educación básica.**

Es bajo esta convicción que nuestro gobierno ha iniciado en los últimos años, **un profundo proceso de modernización** de la educación nacional. No hablamos de reforma, porque lo que estamos haciendo pretende ir más lejos que un cambio de formas. **El Estado busca promover el desarrollo de la persona** mediante **una formación integral y permanente,** sustentada en una **cultura de valores,** que le permita al joven comprender el mundo.

Con estas miras, el gobierno **se ha propuesto para** el próximo año **la erradicación del analfabetismo, la universalización de la Educación Inicial y Básica, la mejora sustantiva en la calidad de la escuela pública y privada, entre otras metas.** No se trata de sueños que emergen de un laboratorio intelectual más o menos utopista. Son realidades que estamos construyendo, dramática y trabajosamente, hoy.

❏ **Parte III:** Interpreta el siguiente discurso del chino al español:

女士们，先生们：

我感到极其荣幸能够代表教育部长多明高·帕勒尔莫·卡布霍斯工程师跟在座的各位嘉宾谈谈我的一些思考。这些思考简要地涵盖了我们政府正在着手进行的工作，旨在理解并面对那些影响我们青年一代的问题。

今天，在千禧年的大门口，变化速度迅猛异常已经成为当今既令人苦恼、又令人鼓舞的形势最显著的标志。这些变化在人类历史上第一次一开始就在全球爆发，而且在爆发的同一时刻就影响到世界上所有的国家。人类智慧在短时间内取得的令人目不暇接的成果，好像在向我们证明，我们是生活在美梦成真的时代。

但是，谁也不能否认平等地满足人类的需求还远未实现，它仍然是世界上成百上千万人们的一种期待。我们亲身感受到我们还不能对战争和暴力的恶魔熟视无睹。世界上所有的国家，它们每一个都有自己的独特的情况和独特的视角，但都淹没在这个大环境中。

Parte III Visita Comercial
第三部分 商务访问

Unidad 13

Instituciones Financieras
第 13 单元　金融机构

课文 A

❑ **Parte I:** Interpreta el siguiente diálogo alternativamente al español y al chino.

Ⓐ Hola, Sr. Rodríguez. Bienvenido a la **Bolsa de Valores de Shanghái** (BVS). Me llamo Luna. **Soy gerente de relaciones públicas.**

Ⓑ 很高兴认识您。我是墨西哥一所大学的**生物学教授**。因为上海证交所享有**很高的国际声誉**，我很想了解一下。**我可以提些问题吗**？

Ⓐ ¡Cómo no! Dígame.

Ⓑ 上海证交所是**私营企业**吗？

Ⓐ No, **es pública.** Opera **por concesión del Ministerio de Hacienda con apego a la Ley del Mercado de Valores. Está subordinada directamente a** la **Superintendencia Nacional de Valores de China.**

Ⓑ 股东是谁？

Ⓐ **Hasta la fecha** sus **accionistas** son las **sociedades de valores**, todas las cuales poseen acciones.

Ⓑ 这个证券交易所的**目标**是什么？

Ⓐ El objetivo es **facilitar las transacciones de valores, procurar el desarrollo del mercado** y **fomentar su expansión y competitividad.**

Ⓑ 那么证券交易所做些什么呢？或者说，证券交易所的**功能**是什么呢？

Ⓐ Primero, **facilitar las relaciones y operaciones entre** la oferta y demanda de **valores, títulos** y demás documentos inscritos en la superintendencia de valores. **Prestar los servicios necesarios para los procesos de emisión, colocación en intercambio de los referidos valores.**

Ⓑ 这么说，证券的**发行、投放、交易**是由你们负责？

Ⓐ Es cierto. La segunda función es proporcionar **a disposición del** público la **información relativa a** los valores inscritos.

Ⓑ 公布证券信息是十分微妙的事情。

Ⓐ **Sí, efectivamente**, porque **estas noticias influyen** a veces **la decisión** de los inversionistas. Ahora, la tercera función es **establecer las medidas necesarias para** que las **operaciones** sean transparentes y justas.

Ⓑ 对此就很有必要颁布运作的标准和规范，以推动证券市场的公正和平等。

Ⓐ Es verdad. Por eso es necesario **vigilar su observancia e imponer medidas disciplinarias y correctivas por su incumplimiento.**

Ⓑ 所有的证券公司和证券发行者都必须遵守这些规范。

Ⓐ **El mercado de valores debe ser muy disciplinado. De no ser así, será un desastre.**

Ⓑ 证券发行的过程是怎样的？

Ⓐ Cuando las empresas requieren recursos, o sea, dinero, **para financiar su operación o proyectos de expansión**, pueden obtenerlo **a través del mercado bursátil y mediante la emisión de valores,** incluyendo **las acciones, bonos,** etc.

Ⓑ 证券买卖的关键是什么？

Ⓐ **La clave es que** los valores **deben ser colocados a disposición de los inversionistas** y comprados o vendidos en un mercado transparente **de libre competencia y con igualdad de oportunidades para** todos sus participantes.

❏ **Parte II:** Interpreta el siguiente discurso del chino al español:

中国工商银行（工行）想通过其**社会工程项目**鼓励青年的创业精神和开业积极性。如果你有**从商的想法**，工行会帮助你实现这个想法：通过**面授的课程**给你提供开业所需要的知识。工行为创业青年新开了四门课程，试图从大学校园内就开始推动**创业者的发展**，推动与创业者学业有关课题的科研。

众所周知，创业青年实施其计划的**最大困难就是很难获得资金**，因为他们缺少财产保证或者担保。为此，工行秉承其对青年一贯而坚定的支持态度，为创业青年**提供了新的融资方案**，主要是想给这些青年可行的创新项目提供资金。

如果你是**创业青年**，想得到这项具体的融资，那么你提出的项目应该**包含开发和创新的内容**，也就是说，包含能够给企业带来变化和进步的活动，它可以是从管理的角度、产品或服务的角度，也可以是从生产和销售的角度。你提供的计划必须包括经营计划、**融资计划**和一切项目研究所必需的辅助材料。你只需运用你的想法，因为对于工行来说，"你的项目就是你的担保和保证"。

❏ **Parte III:** Interpreta el siguiente discurso del español al chino:

Creado en 1890 en Berlín, Alemania, Allianz Group es una **compañía multicultural con presencia en más de 70 países en los 5 continentes**, donde más de 173.000 **empleados de diferente nacionalidad, idioma, religión, formación y experiencia dan servicio a más de** 60 millones de clientes. Ahora **tiene su oficina principal en** Munich.

Allianz Group es uno de los **grupos aseguradores** y proveedores de servicios financieros más importantes del mundo. **Los activos gestionados ascienden a** 1,2 **billones** de euros. Allianz **se sitúa entre** los **primeros puestos del ránking por primas y por facturación. Sus principales servicios son seguros de auto, salud, vida, hogar y de accidente. Su actividad se basa en** las siguientes **premisas: solvencia financiera, responsabilidad social, orientación al cliente, competencia global y desarrollo sostenible.**

Por ejemplo, **Allianz Auto** es una **póliza**, que nace **con filosofía de multirriesgo para** responder **de forma óptima a las necesidades de cobertura demandadas por el mercado actual.** Garantiza el pago de unas **prestaciones económicas como consecuencia de** los accidentes que puedan producirse tanto por el uso de **vehículos a motor**, como para proteger a **los peatones** que circulan **por las vías públicas.**

Ser comercialmente activo también significa ser socialmente responsable. Por eso, Allianz **asume compromisos en materia de** medio ambiente, cultura, educación y ciencia, **a través de** diferentes centros y fundaciones, incluído el Centro Tecnológico Allianz, la Fundación Allianz para el Medio Ambiente, la Fundación Cultural Allianz. Allianz **está comprometido con** el desarrollo de la sociedad en todos los países en los que está presente. Asímismo, **mantiene una alianza con el mundo universitario, desde la convicción de que** la educación es la mejor manera de **contribuir al progreso social.**

课文 B

❑ **Parte I:** Interpreta el siguiente diálogo alternativamente al español y al chino.

Ⓐ 您好，罗德里格斯先生。欢迎您来**上海证券交易所**。我是露娜，**是这里的公关经理**。

Ⓑ Encantado. Soy **profesor de Biología** de una universidad de México. Como esta Bolsa de Valores de Shanghái (BVS) es **de fama internacional**, me gustaría conocerla. **¿Me permite algunas preguntas?**

Ⓐ 当然可以！您说。

Ⓑ ¿La BVS es **una institución privada**?

Ⓐ 不，是国营的。它依据证券市场法，经国家财政部批准经营，直接隶属于中国证券监督管理委员会。

Ⓑ ¿Quiénes son **accionistas**?

Ⓐ 到目前为止，它的股东是**证券公司**，它们每个都占有股份。

Ⓑ ¿Cuál es el **objetivo de** esta bolsa de valores?

Ⓐ 目标是**方便证券交易、努力开发市场、提高市场的规模和竞争力**。

Ⓑ ¿Entonces qué hace la bolsa? O mejor dicho, ¿qué **funciones desempeña la bolsa**?

Ⓐ 首先是**方便证券**、**债券**和其他在证监会登记文件的**供求双方**建立联系和开展交易。为前面提到的那些**证券的发行**、**投放交易**的过程提供必要的服务。

Ⓑ ¿Así que **la emisión y la colocación en intercambio de** los valores **están en sus manos**?

Ⓐ 是的。第二个功能是**为公众提供关于在册证券**的信息。

Ⓑ **Es bien delicado** publicar informaciones sobre los valores.

Ⓐ 是的，确实如此，因为**这些消息有时会影响到投资者的决定**。好，现在第三个功能是**确定必要的措施**以保证交易是透明的、公正的。

Ⓑ Para eso es muy necesario expedir **estándares y esquemas operativos** que

promuevan prácticas justas y equitativas en el **mercado de valores**.

Ⓐ 是的。所以必须监督执行，并且给违反纪律者提出惩处和纠正的措施。

Ⓑ Todas las **sociedades de valores y las emisoras de valores tienen la obligación de cumplir estas normas**.

Ⓐ 证券市场必须非常有纪律，否则将是一个灾难。

Ⓑ ¿Cuál es el proceso de la **emisión de valores**?

Ⓐ 当企业需要资金，也就是需要钱来**扩大业务**或项目的时候，可以通过发行证券，包括**股票**、**债券**等从证券市场得到。

Ⓑ ¿Cuál es la clave de la compraventa de valores?

Ⓐ 关键是证券必须投放给投资者，必须在自由竞争的、所有参与者都机会均等的透明市场上买卖。

❏ **Parte II:** Interpreta el siguiente discurso del español al chino:

Banco Industrial y Comercial de China (ICBC), **a través de su Obra Social,** quiere **fomentar el espíritu emprendedor y la iniciativa empresarial entre los jóvenes.** Si tienes una **idea de negocio,** ICBC te ayuda a desarrollarla: **con los cursos presenciales** te facilita los **conocimientos necesarios para** que puedas **poner en marcha tu empresa.** ICBC **ha creado cuatro nuevas cátedras para** los Jóvenes **Emprendedores.** Con ello el banco pretende impulsar el desarrollo del emprendedor desde las propias universidades y **fomentar la investigación de temas relacionados con el estudio del emprendedor.**

Como sabe todo el mundo, el mayor problema que tiene un joven emprendedor para el desarrollo de su proyecto **es la dificultad de obtener recursos financieros por falta de garantías patrimoniales o avales.** Por ello, ICBC **desde su constante y decidido apoyo a** los jóvenes, **presenta una nueva Solución Financiera para** Emprendedores. **La idea es dar financiación a** los **proyectos factibles e innovadores** de estos jóvenes.

Si eres un **joven emprendedor** y quieres **acceder a esta línea de financiación específica**, debes presentar tus proyectos que **tengan incorporados elementos** de Desarrollo e Innovación, es decir, actividades que **introduzcan un cambio y supongan un avance para la empresa**; bien **desde el punto de vista de la gestión, de producto o servicios, de proceso y de comercialización.** El proyecto que presentes deberá contar obligatoriamente con un **Plan de Negocio** y un **Plan de Financiación** y **toda aquella documentación complementaria** que se considere necesaria para el estudio del mismo. Sólo con tu idea, porque para ICBC "**tu proyecto es tu aval, tu garantía**".

❏ Parte III: Interpreta el siguiente discurso del chino al español:

1890 年在德国柏林**成立的**安联集团是一家**跨**文化的公司，**遍布** 5 **大洲的** 70 多个国家。有超过 173 000 **不同国籍、语言、宗教、教育和经历的员工**为 6000 多万客户提供服务。现在**集团总部**设于慕尼黑。

安联集团是世界上最重要的**保险及金融服务集团**之一。集团管理的资产超过 1.2 万亿欧元。安联集团**在保险费收入和营业额方面位居前列**。它的主要业务为车险、健康险、寿险、财产险和意外险。该公司的活动都是基于以下各项前提的：**财务偿付力、社会责任性、客户为导向、全球竞争力和可持续发展**。

例如，**安联车险**是源自**多重风险理念**的一个险种，**它力求以最佳方式满足当前市场需要覆盖的种种需求**。它既能保证支付因使用**机动车辆**而可能发生**事故**所带来的后果，同时也能保护行走在**公共道路**上的行人。

在商业上的活跃也意味着对社会的负责。因此，安联集团也**通过不同的中心和基金会**，其中包括安联技术中心、安联环境基金会、安联文化基金会等，**承担起**环境、文化、教育和科学方面的责任。安联集团对它所在的每一个国家的**社会发展负有责任**。同时，**它与大学世界保持着一种联盟关系，因为它确信教育是对社会进步作出贡献的最好方式**。

课文 C

❏ **Parte I:** Interpreta el siguiente diálogo alternativamente al español y al chino.

Ⓐ ¡Buenos días! Quería **abrir una cuenta de ahorro.**

Ⓑ 可以，请出示您的**身份证**。

Ⓐ Aquí tiene mi **cédula de extranjería** y mi pasaporte.

Ⓑ 用您的护照就可以了。

Ⓐ **¿Qué tipo de cuenta me aconseja usted?**

Ⓑ 我建议您开一个综合账户。

Ⓐ ¿Qué **ventajas tiene la cuenta combinada**?

Ⓑ 您可以**迅速安全地**动用您的资金。在**自动柜员机**上您每天可以**取款高达五万比索**。

Ⓐ Muy bien. ¿Qué más?

Ⓑ 您的借记卡发卡和维护均免费。

Ⓐ ¿Con esta cuenta puedo **efectuar pagos por Internet**?

Ⓑ 可以，而且还能**在日均余额的基础上给您产生利息**。

Ⓐ **¡Magnífico!** ¿Puedo **solicitar préstamo** si quiero?

Ⓑ 可以，当然也可以。啊！**差点要忘了**，我们还会通过短信，实时向您**报告账户情况**。

Ⓐ Perfecto, **así lo esperaba.** Muchas gracias.

Ⓑ 应该谢谢您。我想告诉您，这里您还可以**申请外汇以支付国外的生活费、学费和医疗保险费**等。

Ⓐ Ah, ¿verdad? **Ustedes tienen todo bien pensado.**

Ⓑ 是的，确实如此。我们所有的网点都愿意为您提供专业的服务。请您吩咐。

❏ **Parte II:** Interpreta el siguiente discurso del chino al español:

上海证券交易所（上证所）成立于1990年11月26日，并于同年12月19日开业。作为**直属中国证券监督管理委员会的机构**，它秉承"法制、监管、自律、规范"的八字方针，以保证证券市场对所有参与者都能**有序而公平地运作**。另外，它还努力**寻求**更多的途径和办法使**不同规模**的投资者和企业能够享受**高效电子市场**的好处，用好一系列有竞争力、有吸引力的投资工具。

上证所提供的**基础设施**和服务使每天的**证券交易**能够**透明、高效和安全地**进行。同时，也使投资者、证券发行者和证券公司都能参与到有组织的市场之中，参与到高竞争的运作环境之中。

上证所**始终努力**保持**高效率**和**可信任的**条件，使通过证券市场实现的**融资**能够**有益于**企业、有益于国家的生产活动，也使个人和机构投资者能够作出投资决定，进行**交易**。经过 11 年的**持续发展**，上证所已成为中国最重要的**证券市场**。截至去年十二月，上证所已经拥有 4560 多万**投资者**和 815 家**上市公司**。

在**金融市场全球化和我国经济高度开放**的大环境中，**巩固证券市场的发展**是必不可少的。一大批国民经济的**支柱企业、重点企业、基础行业企业和高新技术企业**在上海证券市场上市后，既筹集了发展资金，又**转换了经营机制**。上证所正在致力于**把上海建设成一个国际性金融中心**。

❏ **Parte III:** Interpreta el siguiente discurso del español al chino:

El Grupo HSBC (Hongkong and Shanghái Banking Corporation) es el tercer mayor **grupo bancario y financiero** del mundo **con negocios concentrados en** Europa, Asia y el Pacífico, América, Medio Oriente y Africa. **Se constituyó en** Inglaterra **con oficina central en** Londres.

Hasta este momento HSBC **tiene instaladas** más de 10.000 oficinas **en** 83 países y regiones del mundo y **cuenta con una plantilla de** unos 284.000 empleados. Posee unos 125 millones de clientes **en todo el mundo, entre ellos**, 20 millones son clientes del banco electrónico. El banco sigue desarrollando el servicio financiero personal en Asia, especialmente en China. Ahora el banco **está autorizado para** ofrecer a su cliente local el **servicio de depósito** de RMB. Desde 2005, el banco empezó a **vender seguros** a través de la Aseguradora Ping An, **la segunda más importante**

en seguros de vida y cuenta ahora con el 19.9% de las acciones de esa compañía. **Cotiza en** las bolsas de Londres, Hong Kong, Nueva York, París y Bermuda. Cuenta con alrededor de 200.000 accionistas en aproximadamente 100 países y territorios.

El Grupo HSBC es un importante **usuario de tecnología informática.** Procesa más de 183.000 millones de transacciones de clientes al año. **Con el rápido desarrollo en la red internacional y el comercio electrónico,** HSBC está ofreciendo muy diversos **servicios bancarios y financieros: banca personal, banca comercial, banca corporativa, banca de inversión y mercados, banca privada** y otras actividades. Mantiene su propia **red privada de comunicación** -una de las más grandes del mundo- **a fin de brindar servicios de tecnología informática en todo el mundo.**

课文 D

❏ **Parte I:** Interpreta el siguiente diálogo alternativamente al español y al chino.

- Ⓐ 早上好！我想开一个储蓄账户。
- Ⓑ Bueno, **su carnet de identidad**, por favor.
- Ⓐ 这是我的**外国人身份证**和护照。
- Ⓑ Con su pasaporte ya es suficiente, gracias.
- Ⓐ 您建议我开什么账户呢？
- Ⓑ Le recomiendo abrir una **cuenta combinada**.
- Ⓐ 综合账户有什么优点？
- Ⓑ Le permite **mover sus fondos de forma rápida y segura**. En **cajero automático** puede **hacer retiros diarios** de hasta 50.000 pesos.
- Ⓐ 很好，还有吗？
- Ⓑ **Emisión y mantenimiento de su tarjeta de débito completamente gratis.**
- Ⓐ 用这个账户我可以网上支付吗？
- Ⓑ Sí, además **le genera intereses sobre el saldo promedio diario disponible**.
- Ⓐ 太棒了！如果需要我可以**申请贷款**吗？
- Ⓑ Sí, cómo no. Ah, **se me olvidaba**, también le da información **en tiempo real** de sus operaciones **a través de nuestro servicio de mensajes**.
- Ⓐ 太好了，这正是我所希望的。非常感谢。
- Ⓑ Muchas gracias a usted. Quería decirle que aquí también se puede **solicitar divisas para pagar** los **gastos de manuntención, matrícula y seguro médico en el extranjero.**
- Ⓐ 啊，是吗？你们考虑得真周全。
- Ⓑ Sí, **efectivamente**. Estamos dispuestos a darle nuestro servicio especializado **en toda nuestra Red de Oficinas. Estoy a sus órdenes.**

❏ **Parte II:** Interpreta el siguiente discurso del español al chino:

La **Bolsa de Valores** de Shanghái (BVS) **se fundó** el 26 de noviembre de 1990 y **empezó la operación** el 19 de diciembre del **mismo año**. Como **institución directamente subordinada a la Superintendencia Nacional de Valores de China**, la BVS **actúa según el principio de "legislación, supervisión, autorregulación y estandarización"** para que funcione el mercado de valores **con orden y equidad para todos los participantes**. Además, **busca ampliar** los mecanismos y las alternativas para que más inversionistas y empresas **de diversos tamaños** puedan aprovechar los beneficios de **un mercado electrónico eficiente** y de **una gama de instrumentos competitivos y atractivos**.

La **infraestructura** y servicios que presta la BVS **permiten que las transacciones** que se realizan diariamente con esos valores se lleven a cabo **con transparencia, eficiencia y seguridad. Asimismo, hacen posible que** los **inversionistas, emisores de valores y sociedades de valores confluyan en un mercado organizado** y en **un ambiente de operación altamente competitivo**.

La BVS **siempre trata de** mantener **las condiciones de eficiencia y confianza para** que **el financiamiento** a través del mercado de valores se materialice **en beneficio de** las empresas y de las actividades productivas del país, y para que los inversionistas, **tanto individuales como institucionales,** puedan **tomar decisiones de inversión** y **realizar sus operaciones**. Después de 11 años de **desarrollo constante**, la BVS se ha convertido en la bolsa más importante en el interior de China. Hasta el diciembre del año pasado, ya cuenta con más de 45.6 millones de **inversionistas** y 815 **compañías cotizadas**.

La consolidación del desarrollo del mercado de valores es indispensable en el contexto de la globalización de los mercados financieros y del alto grado de apertura al exterior de nuestra economía. Una gran cantidad de **empresas pilares, claves, de ramos primarios** y **de alta tecnología** de la economía nacional han podido reunir el capital para su desarrollo y también **transformar su mecanismo de**

gestión después de **la cotización en el mercado de valores** de Shanghái. La BVS está esforzándose por **hacer de Shanghái un centro internacional financiero**.

❏ Parte III: Interpreta el siguiente discurso del chino al español:

汇丰集团（香港上海银行集团）是全球第三大**银行金融集团**，**其业务集中于**欧洲、亚太地区、美洲、中东及非洲。汇丰集团**成立于英国，总部设在伦敦**。

到目前为止，汇丰集团在全球的 83 个国家和地区**设有** 10 000 **余网点，拥有员工** 284 000 人。**在全世界**约有 1.25 亿客户，其中电子银行的客户达到 2 千万。汇丰银行继续在亚洲，特别是在中国发展**个人金融业务**。现在**已经被批准为国内客户提供人民币存款业务**。2005 年开始，**银行通过第二大寿险公司**平安保险公司**销售保险**，已经占有该公司股份的 19.9%。汇丰集团在**伦敦、香港、纽约、巴黎及百慕大等证券交易所上市**，全球股东约有 200 000 名，**分布于** 100 多个国家和地区。

汇丰集团是**信息技术**的重要**用户**。每年处理超过 1830 亿的客户交易。**随着国际网络和电子商务的快速发展**，汇丰正在提供非常广泛的**银行及金融服务：个人银行，贸易银行，企业银行、投资与市场银行，私人银行等业务**。汇丰拥有自己的**通信网络**（世界上最大的通信网络之一），**能在全球范围内提供信息技术服务**。

Unidad 14

Parque Tecnológico
第 14 单元 科技园区

课文 A

❏ **Parte I:** Interpreta el siguiente diálogo alternativamente al español y al chino.

Ⓐ Hola, soy **gerente general** del **Parque de Alta Tecnología** de Songjiang. ¡Bienvenidos!

Ⓑ 我想了解一下你们园区的情况。它是**什么性质的园区**呢?

Ⓐ Es **un parque de categoría estatal. Se fundó** el año pasado, **con una superficie de** 5 kilómetros cuadrados.

Ⓑ 真不错,面积相当大。现在有多少家用户企业呢?

Ⓐ Tenemos ahora 150 **empresas usuarias**. Otras 30 **están en negociación**. Contamos con un **Centro de Investigación y Desarrollo**, por eso podemos **apoyar la operación y el desarrollo** de las empresas usuarias.

Ⓑ 那么基础设施情况怎么样呢?

Ⓐ **Hemos invertido una cantidad considerable de dinero** en la construcción de vías, **alcantarillado, sistema de abastecimiento de agua, gas, combustible y todas las facilidades de telecomunicaciones**. Además, hemos construido **una subestación de 220 mil voltios y una planta de tratamiento de aguas residuales con una capacidad de veinte mil toneladas al día**.

Ⓑ 太棒了。你们对于申请入园的公司有什么要求吗?

Ⓐ **Sí, claro.** Primero, las **empresas solicitantes tienen que tener algo que ver con** la alta **tecnología**.

Ⓑ 那当然。这个没问题,我们公司与高科技相关。还有什么吗?

Ⓐ Las compañías deben **promover el desarrollo de los productos de tecnolo-**

gía emergente.

- **Ⓑ** 没问题，我们**正好是这样的公司**。我们还打算把公司的**研发中心**放在开发区内。
- **Ⓐ** **Fantástico.** Deseo **poder colaborar dentro de poco con ustedes**.
- **Ⓑ** 我完全同意您的说法，而且**我很肯定我们的合作将会是令人满意的**。
- **Ⓐ** Pues bien, **mantengamos el contacto**.
- **Ⓑ** 当然，我想咱们可以很快**进入实质性的谈判**。

❏ Parte II: Interpreta el siguiente discurso del chino al español:

我们这个**高科技园区**成立于去年，**占地** 10 平方公里，**是一个省级高科技园区**。**分为**技术创新区、高科技产业区、科研教育区、生活区**等功能小区**。园区内约有 300 家中外企业，**主要从事纳米技术、生物技术、软件开发、环保、精细化工和新材料**产业。其中中国台湾地区的公司**占** 17%，美国公司占 13%，日本公司占 3%，欧洲公司占 12%，**其余为国内先进企业**。**进驻的**国际公司**包括**杜邦、罗氏、拜耳、惠普、通用，**等等**。

自从设区以来，园区已投入数亿人民币的资金，**建起了** 300 万平方米**标准厂房**。园区现在**拥有完善的基础设施，包括道路、电力、通信等**。**特别值得一提的是**我们建造了三个高水平公共实验室，可供用户企业使用。另外，我们还建有**日处理** 15000 **吨的**污水处理厂，大大提高了水资源的利用率。

在省、市政府的**支持**和我们企业**全体员工的共同努力下**，我们这个高科技园区**已经拥有完整的产业链**。许多企业都在这里找到了自己的**上游或者下游合作企业**，每年的产值节节上升，而环境受到很好的保护。所以这是**国际一流**的高新技术园区。

❏ Parte III: Interpreta el siguiente discurso del español al chino:

Este **Parque de Alta y Nueva Tecnología se fundó hace cinco años con la autorización del Gobierno Provincial.** Es **un polo de desarrollo a nivel provincial** que tiene **una superficie planificada de** 20 km. cuadrados. **En los cinco años transcurridos desde la fundación,** se han obtenido notables éxitos. **La facturación del año pasado ya superó los 20.000 millones de yuanes.** Más de 300 **empresas chinas y extranjeras, representadas por** Bosch Rexroth (Changzhou), Karlmayer

(Maquinaria Textil), Shinco Digital, Yuanyu Electrónica, **ya se han implantado en el parque, lo que ha permitido** la concentración de **sectores principales como** de electrónica, nuevos materiales y maquinaria de construcción, etc. **en la etapa inicial.**

Más adelante, a la luz del programa de desarrollo integral, el Parque acelerará el desarrollo y la construcción de la zona sur del parque, promoviendo especialmente **el proyecto del Parque Industrial Internacional** de Jintong. Se planea introducir muchas empresas **de fama internacional,** porque este parque se localiza **a la orilla del** río y **está bien comunicado con** el centro de la ciudad. Será **un lugar ideal para una economía de sedes. A la larga** el programa **está destinado a construir un parque industrial moderno** y una **nueva urbanización** dentro de **un ambiente ecológico de primer orden donde la alta tecnología sirve de guía, la manufacturación moderna** es el **sector vertebral** y **se complementa con** el sector bien desarrollado de servicios y de bienestar público.

课文 B

❏ **Parte I:** Interpreta el siguiente diálogo alternativamente al español y al chino.

Ⓐ 你好，我是松江**高科技园区**的**总经理**。欢迎光临！

Ⓑ Quiero saber un poco sobre su parque. ¿**Qué tipo de parque es** este?

Ⓐ 这是一个**国家级的园区**，成立于**去年**，**占地** 5 平方公里。

Ⓑ **Muy bien**, es bastante grande. ¿Cuántas **empresas usuarias** tiene ahora?

Ⓐ 我们现在拥有 150 家用户企业。另有 30 家**正在谈判过程**中。我们拥有一个**研发中心**，所以我们能够**支撑**各用户企业的**运作和发展**。

Ⓑ ¿Cómo son **las infraestructuras**?

Ⓐ 我们投入了相当可观的资金建设了道路、排污、供水、供气和燃料供应系统以及一切通信设施。我们还建造了 22 万伏变电站和日处理 2 万吨的污水处理厂。

Ⓑ Perfecto. ¿**Han impuesto condiciones a** las empresas **que quieran entrar en** el parque?

Ⓐ 那当然。首先，**申请企业必须与高新技术有一定的关系**。

Ⓑ **Por supuesto**, no hay problema en eso. Nuestra empresa **está relacionada con** la alta tecnología. ¿Algo más?

Ⓐ 公司必须**努力开发新兴技术领域内的产品**。

Ⓑ No hay problema. Nuestra empresa **es precisamente una de esas.** Planeamos además poner en el mismo parque nuestro **Centro de Investigación y Desarrollo**.

Ⓐ 太棒了。希望不久就可以跟你们合作。

Ⓑ **Estoy totalmente de acuerdo con usted y estoy seguro de** que nuestra cooperación va a **ser satisfactoria**.

Ⓐ 那很好，让我们保持联络。

Ⓑ **Por supuesto, creo que** podremos **entrar** pronto **en negociaciones sustanciales con** ustedes.

❑ **Parte II:** Interpreta el siguiente discurso del español al chino:

Este **Parque de Alta Tecnología** fue fundado el año pasado. **Tiene una extensión de** 10 kilómetros cuadrados y **es un parque a nivel provincial. Se divide en zonas funcionales como** de innovación tecnológica, de industria con alta y nueva tecnología, de investigación y educación y de zona residencial, etc. En el parque hay unas 300 empresas chinas y extranjeras **dedicadas principalmente en áreas como** la **nanotecnología,** la **biotecnología, el desarrollo de software, el medio ambiente, la ingeniería de química fina** y **la industria de nuevos materiales.** Dentro de ellas, unos 17% son empresas de la zona de Taiwán, unos 13% de los EE.UU., un 3% de Japón, unos 12% de Europa y **el restante** son empresas avanzadas chinas. **Están instaladas** aquí las empresas famosas como: Dupont, Roche, Bayer, Hewlett Packard, General Motors **para citar algunos ejemplos.**

Desde su creación, se ha invertido cientos de millones de yuanes. **Se han construído naves industriales estandarizadas** de tres millones de metros cuadrados. El parque **cuenta ahora con buenas infraestructuras, como por ejemplo, de vías y caminos, de energía eléctrica y de comunicación. Cabe mencionar especialmente que** hemos construido tres **laboratorios públicos de alto nivel** para el uso de **las empresas usuarias.** Además hemos construido **una planta de tratamiento de aguas residuales con una capacidad diaria de 1.500 toneladas, elevando así grandemente el nivel de aprovechamiento de los recursos de agua.**

Con el **apoyo** del gobierno provincial y el municipal y **los esfuerzos de todo el personal de** nuestra empresa, **ya tenemos cadenas completas de producción** en este parque. Muchas empresas han encontrado **socios de cooperación del curso superior e inferior. El valor de producción se aumenta de año en año** y **el medio ambiente está bien protegido,** por eso es un parque **de alta tecnología de primer orden internacional.**

❏ Parte III: Interpreta el siguiente discurso del chino al español:

　　这个高新技术产业园区是五年前经省政府批准成立的。它是一个**省级开发园区，规划面积**为 20 平方公里。**在成立后的五年时间里**取得了显著的成绩。**去年的总营业额已经超过** 200 亿元人民币。以博世力士乐（常州）有限公司、卡尔迈耶（纺织机械有限公司）、新科数码、远宇电子集团**等为代表的** 300 多家**中外企业已经进驻园区**，使它**在开始阶段**就集中了电子、新材料、建筑机械等**主要产业**。

　　今后，**根据总体发展规划**，高新技术产业园区将加快南区的开发和建设，特别是推动金通国际工业园项目的建设。打算引进很多国际著名企业，因为这个园**区位于江边**，与市中心的交通十分便捷，是发展**总部经济的理想场所**。从长远来看，旨在建成一个**现代工业园区**和一个在一流生态环境中，**以高新技术为导向，以现代制造业为骨干产业**，并拥有完善服务和公共福利事业的新城。

课文 C

❑ **Parte I:** Interpreta el siguiente diálogo alternativamente al español y al chino.

Ⓐ Bienvenido a nuestro **parque de desarrollo económico y tecnológico. ¿En qué puedo servirle?**

Ⓑ 我来自哥伦比亚。我对你们的工业园很感兴趣。您可以给我介绍一下基本情况吗？

Ⓐ **Claro que sí.** Nuestro parque **se fundó en** 1995, **catalogado entre las primeras zonas estatales de desarrollo económico y tecnológico aprobadas por** el **Consejo de Estado.** Cuenta con unos 10 kilómetros cuadrados **de extensión.**

Ⓑ 这个园区的**周边情况怎么样**？这对我来说非常重要。

Ⓐ Esta zona **se encuentra en** el **nudo de transporte por carretera, ferrocarril y mar y sólo a** 15 km del aeropuerto internacional. El parque **se empeña en crear** un ambiente magnífico y adecuado para vivir y trabajar. Ahora **el porcentaje de áreas verdes llega a unos 44%, o sea,** 32 metros cuadrados **per cápita.**

Ⓑ 还有其他给投资者提供的生活设施吗？您知道良好的环境是十分重要的，对吧？

Ⓐ De acuerdo. Ahora estamos construyendo dos hoteles de cinco estrellas, una escuela internacional y un **centro de diversión.**

Ⓑ 很好。那么其他的基础设施怎么样呢？

Ⓐ **Hemos invertido un total de** 10,000 millones de yuanes **en terminar la construcción de la infraestructura y los sistemas complementarios de servicios.** Aquí tenemos también un **muelle profundo muy moderno para contenedores.**

Ⓑ 太好了。现在园区内拥有多少家公司？

Ⓐ **Hasta finales del mes pasado,** tenemos 550 empresas **provenientes de** más de cincuenta países y regiones, **entre las cuales,** unas 280 **son de origen de**

una veintena de provincias de China. Treinta multinacionales de **las Top 500 de *Fortune*** tienen más de 50 proyectos en el parque.

Ⓑ 如果我想在园区内建厂，需要怎么做呢？

Ⓐ Debería entregar **una solicitud** formal sobre su plan. Luego le vamos a **organizar una reunión con** nuestro gerente general para una conversación más profunda.

Ⓑ 嗯，好的，我对这次访问非常满意。我会考虑并且作出决定的。非常感谢。

Ⓐ Muy bien. **Es un placer.** Siempre **estamos a su disposición.**

❏ **Parte II:** Interpreta el siguiente discurso del chino al español:

滨海高新技术产业开发区成立于1992年5月，同年11月被国务院批准为国家级高新区。滨海高新区遵循"差异竞争、错位发展"的原则，确立了以海洋生物医药产业和以软件为核心的电子信息产业为重点，加快推进高新技术产业向特色化、规模化、集群化的方向发展。

本高新区聚集了海尔、朗讯、海克斯康、清华紫光、山东东软、爱立信浪潮、健特生物、澳海生物、黄海制药、金谷镁业、汉缆集团等一批中外骨干企业。最近又新引进了朗讯全球技术支援中心、卡特比勒中国研发中心、IBM软件测评中心、地恩地研发中试生产基地、中船重工725所等39个大型企业的研发中心，再加上入驻该区的滨海大学、中国海洋大学、滨海科技大学、国家海洋局一所等大学院所，滨海高新区已成为滨海市科技资源比较集中、自主创新能力比较强和创新创业环境比较好的区域。

❏ **Parte III:** Interpreta el siguiente discurso del español al chino:

En un lapso de 15 días se espera la **colocación de la primera piedra del** Parque de Alta Tecnología Esperanza, donde se invertirán 14 millones de dólares. Este proyecto **deriva de la unión entre empresarios, universidades y el Gobierno para la generación de empresas y empleos,** porque en la región se cuenta con más de 20 universidades, sin embargo, **sus egresados no encuentran trabajo.** El parque ya cuenta con **la primera empresa productora de software. Esta empresa de industria blanca** habrá de realizarse en una superficie de 6 hectáreas y **va a generar**

160 empleos de ingenieros.

Esta empresa **especializada en software de negocios busca atacar el mercado de las Pequeñas y Medianas Empresas** (Pymes) del país. **En este campo aún queda mucho camino por recorrer,** porque sólo el 20% de las pequeñas y medianas empresas **aplican herramientas tecnológicas de este tipo. En un mundo globalizado** la aplicación de estas herramientas **resulta vital para todos los negocios,** principalmente para las Pymes, ya que son aplicaciones que **les permitirán crecer y ser competitivos.** Desde hace tres años esta compañía ha manejado esta estrategia de acercamiento a las Pymes, a quienes se les **ha diseñado productos adecuados para elevar la eficiencia de cobranza, minimizar los inventarios y disminuir los costos de operación** dentro de su negocio.

Hoy en día se nota un cambio en la **mentalidad** de los pequeños empresarios, **ya que** un gran número de Pymes **se ha profesionalizado en las áreas administrativas y de producción de un negocio,** por lo que **piden programas que los ayuden a ser más eficientes en sus operaciones.** De una encuesta aplicada a **200 empresas,** el 60 por ciento de ellas reconoció **las ventajas que les ha dado la tecnología dentro de sus procesos. Ahora a los empresarios se les ha quitado el miedo al hablar sobre el tema de la tecnología.**

课文 D

🔲 **Parte I:** Interpreta el siguiente diálogo alternativamente al español y al chino.

Ⓐ 欢迎来到我们的**经济技术开发区**。需要我帮忙吗？

Ⓑ Vengo de Colombia. **Estoy muy interesado** en vuestro **parque industrial.** ¿Podría usted explicarme un poco?

Ⓐ 那当然。我们的园区**建于** 1995 年，是国务院批准的首批国家级经济技术开发区之一。**占地** 10 平方公里。

Ⓑ ¿Cómo son los entornos de esta zona? Eso es muy importante para mí.

Ⓐ 这个地区**位于公路、铁路和海路交通的枢纽**，离国际机场只有 15 公里。开发区**着力营造**适合工作和生活的优美环境。目前全区**绿化覆盖率**达 44%，人均公共绿地 32 平方米。

Ⓑ **¿Hay otras facilidades de vida para los inversionistas?** Usted sabe que un buen medio ambiente es muy importante, ¿verdad?

Ⓐ 是的。我们现在正在建两座五星级酒店、一所国际学校和一个**娱乐中心**。

Ⓑ Muy bien. ¿Y cómo son las otras infraestructuras?

Ⓐ 我们累计投资近 100 亿元人民币，**建成了完善的基础设施配套体系**。这里还拥有非常现代化的集装箱深水码头。

Ⓑ Perfecto. **¿Cuántas empresas usuarias tiene el parque?**

Ⓐ 截至上个月底，园区内的 550 家公司**来自** 50 多个国家和地区，其中 280 家来自全国 20 多个省市。在《财富》杂志评出的**世界** 500 **强**企业中，有 30 多家在这里**投资**兴办了 50 多个项目。

Ⓑ ¿Si quiero **montar una empresa en** este parque, qué tengo que hacer?

Ⓐ 您应该就您的计划向本园区提交一份**正式申请**，然后我们**会安排**您与我们的总经理深入地商谈。

Ⓑ Pues, bien. **Estoy muy satisfecho con esta visita. Voy a pensar y tomar alguna decisión.** Muchas gracias.

Ⓐ 太好了。很高兴认识您。我们随时为您服务。

❏ **Parte II:** Interpreta el siguiente discurso del español al chino:

La **Zona de Desarrollo de Alta Tecnología** de Binhai **se estableció en** mayo de 1995 y en noviembre del mismo año **fue aprobada por** el **Consejo de Estado** como zona de desarrollo **a nivel nacional. Conforme al principio de "procurar por una competencia variada y un desarrollo diferencial", se han determinado los dos pilares** que son la **industria farmacéutica océano-biológica** y la **industria electrónico-informática centrada en** la industria de software para **acelerar el desarrollo de** la **industria de alta tecnología orientada a la caracterización, la magnitud y la agrupación.**

Este polo de desarrollo ha reunido un grupo de empresas claves de dentro y fuera del país, tales como Haier, Lucent, Hexagon Metrology, UNIS, Neusoft (Shandong), Ericsson Langchao, Aote BIOTECH, Auhai BIOTECH, Huanghai Pharmaceutical, Magtech, Hanhe Cable Group, etc. **Ultimamente, 39 empresas grandes han decidido poner sus Centros de Investigación y Desarrollo** en el parque: **Centro de Asistencia Técnica Internacional** de Lucent, **Centro de Investigación Chino de Caterpillaren China,** Centro de Evaluación del Software de IMB, Centro de Investigación y **Base de Producción Experimental** de D&D Group y el Instituto Nº725 de CSSRC, etc. **Agregando** la Universidad de Binhai, la **Universidad de Oceanografía de China,** la Universidad de Ciencia y Tecnológica de Binhai, **el Instituto de Investigación Oceanográfica No. 1 de la Administración Estatal del Mar** y otros centros educativos y de investigación, esta Zona de Desarrollo de Binhai **se ha convertido en una zona** de la ciudad de Binhai donde **se concentran los recursos de la ciencia y tecnología, la capacidad creativa y renovante** y los mejores ambientes para los emprendedores.

❏ **Parte III:** Interpreta el siguiente discurso del chino al español:

再过 15 天，投资 1400 万美元的希望高科技园区**就要奠基了**。这个项目**是企业、大学和政府联手的产物，旨在催生企业，创造就业**。因为，这个地区有 20 多所大学，而大学毕业生却找不到工作。现在园区已经拥有**第一家软件企业**。这家白色产业企业将占地 6 公顷，创造 160 个工程师就业机会。

这家专门从事商务软件的企业寻求进军中小企业市场。在这个领域还有许多路要走，因为只有 20% 的中小企业应用这种类型的技术手段。在全球化的世界中，应用这种技术手段对各种商务活动都是至关重要的，特别是对这些中小企业，因为它可以帮助它们成长，提高它们的竞争力。这家企业实施进军中小企业的战略已经三年了，它为这些企业设计了能够提高收款效率、降低库存、减少业务经营费用的合适产品。

今天已经能够看到小企业家的思想在变化，因为许多中小企业在管理和生产领域已经十分专业，因此他们要求提供能够帮助他们提高经营效率的软件。在针对 200 家企业做的问卷调查中，有 60% 的企业承认技术手段给他们的经营带来了好处。现在和企业家谈技术手段的问题时，他们已经不再害怕了。

Unidad 15

Instituciones Oficiales
第15单元　政府部门

课文 A

❑ **Parte I:**   Interpreta el siguiente diálogo alternativamente al español y al chino.

Ⓐ   **Como sabes,** Beijing es **una de las ciudades que** sufre la mayor presión de **exceso de tráfico** en el país.

Ⓑ   是的，确实是这样。在交通堵塞时，我们可以看到汽车长龙**以不到 20 公里的速度**在城市的主干道上行驶。那政府是如何**面对这个头疼的问题**的呢？

Ⓐ   **La municipalidad** ha adoptado la política de "**El transporte público va primero**". **Se trata de** alentar a los beijineses a emplear los **medios de transporte público para reducir** la actual presión.

Ⓑ   真有意思。你能给我介绍一下现在正在做的事情吗？

Ⓐ   **Según el reciente programa de rebajas,** los pasajeros que tienen **tarjetas IC de autobús** reciben un **descuento del** 60%, mientras que los estudiantes gozan del 80% en las 447 líneas de autobús. O sea, se paga cuarenta centavos con la tarjeta **para todo el recorrido de la línea.**

Ⓑ   那么公交企业应该得到某种**补贴**才能**解决开销**问题。

Ⓐ   **Efectivamente,** para **subsidiar el transporte público,** la municipalidad de Beijing tiene que **asignar anualmente más de** 1.300 millones de yuanes.

Ⓑ   那居民的**反应**又如何呢？

Ⓐ   **Como se puede esperar** que **cada día sean más los vecinos que optan por la tarjeta.** Según la **Comisión de Administración del Tráfico** de la ciudad, hasta el día pasado, se habían vendido más de 6,6 millones de tarjetas. La venta diaria de tarjetas aumentó de 10 mil a 100 mil.

B 这么多人买交通卡，应该要**排长队**了，是不是？

A No, porque se han abierto 710 **ventanillas de ventas.**

B 北京的交通**明显改善**了吗？那些有私家车的人呢？

A Todavía **no se ve con claridad la mejora**. Muchos que tienen coche no quieren **abandonar**lo. Ellos creen que **en el atasco** el autobús es igualmente lento pero en su coche **al menos** tienen un asiento. Sabes una cosa, el bajo precio ha atraído a muchos que **solían caminar** o montar en bicicleta, **lo que provoca el empeoramiento de servicio en el autobús.**

B 我曾听到许多**抱怨车内不舒服的声音**。例如，由于**普通车和空调车一样的票价**，越来越多的人**选择后者**。

A Ya ves, **existen todavía muchos problemas. Está lejos de** ser resuelto ese **dolor de cabeza.**

B 那么在**这方面可以采取哪些措施**呢？

A Según el **plan de urbanización** del municipio, se construirán 450 km de **vías reservadas para** autobuses y taxis.

B 我认为有必要调整现有线路，取消那些重复线路。

A Sí, además, todos los autobuses **serán equipados con aire acondicionado** en el futuro. **En fin**, el tráfico urbano no se puede **tratar a la ligera**. La **rebaja de precios,** la construcción de vías reservadas y el control de coches privados son sólo una parte de las medidas. Sólo cuando **los autobuses sean rápidos y cómodos para todos, logrará** el transporte público **el respaldo total de la población.**

❏ **Parte II:** Interpreta el siguiente discurso del chino al español:

虹口区**民政局**是区人民政府**负责社会和行政事务**的一个部门。我很荣幸向诸位介绍一下它的**主要职能**：

（一）**贯彻实施有关民政工作的政策和法规**，根据区**国民经济和社会发展规划**，编制本区民政事业中、长期发展规划。

（二）负责本区**拥军优属和优抚工作**、复退军人**安置工作**；指导居民委员会和社区建设，推动基层民主政治的建设。

（三）负责制定社会救助计划；确保国有企业下岗职工基本生活费按时足额发放。建立社会保障体系，包括城市居民最低生活保障制度和基本医疗保险制度。

（四）负责全区结婚、离婚及收养登记工作。发展社会福利、社会救济和社会互助。切实保障妇女、未成年人、老年人、残疾人的合法权益。

❑ **Parte III:** Interpreta el siguiente discurso del español al chino:

Bienvenidos a la Comparación de Asilos de Ancianos. El propósito principal de esta **herramienta de ayuda** es **brindarle información detallada sobre** el **desempeño** que ha tenido cada uno de los **asilos de ancianos** del país. Los datos en **este sitio web** describen las características de los asilos, **las medidas de calidad,** las **deficiencias encontradas en** las tres últimas inspecciones y las investigaciones sobre **quejas recientes.**

Las **agencias de inspección realizan visitas y evaluaciones a** los asilos. Estas inspecciones se realizan **por lo menos una vez cada 15 meses** o **en cualquier momento a causa de una queja recibida por el gobierno.** Las inspecciones garantizan que los residentes de ese asilo reciban **servicios de calidad** en un ambiente seguro y cómodo **de acuerdo a las reglamentaciones concernientes.** Las investigaciones de las quejas **son informadas a** la autoridad.

Las agencias de inspección **son responsables de** ingresar la información de inspección en el **banco de datos** y **hacer las actualizaciones cuando fuera necesario. Nos esforzamos por garantizar la veracidad y actualidad de la información;** sin embargo, **les aconsejamos que interpreten** estos datos **con cautela** y **los complementen con información de otras fuentes.**

La información sobre las características de los asilos son **datos entregados por los mismos asilos de ancianos. Han sido revisados por** los inspectores, pero **no se ha realizado una auditoría para garantizar su veracidad. Además, esta información cambia frecuentemente a medida que se da de alta y admite a los residentes o a medida en que cambia el estado de salud de los residentes.**

> 课文 B

❑ **Parte I:** Interpreta el siguiente diálogo alternativamente al español y al chino.

Ⓐ 正如你所知道的，北京是国内承受过度交通压力最大的城市之一。

Ⓑ Sí, **es cierto, cuando en medio de atascos,** vemos filas de automóviles marchando **a menos de 20 km por hora** en **las principales arterias** de la ciudad. Pero ¿qué hace el gobierno **frente a este quebradero de cabeza**?

Ⓐ **市政府**采取了"公交优先"的政策，**也就是**鼓励北京市民使用**公共交通工具以减轻目前的压力**。

Ⓑ Es muy interesante. ¿Me puede explicar lo que está haciendo?

Ⓐ **根据最近的降价方案**，持有**公共汽车 IC 卡**的乘客在 447 条公交线路上票价可以**优惠** 60%，而学生则可以优惠 80%。也就是说，用卡支付 4 毛钱**就可以乘完全程**。

Ⓑ Entonces las empresas de transporte público deben recibir algún **subsidio** para poder **cubrir los gastos.**

Ⓐ 确实如此，为了**补贴公交**，北京市政府**每年要花** 13 亿元。

Ⓑ ¿Cómo es **la reacción** de los vecinos?

Ⓐ **正如可以想见的那样，选择用卡的市民与日俱增**。据**市交通委消息**，到昨天为止，已经出售了 660 万张卡。每天销售交通卡的数字从 1 万张上升到 10 万。

Ⓑ Tanta gente compra tarjetas. Debería **hacer mucha cola,** ¿verdad?

Ⓐ 没有，因为开设了 710 **个销售窗口**。

Ⓑ **¿Se mejoró notablemente** el tráfico de Beijing? ¿Y los que tienen coche privado?

Ⓐ 还**没有**能看到**明显的**改善。许多有车的人都不想**放弃**用车。他们认为堵车时公交车也一样开得很慢，而在自己车里**至少**还有一个座位。你知道，低票价吸引了许多平时**步行**或者骑自行车的人，**这使得公共汽车的服务变差了**。

Ⓑ He oído muchas **quejas por la incomodidad dentro de los buses.** Por ejemplo, como **el bús regular y el climatizado cobran lo mismo,** cada vez más personas **optan por el segundo.**

- Ⓐ 你看到了吧，还有不少的问题。离这个头疼问题的解决还远着呢！
- Ⓑ Entonces **¿qué medidas se puede tomar al respecto?**
- Ⓐ 根据**城市规划**，将要建 450 公里的公交车、出租车**专用车道**。
- Ⓑ Creo que es necesario reajustar las líneas establecidas, eliminando las superpuestas.
- Ⓐ 是的，另外，将来所有的公共汽车**都会装上空调**。总之，城市交通问题不能**轻率处理**。降价、造专用车道、控制私家车等都只是措施之一。只有**大家都感到乘公交车是快捷舒适的**，公交才能**赢得民众的完全支持**。

❏ Parte II: Interpreta el siguiente discurso del español al chino:

Buró de Asuntos Civiles del distrito Hongkou es un departamento gubernamental que **se encarga de los asuntos sociales y administrativos** del distrito. Tengo el honor de presentarles sus **funciones principales:**

1. **Cumplimentar las políticas y disposiciones relacionadas con** los asuntos civiles. **Elaborar el plan de desarrollo** de este sector **de mediano y largo plazo** según el **Plan de Desarrollo Económico y Social** del distrito

2. Organizar en el distrito las **actividades de apoyar al Ejército con trato preferencial a los exmilitares veteranos o inválidos, a los familiares de los mártires y de los militares en servicio. Reubicar a los militares desmovilizados o licenciados. Orientar el trabajo del Comité Vecindario** y la **construcción comunitaria,** así como promover la democracia de la base.

3. **Elaborar el plan de asistencia social.** Garantizar **el pago puntual e íntegro de los subsidios para la manutención básica** de los **trabajadores desplazados de** las empresas estatales. **Promover el sistema de seguridad social** incluido el **sistema de garantía** del **nivel de vida mínimo de la población urbana y el sistema de seguro médico básico.**

4. **Registrar el matrimonio, divorcio** y **adopción** de este distrito. **Desarrollar el bienestar social, la asistencia social y la ayuda mutua. Proteger eficazmente los derechos e intereses legales** de las mujeres, **los menores de edad,** los ancianos y los **minusválidos.**

❑ Parte III: Interpreta el siguiente discurso del chino al español:

　　欢迎进入敬老院比较系统。这套帮助工具的主要目的是**提供全国每家敬老院运作的详细情况**。本网站的资料将反映敬老院的特点、**质量保证措施**、最近三次检查中**发现的不足之处**和有关**最新投诉**的调查情况。

　　检查机构会走访并评估每家敬老院。这种检查至少每15个月做一次。但是**如果政府收到投诉**，那随时都可以**进行检查**。检查确保住在该敬老院的人能够在**符合相关规定**的安全、舒适的环境中享受到高质量的服务。对投诉所作的调查会向**政府报告**。

　　检查机构**负责把检查的情况输入数据库**，并且**负责随时更新数据**。我们将努力保证信息的真实性和时效性。但是，我们建议你们谨慎解释这里看到的资料，希望能够结合参考其他来源的资料。

　　有关敬老院特点的资料是**由敬老院自己提供的**。虽然检查员**审查过**，但是并没有做过审计，不能保证其真实性。另外，这里的情况是随着出院、接受新成员或者成员健康状况的改变而经常变化的。

课文 C

❏ **Parte I:** Interpreta el siguiente diálogo alternativamente al español y al chino.

- Ⓐ ¡Hola!, Sra. Rodríguez.
- Ⓑ 您好，我很高兴，张先生。很高兴认识您。
- Ⓐ **Estamos honrados de su visita a nuestro Buró de la Planificación Urbana de Shanghái.** Como sabe usted, Shanghái es la ciudad mayor de China, por eso tenemos mucho trabajo todos los días.
- Ⓑ 我很高兴能够访问贵局！我肯定能在这里学到很多东西。
- Ⓐ Generalmente dicho, **nos encargamos de** los asuntos de la planificación urbana de esta ciudad. ¿Podría yo mostrarle nuestra oficina nueva, Sra. Rodríguez?
- Ⓑ 好，谢谢。我很感兴趣。
- Ⓐ **Por este lado,** por favor, Sra. Rodríguez.
- Ⓑ 谢谢，这是什么时候竣工的?
- Ⓐ **Bueno, más o menos hace tres meses.** Aquí tenemos **nueve secciones funcionales** en total.
- Ⓑ 那么主要工作是什么呢?
- Ⓐ De hecho, **despachamos cualquier asunto que el gobierno municipal nos designe.**
- Ⓑ 那会有很多啊！那么具体做什么事情呢?
- Ⓐ Por ejemplo, **nos encargamos de la planificación y administración de la protección de los monumentos históricos y culturales, organizamos investigaciones sobre** los importantes temas del **desarrollo y planificación urbanos,** así como de los **archivos** de la **construcción urbana,** etc.
- Ⓑ 通过这次参观，我发现你们的工作非常出色。
- Ⓐ Muchas gracias.

❏ **Parte II:** Interpreta el siguiente discurso del chino al español:

非常高兴能给诸位介绍一下**市教育委员会**的主要职能。我们根据**本市国民经济和社会发展的总体规划**，研究并提出本市**教育改革与发展的战略**。我们的教育是**面向现代化、面向世界、面向未来的**。我们正在着力推进素质教育，促进学生德、智、体、美、劳全面发展。

我们应该**巩固普及九年义务教育的成果**，加快**高中阶段教育和高等教育**的发展。大力发展**职业教育和职业培训**。发展**成人教育和多种形式的继续教育**，逐步形成**终身教育体系**。健全奖学金、助学金和助学贷款等制度。

根据经济和社会发展的要求，继续调整教育结构和布局，优化课程体系、考试评价制度和教学方法，提高教学质量。加强德育，尤其要重视青少年的品德教育。搞好教师队伍建设，全面提高教师的思想和业务素质。当然，市教委还有其他一些职能，但是由于时间有限，我只能给诸位介绍到这里。非常感谢大家。

❏ **Parte III:** Interpreta el siguiente discurso del español al chino:

La **Autoridad Portuaria de Barcelona ha agrupado a** todas las **empresas relacionadas con** el **transporte marítimo** de la ciudad. Desde la misma empresa el **Puerto de Barcelona,** hasta las **Empresas Estibadores,** los **Agentes Marítimos,** los **Agentes de Aduana,** los **Servicios Sanitarios** y los **Transitarios,** etc. Todos **están involucrados.**

Todo el mundo sabe que Barcelona es un **trampolín terrestre para** toda la Península Ibérica. **Como podrán observar en este mapa,** nuestra península **tiene una particularidad importante: las distancias son repetitivas** y permiten **asegurar un excelente transporte interior**. Desde nuestro puerto servimos cada día todas las regiones, ciudades y pueblos de toda la península, **sin ningún problema.**

Barcelona es un **trampolín terrestre y aéreo para** toda Europa. **Las distancias medias son del orden de** 1.200/1.500 km. Nuestras empresas asociadas proponen y aseguran **líneas regulares diarias por camión** en 14 países y se distribuyen por 250 ciudades. Por barco contamos con más de 50 **líneas regulares.** Barcelona, por fin, es **un trampolín ideal para** América Latina. Tenemos **cada vez más y mejores** relaciones comerciales.

Como sabe usted, el cliente siempre desea que sus mercancías lleguen al destino, en poco tiempo, en perfecto estado y a un precio correcto. Quiere estar seguro, además, que, toda la cadena logística, no presentará, en ningún momento, ningún problema. En definitiva, el cliente está **buscando la simplificación y la comodidad pero sin perder de vista, en ningún momento, la seguridad del plazo de entrega y la calidad de servicio por parte de todos los operadores implicados.** Por eso, **es importante que la calidad global del servicio implique a los distintos colectivos de la cadena, tanto en origen como en destino. Me siento orgulloso porque** el Puerto de Barcelona puede asegurar la misma calidad de servicio **por parte de** todos sus miembros.

Se ha planteado siempre **ofrecer** un servicio **de puerta a puerta,** pero yo voluntariamente hablo de **un domicilio a domicilio,** porque pienso que debemos **franquear la puerta** y entrar en casa del cliente si queremos **dar un servicio más completo.**

课文 D

❏ **Parte I:** Interpreta el siguiente diálogo alternativamente al español y al chino.

Ⓐ 您好，罗德里格斯女士。

Ⓑ **!Hola!, encantada,** Sr. Zhang. Mucho gusto de conocerlo.

Ⓐ 您来上海城市规划局参观我们感到很荣幸。正如您所知，上海是中国最大的城市，因此我们每天事务繁多。

Ⓑ **Me alegro mucho de visitar su buró. Estoy segura de que** puedo aprender mucho aquí.

Ⓐ 总的来说，我们负责本市的城市规划事务。我带您去看看我们的新办公室好吗，罗德里格斯女士？

Ⓑ Sí, por favor, **me interesa mucho.**

Ⓐ 这边请，罗德里格斯女士。

Ⓑ Gracias. ¿Cuándo **terminó la obra**?

Ⓐ 嗯，大概三个月前吧。我们一共有九个职能科室。

Ⓑ ¿Cuáles son sus **deberes principales**?

Ⓐ 实际上，我们主要是承接办理市政府交办的各种事务。

Ⓑ Entonces son muchos. ¿Qué deber específico tienen?

Ⓐ 比如说，我们负责历史文化遗迹保护工作的规划和管理，组织城市发展、城市规划、城市建设档案等重大问题的调研，等等。

Ⓑ A través de esta visita, **me di cuenta de** que habéis hecho **un trabajo fantástico**.

Ⓐ 非常感谢。

❏ **Parte II:** Interpreta el siguiente discurso del español al chino:

Me alegro mucho de presentarles un poco las principales funciones de la **Comisión Municipal de Educación.** Estudiamos y planteamos **la estrategia de la reforma y**

desarrollo de la educación en esta ciudad según el **Plan General del Desarrollo Económico** y **Social** de la ciudad. Nuestra educación **está orientada hacia la modernización, el mundo** y **el futuro. Estamos impulsando con energía la educación de calidad** promoviendo el desarrollo integral de los estudiantes en lo moral, lo intelectual, lo físico, lo estético y lo laboral.

Debemos **consolidar los logros alcanzados en la generalización de los nueve años de enseñanza obligatoria** y acelerar el desarrollo del ciclo superior de la **enseñanza secundaria y la educación superior.** Desarrollar vigorosamente la **educación y capacitación profesionales. Es indispensable fomentar** la **educación de adultos y múltiples modalidades de educación continua, de modo que** se configure gradualmente **un sistema de educación vitalicia. Perfeccionar el sistema de becas, subsidios y préstamos para la realización de estudios.**

De acuerdo con las **exigencias del desarrollo económico y social,** es necesario **seguir reajustando la estructura y la distribución de la educación,** optimizar el **sistema curricular,** el **sistema de exámenes y evaluación** y los **métodos didácticos,** y **elevar la calidad de la enseñanza. Reforzar la educación moral,** y **en particular** prestar atención a **la educación moral de los adolescentes y jóvenes. Llevar a buen efecto** la formación del profesorado **a fin de perfeccionar sus cualidades tanto ideológicas como profesionales. Por supuespo,** la **Comisión Municipal de Educación** tiene otras funciones también, pero **por falta de tiempo,** sólo les puedo presentar hasta este punto. Muchas gracias.

❑ **Parte III:** Interpreta el siguiente discurso del chino al español:

巴塞罗那港务局汇聚了该市所有与海运相关的企业，从巴塞罗那港公司，到码头装卸企业、海运代理、海关代理、卫生检疫服务和船运公司等。大家都是关联在一起的。

大家都知道，巴塞罗那是通向整个伊比利亚半岛的陆上跳板。正如你们在这张图上可以看到的，我们的半岛有一个重要的特点：到哪儿距离都差不多，这样就可以保证很好的半岛运输。从我们港出发每天都可以毫无困难地服务半岛所有的地区，所有的城市和乡镇。

巴塞罗那也是通向整个欧洲的**陆上和空中跳板**。**平均距离在** 1200 至 1500 **公里之间**。我们的会员企业与 14 个国家、250 个城市每天都保持着正常的**卡车班车运输**。**船运方面**我们有 50 条**固定航线**。最后，巴塞罗那还是通向拉丁美洲的**理想跳板**。我们与拉美的**贸易关系越来越多，越来越好**。

正如您所知道的，客户总是希望自己的货物在比较短的时间内，完好无损地到达目的地，而且价格合理。同时，客户还希望整个后勤保障网络在任何时候都不出任何问题。总之，客户在寻找方便和舒适，同时又不会忘记所有参与者提供的可靠交货期和高质量的服务。因此，十分重要的一点是，全面优质服务必须体现在从起点到终点，整个服务链条上所有的企业。我感到自豪的是巴塞罗那港能够保证它的成员企业将提供同样**质量的服务**。

人们总是提出要提供门对门服务，而我则要自愿提出**家对家**的服务模式，因为我觉得如果我们想提供**一个更加完整**的服务，我们应该**跨进大门**，进到客户的家里。

Unidad 16

Industria y Agricultura
第16单元　工业农业

课文 A

❑ **Parte I:** Interpreta el siguiente diálogo alternativamente al español y al chino.

Ⓐ　准备在这家**机床厂**做什么**测试**?

Ⓑ　Quería **medir la resistencia de unas piezas mecánicas** que nos proporcionan cuatro **proveedores** diferentes.

Ⓐ　这项测试很重要吗?

Ⓑ　Sí, es bien importante, porque **la calidad de estas piezas afectará directamente la vida útil de nuestros productos.**

Ⓐ　这台机器很**复杂**吗?

Ⓑ　**No tanto**. Pero es **muy sensible y de alta** precisión.

Ⓐ　**具体步骤**是什么呢?

Ⓑ　Para ello **se recoge una muestra aleatoria** de cada proveedor y **la somete a una prueba de resistencia** que consistente en observar el número de veces que esta pieza pueda aguantar la presión antes de estropearse.

Ⓐ　真有意思。一个**工件损坏**需要多长时间?

Ⓑ　**Eso depende**. Pero generalmente **unos treinta minutos**.

Ⓐ　那么**接下来**做什么呢?

Ⓑ　Luego se crea un **fichero** con todos los datos de esta pieza. El fichero tendrá cuatro **variables** además de **los datos de** cada **proveedor**. Posteriormente **se hace un estudio descriptivo y detallado.** Se hará un **cuadro analítico e ilustrativo de resistencia.**

Ⓐ　我看到这里列出了一份**图表**，这是**干什么用**的呢?

Ⓑ　Se llama **Tabla de Resistencia**. Estos datos permiten realizar un estudio completo del problema, ya que se puede **hacer los siguientes análisis:** 1) **Hacer un estudio descriptivo análogo al** del **apartado anterior.** 2) **Contrastar la influencia del factor resistencia.** 3) Calcular el **intervalo promedio entre** los grupos de datos. 4) **Hacer contrastes múltiples** por diferentes métodos. 5) **Hacer evaluaciones técnicas sobre** el material usado por los proveedores.

Ⓐ　非常感谢你的**热情介绍**.

Ⓑ　**No hay de qué. Ha sido un placer atenderle a Ud.**

❑ Parte II:　Interpreta el siguiente discurso del chino al español:

　　本周共有25家**食品和饮料工厂将向公众敞开大门**，其**目的是**向广大消费者展示它们的**生产技术**，展示它们**为了确保产品卫生条件**而使用的手段以及他们人力资源的培训情况。

　　这一做法已经是**连续第六个年头了**，是在**农业渔业部**的**资助和帮助下**组织起来的，其目的是让消费者**能够看到**食品生产过程中所采取的**安全与卫生措施**，看到**私人企业**现在的**质量控制系统**以及它们**严格的食品生产标准**。

　　这次活动中提供的信息十分丰富，涵盖了食品的营养方面和自觉执行的质量标准和认证方面。代表性企业最多的是葡萄酒酿造和饮料行业，两者各拥有9家工厂，紧随其后的是乳制品，拥有五家企业。这些行业代表性企业多的原因在于它们与广大消费者的日常生活密切相关。因此它们格外严把质量关，引进高新技术以保证产品的卫生与安全。所以它们在这个领域里**起到了领头羊**的作用。

❑ Parte III:　Interpreta el siguiente discurso del español al chino:

Un buen ejemplo es el sector de revestimientos cerámicos, una industria que ha existido en España durante más de mil años, y que **hoy destaca como uno de los sectores más dinámicos e innovadores de nuestra economía. La continua actualización de diseños** y **la utilización de tecnología punta han hecho posible que** las compañías españolas **sean líderes mundiales tanto en calidad como en**

volumen de producción.

La capacidad de esta industria de estar permanentemente en primera línea en términos de calidad y servicio ha convertido a España en el primer país productor de azulejos, contando con más del 15% de la producción mundial del sector y el 28% de las exportaciones mundiales.

Pero el azulejo no es una excepción y así otros sectores, por no citar más que unos pocos ejemplos, como la industria de sanitarios, los sectores del mueble e iluminación, y el sector de la piedra natural se han consolidado como punteros en los mercados mundiales, disponiendo de productos para satisfacer cualquier necesidad técnica, funcional y de diseño y cubriendo, además, todos los segmentos del mercado, desde el más clásico y tradicional hasta el más vanguardista.

En resumen, un porcentaje considerable de las exportaciones industriales de España, que incluyen bienes de consumo, productos de tecnología avanzada, y bienes de equipo, están destinadas a los países de la Union Europea, prueba de la calidad y competitividad de nuestra industria. De hecho, desde la entrada en la Unión Europea en 1986, las empresas españolas han competido con éxito en un mercado completamente abierto, sin el apoyo de barreras proteccionistas, arancelarias o técnicas.

课文 B

❏ **Parte I:** Interpreta el siguiente diálogo alternativamente al español y al chino.

Ⓐ ¿Qué **medición** va a hacer en esta **fábrica de máquinas herramientas**?

Ⓑ 想要**测试**我们四个不同**供货商**提供的一些**机械工件**的**耐力**。

Ⓐ ¿Es muy importante esta medición?

Ⓑ 是相当重要的，因为这些**工件的质量直接影响到我们产品的使用寿命**。

Ⓐ ¿Es muy **sofisticada** esta máquina?

Ⓑ **那倒没有，但是它十分灵敏，精度很高。**

Ⓐ ¿Cuáles serán **los procesos**?

Ⓑ 从每个供货商的工件中**随机取一个样品进行一项耐力测试，观察每个工件在损毁前所能够承受压力的次数**。

Ⓐ Es interesante. ¿Cuánto tiempo se necesitará para que **se rompa una pieza**?

Ⓑ **这个不一定。不过一般来说是 30 来分钟。**

Ⓐ ¿Cuáles son los **siguientes pasos**?

Ⓑ 然后做成该工件各项数据的卡片。该卡片含有四个**变量**，还有每个供货商的信息。然后再**进行详细的描述性研究，并且制成耐力分析图和示意图**。

Ⓐ Veo que aquí aparece una **tabla**, ¿pues **para qué sirve**?

Ⓑ 这叫**耐力表**。这些数据可以用来对问题进行完整的研究，因为它可以**展开以下分析：** 1）进行一项**与前面相类似的描述性研究**；2）对比耐力因素带来的影响；3）计算出数据组之间的**平均间隔时间**；4）用不同方法进行**多重对比**；5）对供货商使用的材料**进行技术评估**。

Ⓐ Muchas gracias por su **amable presentación**.

Ⓑ **不用客气。接待您是我的荣幸。**

❑ **Parte II:** Interpreta el siguiente discurso del español al chino:

Un total de 25 **fábricas de alimentación y bebidas abrirán sus instalaciones al público** durante esta semana **con el objetivo de** enseñar a los consumidores **sus técnicas de producción,** los **instrumentos** que utilizan **para garantizar la higiene de** sus productos, y **la capacitación y formación de sus recursos humanos.**

Esta iniciativa, que se organiza **por sexto año consecutivo con la financiación y colaboración del Ministerio de Agricultura y Pesca,** busca que el consumidor **pueda apreciar las medidas de seguridad e higiene** que se toman para producir un alimento, **los controles de calidad existentes en el sector privado,** y **la rigurosa normativa que marca la producción alimentaria.**

En el evento se proporciona información **tan diversa como aspectos nutricionales de los productos y las normas voluntarias de calidad y certificación. El sector con más representación es el vinícola y de bebidas,** con un total de 9 **centros productivos** cada uno, **seguido del** lácteo, con cinco fábricas. **Las razones que han contribuído a la representación de estos sectores consisten en** que éstos **están estrechamente vinculados a la vida cotidiana de los consumidores. De modo que** se controla la calidad **más estrictamente, introduciendo altas tecnologías con el fin de garantizar la higiene y la seguridad** de sus productos. Por lo tanto **han jugado un rol motriz en** este campo.

❑ **Parte III:** Interpreta el siguiente discurso del chino al español:

  一个很好的例子就是陶瓷面砖产业，它在西班牙已经存在了一千多年，如今是西班牙经济最有生气、最有创新的领域之一。不断创新的设计和采用尖端技术，使西班牙企业在产品的质量和产量方面都能够位居世界前茅。

  该产业在质量和服务方面能够牢牢保持一流水平，这使西班牙成为陶瓷面砖第一生产国，占世界产量的 15% 和世界出口量的 28%。

然而，陶瓷面砖领域并不是一个例外，其他的行业也如此，这里只想举少数几个例子，例如卫生洁具、家具、灯具、石材等领域在世界市场都雄居前列，因为它**拥有的产品能够满足各种技术、功能和设计的要求，而且还能满足从经典传统市场到最尖端市场的各种需求**。

总而言之，西班牙工业出口的**相当比例**，包括**消费品、尖端技术产品和设备**等都**面向欧盟**国家，这是**西班牙工业产品质量和竞争力的证明**。事实上，自从 1986 年**加入欧盟**以来，西班牙企业在完全开放的、**没有关税或者技术保护主义壁垒**的市场上成功地参加了竞争。

课文 C

❏ **Parte I:** Interpreta el siguiente diálogo alternativamente al español y al chino.

Ⓐ 早上好，塞尔希奥先生！欢迎来我们工厂参观。

Ⓑ ¡Buenos días! **He venido esperando visitar vuestra fábrica** desde que nos encontramos en la feria del año pasado.

Ⓐ 我相信在这次参观后您会对我们的产品**有更深的**了解。如果您愿意，我们可以先参观一下生产线。

Ⓑ ¡Perfecto! **¿La línea está totalmente automatizada?**

Ⓐ 是的，几乎每一道工艺都是由电脑控制的。这使得我们的**工作效率**大大地提高了，而**劳动强度**却降低了。

Ⓑ ¡Estupendo! ¿Cómo se controla la calidad?

Ⓐ 所有产品在出厂前必须要**经过严格的检查**。我们认为**质量是一个企业的灵魂**。因而，我们总是把质量放在第一位来考虑。

Ⓑ Bien. ¿Me permiten visitar la **sala de muestras?**

Ⓐ 当然可以。这边请。所有这些都是我们的**畅销产品**，**在国内外市场很受欢迎**。

Ⓑ **Se ve que están muy bien hechos de verdad. Me atrevo a decir que** sus productos tienen más ventajas **en comparación con su competencia.**

Ⓐ 就质量而言，可以说没有哪个厂家能和我们相比。

Ⓑ **Me ha impresionado mucho vuestra forma de hacer negocios** y **espero poder** establecer relaciones comerciales con vuestra empresa.

Ⓐ 我们也很有兴趣能与贵公司建立联系。如果您对任何细节有疑问的话，请随时和我们联系。

Ⓑ Muchas gracias y **espero que** esta visita **no les haya causado demasiada molestia.**

Ⓐ 哪里的话！一点都不麻烦。我们真诚地希望你们在这里过得愉快。

Ⓑ Muchas gracias. **Espero poder verlos pronto para hablar sobre negocios.**

❑ **Parte II:** Interpreta el siguiente discurso del chino al español:

所以就**物流领域**而言，中国的商机也是十分诱人的，因为中国加入世贸组织以后，**服务领域**出现了自由化趋势，它的发展意味着需要不断**提高生产效率**。这种看法的依据是，根据**香港贸易发展局**的判断，在中国**工业生产部门**，物流占用生产过程 90% 的时间和一般生产成本的 40%。

世界银行的一项研究认为，中国加入世贸组织，工业部门将**得益最多**。具体说来，是纺织部门，还有电子与冶金部门。这种**市场份额的增加**势必导致这些领域产品的出口增加。进出口企业就需要具有高竞争力的物流服务，使他们的产品能够尽可能有效地站稳市场。

今后五年，中国为了方便日益增加的贸易往来，非常重视港口建设，扩大基础设施，发展海运。其中有一个项目就是要建造一大批集装箱码头，分布在北方的大连、天津和青岛，还有深圳和广州，它们**都以香港为联系港**。

但是，**毫无疑问**，中国外贸的中枢神经、中国乃至国际范围内的海运中枢是**上海港**。上海正在推动**新的集装箱码头**建设，这个变化在**不远的将来**必将带来新的重大成就，就像最近十年**集装箱运输每年平均增长** 25% 以上一样。

❑ **Parte III:** Interpreta el siguiente discurso del español al chino:

Según fuente bien informada, las manzanas de Chile **volverán a competir con** las de EEUU y Canadá en el mercado panameño. **La dirección nacional de Cuarentena de Panamá levantó** hace dos semanas **la restricción** que había aplicado a las importaciones de manzanas procedentes de Chile desde junio del año pasado **por temor a** la **entrada al país de un insecto que ataca a la fruta en el país sureño.**

La **normalización del comercio de** manzanas y peras entre los dos países **se debe a** que los técnicos del Ministerio de Desarrollo Agropecuario de Panamá **realizaron una inspección en origen**, del 20 al 24 de febrero, en las **áreas de producción** de Chile. Los técnicos **no encontraron indicios de riesgo con** la expansión del insecto.

En la historia, Panamá ya **ha tenido varios casos de plagas** que han sido introducidas al territorio nacional **por falta de controles sanitarios en las importaciones**, como los casos de **la broca del café, el ácaro de arroz** y **la enfermedad de la mancha blanca** que **perjudicó** la producción de **camarón de estanque.**

En cuanto a las manzanas y peras, Estados Unidos y Canadá son los **dos principales países exportadores hacia** Panamá. Pero ahora como Chile ha vuelto a exportar manzanas a Panamá, **la competencia será mayor. Eso es bueno para** los consumidores panameños. **Podemos esperar** que **en un futuro cercano** Chile **vaya a superar la cifra que alcanzó en** 2004 que fueron las 15 mil toneladas.

Unidad 16   Industria y Agricultura

课文 D

❑ Parte I: Interpreta el siguiente diálogo alternativamente al español y al chino.

Ⓐ   ¡Buenos días, Sr. Sergio! **Bienvenido a nuestra fábrica.**

Ⓑ   早上好！自从去年我们在展会上见面以来，**我一直都盼望着来参观贵厂**。

Ⓐ   **Seguro que conocerá mejor** nuestros productos después de esta visita. Podríamos **empezar con la línea de producción** si usted quiere.

Ⓑ   太好了！你们的生产线是全自动的吗？

Ⓐ   Sí. **Casi todas los procesoss son controladas por ordenadores. Eso hace que** la **eficiencia del trabajo** se aumente considerablemente mientras que la **intensidad laboral** se reduzca.

Ⓑ   非常好！怎么控制质量的呢？

Ⓐ   Todos los productos deben **ser** estrictamente **examinados antes de** salir de la fábrica. Como consideramos que **la calidad es el alma de una empresa,** siempre **damos prioridad** a la calidad de los productos.

Ⓑ   很好！可以让我参观一下你们的**产品陈列室**吗？

Ⓐ   Cómo no. Por aquí por favor. Todos éstos son nuestros **productos de mejor venta. Están bien acogidos tanto en el mercado local como en el exterior.**

Ⓑ   看得出真地是制作精良！我敢说你们比竞争对手有优势。

Ⓐ   **En cuanto a** la calidad, podemos decir que nuestros productos **ganan a cualquier otro.**

Ⓑ   你们经营业务的方式给我留下了很深的印象。我真希望能与贵公司建立贸易关系。

Ⓐ   **Nosotros también tenemos gran interés en establecer contacto con vuestra compañía. Cualquier duda acerca de los detalles pónganse en contacto con nosotros.**

Ⓑ   非常感谢！我希望这次来参观**没有给你们增添太多麻烦**。

Ⓐ   **¡No me diga! Ninguna molestia. Esperamos sinceramente que tengan** ustedes una agradable estancia aquí.

B 多谢！希望我们不久便能再次见面，进行磋商。

❏ Parte II: Interpreta el siguiente discurso del español al chino:

Así mismo las oportunidades de negocio en China en cuanto al sector de la logística se refiere, también son muy atractivas dada la tendencia hacia la liberalización del **sector servicios** que está teniendo lugar tras la incorporación a la Organización Mundial del Comercio (OMC), y su desarrollo, **una necesidad para lograr una mayor eficiencia en la producción. Confirmación de este principio lo constituye el hecho,** según el **Hong Kong Development Council,** de que **la logística** en **el sector productivo industrial en China supone en tiempo el 90% del ciclo de producción** y un 40% de los costes generales de producción.

Un estudio del Banco Mundial, afirma que como resultado de su entrada en la OMC, el sector industrial **será el mayor beneficiario. En concreto** el sector textil, junto con el de la electrónica y el sector del metal. **Este aumento en la cuota de mercado se traducirá en** un aumento de las exportaciones de estos productos, y los cargadores importadores y exportadores **necesitarán proveedores de servicios logísticos altamente competitivos,** que **les permitan posicionar sus productos en el mercado de la forma más eficiente posible.**

Para los próximos 5 años, y **con el fin de facilitar los crecientes intercambios comerciales,** China **ha puesto un gran énfasis en la construcción de puertos y ampliación de infraestructuras** para desarrollar el transporte marítimo. **Uno de estos proyectos se centra en la construcción de numerosas terminales de contenedores,** distribuidas en los puertos del norte de China de Dalian, Tianjin y Qingdao, así como los puertos de Shenzhen, y Guangzhou, que **tendrán Hong Kong como puerto de enlace.**

Pero **sin lugar a dudas, el centro neurálgico del comercio exterior chino y del tráfico marítimo a nivel nacional e internacional, será el Puerto de Shanghái.**

Shanghái está impulsando la construcción de **nuevas terminales de contenedores**, transformaciones que sin duda aportarán éxitos tan importantes **en el futuro** próximo, como los obtenidos durante la última década **con un crecimiento medio anual del tráfico de contenedores superior al 25%**.

❏ Parte III: Interpreta el siguiente discurso del chino al español:

据消息灵通人士透露，智利苹果**将再次在**巴拿马市场与美国、加拿大**竞争**。**巴拿马国家检疫局**在两周前**取消了**自去年六月以来对智利苹果实施的**进口禁令**，当时是因为害怕困扰智利的一种虫子进入巴拿马。

两国苹果和梨**贸易的正常化是因为**巴拿马**农牧发展部**技术人员 2 月 20 日至 24 日在智利**产地进行了视察**。技术人员**没有发现该虫子有蔓延的危险迹象**。在历史上，巴拿马曾经有几次发生瘟疫都是因为**没有对进口产品进行检疫**而传入的。例如**咖啡蛀虫病**、**稻虱病**和影响池养对虾的**白癜病**等。

在苹果和梨方面，美国和加拿大是**向巴拿马出口的主要国家**。但是，现在智利恢复出口巴拿马，**竞争将会更加激烈**。这对于巴拿马的消费者是**大好事**。**我们可以期待在不久的将来**，智利**将超过** 2004 **年曾经达到的** 15 000 吨的出口数字。

Unidad 17

Educación
第 17 单元　教育机构

课文 A

❑ **Parte I:**　Interpreta el siguiente diálogo alternativamente al español y al chino.

Ⓐ　Como **estoy interesado en** investigar sobre la **historia prehispánica** de Colombia, **¿qué me puede aconsejar?**

Ⓑ　想要了解馆藏，你可以进我们的咨询室。

Ⓐ　**¿Para hacer uso de vuestros servicios necesito registrarme?**

Ⓑ　是的，确实如此，办理申请需要填写一张表格。

Ⓐ　**¿Cuántos días se necesita para tramitar un carné?**

Ⓑ　大约 10 个工作日。办证是免费的，将允许您进入我们的馆藏、咨询室等。

Ⓐ　**Para mi investigación necesito revisiones bibliográficas extensas,** ¿cuántos libros puedo **pedir en préstamo**?

Ⓑ　您可以在家里或者在办公室预定本馆图书 30 本。这项服务是专门针对研究人员、专业人士和教师的。

Ⓐ　**¿Eso quiere decir que puedo acceder a vuestros servicios a distancia?**

Ⓑ　是的，我们的网上虚拟服务是很可靠的，是由专业馆员接待的。

Ⓐ　Vale, voy a visitar vuestra **página web.**

Ⓑ　欢迎。如果你点击数字资源的搜索引擎，你将看到下列栏目：数字图书、网上展览、主题馆藏、镇馆之宝、音乐文献、礼堂租用等。

Ⓐ　**Fenomenal. Seré un buen cliente de ustedes.**

Ⓑ　如果你对本馆有什么疑问，也可以查阅我们的"常见问题"栏目或者致信本馆电子邮箱。

Ⓐ　Muchas gracias, **usted es muy ambale.**

Unidad 17 Educación

❑ **Parte II:** Interpreta el siguiente discurso del chino al español:

上海市少年宫是中国福利会的下属机构，精致优良的内部装潢是仿18世纪欧洲皇家建筑风格。如今，少年宫是孩子们参加课外活动的一片乐土，实在是孩子们的天堂。

少年宫里有许多专门为儿童设计的娱乐设施。根据儿童的不同兴趣爱好，还经常组织**各种社团活动**，以丰富孩子们的科学文化知识。

少年宫还为孩子们开设了**各种培训课程**，如合唱、民乐、钢琴、舞蹈、图画、手工、天文、**船模制作和电脑培训**等。在这里，孩子们能够**发挥所长**，获得名师指导，充分展示和发展他们各自的兴趣爱好。小小舞蹈家、钢琴家和计算机天才都是少年宫的常客。

过去的50**年中**，约有15万来自**国内外的游客**访问过上海市少年宫。同时，少年宫里有很多受过训练的儿童也出访过许多国家，**进行艺术、音乐和科学的交流**。

❑ **Parte III:** Interpreta el siguiente discurso del español al chino:

El Instituto de Perfeccionamiento de Lengua China de la **Universidad de Lengua y Cultura de Beijing será su mejor opción para aprender el chino y conocer la cultura china.** El instituto tiene unos 100 profesores, de los cuales hay más de 30 **catedráticos** y **profesores asociados** y más de 50 conferenciantes. Todos estos profesores **tienen ricas experiencias de enseñanza del chino como lengua extranjera y muy buenos resultados. Desde hace muchos años** ellos han sido **bien acogidos** entre los estudiantes extranjeros de todo el mundo. **Los manuales de la lengua china redactados por ellos** se usan ampliamente en los **centros de enseñanza del chino** de todo el mundo. Muchos de ellos **han sido contratados como profesores visitante de la lengua china** en las universidades extranjeras o de Hong Kong y Macao y **han sido siempre bien acogidos**.

El ambiente de enseñanza del instituto es muy bueno. Además de las aulas comunes también hay **laboratorios de idioma, aulas de multimedia y de computación,**

en las cuales usted puede oir y ver ricos y variables contenidos de estudio. El **edificio docente principal** le facilita **un ambiente tranquilo y cómodo** de estudio.

Las asignaturas variables del instituto pueden satisfacer las diferentes necesidades de todo tipo de estudiantes. Además de las **asignaturas obligatorias,** hay otras más de 40 **optativas.** Los estudiantes de diferentes niveles pueden escoger libremente, según su interés, entre los **cursos del nivel básico, intermedio y superior.** Al acabar el primer semestre, podrán seleccionar otras asignaturas, y después de un año de estudio y al **acumular el crédito estipulado,** los estudiantes pueden obtener el **certificado del nivel del chino correspondiente**.

课文 B

❏ **Parte I:** Interpreta el siguiente diálogo alternativamente al español y al chino.

Ⓐ 我很想研究西班牙人到达美洲之前的哥伦比亚历史。你能给我什么建议？

Ⓑ **Para tener acceso a** las colecciones puede ingresar a nuestras **salas de consulta.**

Ⓐ 使用你们的服务我需要注册吗？

Ⓑ Sí, efectivamente, **las solicitudes se realizan diligenciando el formulario.**

Ⓐ 办证需要多少天？

Ⓑ Unos diez **días hábiles. El carné** se expide **de manera gratuita** y **le dará acceso a nuestras colecciones, salas de consulta** etc..

Ⓐ 我的研究项目需要查阅很多的图书资料，请问我可以借多少本书？

Ⓑ **Usted puede reservar desde su casa u oficina hasta 30 volúmenes de** nuestra Biblioteca. Este servicio **está especialmente dirigido a investigadores,** profesionales y docentes.

Ⓐ 这是不是说我可以享受你们的远程服务了？

Ⓑ Sí, nuestros **servicios virtuales** son muy seguros y **atendidos por funcionarios especializados.**

Ⓐ 好的，我将访问你们的网页。

Ⓑ Bienvenido. Si **hace usted clic en** el **buscador de recursos digitales** puede encontrar secciones como: libros digitales; exposiciones virtuales; **colecciones temáticas; tesoros de la biblioteca; documentación musical; alquiler de auditorios para eventos,** etc.

Ⓐ 太棒了。我一定会成为你们的好顾客。

Ⓑ Si **tiene alguna pregunta sobre** la Biblioteca, **también puede consultar nuestra sección de preguntas frecuentes** o escribirnos al correo electrónico de la biblioteca.

Ⓐ 非常感谢，您真好。

❑ **Parte II:** Interpreta el siguiente discurso del español al chino:

El Palacio Municipal de la Adolescencia de Shanghái es una subsidiaria de China. Welfare Society(Societad de Bienestar de China)Sus delicadas **decoraciones interiores son imitaciones del estilo de las familias reales de Europa en el siglo XVIII. En la actualidad el palacio es un lugar placentero para los niños donde pueden realizar las actividades extraescolares,** es realmente un **paraíso** para ellos.

En el palacio hay muchas **instalaciones de recreo especialmente diseñadas para los niños.** También se organizan, **según los intereses de los niños, todo tipo de actividades de club** para enriquecer sus **conocimientos científicos y culturales.**

Además **se ofrece cursos de capacitación,** entre los cuales están el del coro, de la música tradicional, de piano, de danza, de pintura, de artesanía, de astronomía, **de montaje de modelos de barco y de informática.** Así que en el palacio los niños pueden **desplegar su inteligencia** y adquirir instrucciones de profesores **prestigiosos.** Aquí ellos pueden **mostrar y desarrollar plenamente sus aficiones y hobbies. Los pequeños talentos de bailarines, de pianistas y de especialistas de la informática son los que frecuentan el palacio.**

Alrededor de 150.000 **turistas chinos y extranjeros** han visitado el palacio **durante los últimos 50 años.** Paralelamente, muchos de **los niños que habían recibido entrenamiento** en el palacio han viajado al extranjero para **programas de intercambio cultural en el arte, la música y la ciencia.**

❑ **Parte III:** Interpreta el siguiente discurso del chino al español:

北京语言大学汉语进修学院将是你学习中国语言，了解中国文化的**最佳选择**。汉语进修学院有近百名教师，其中**教授**、**副教授**30余人，讲师50余人。他们具有丰富的对外汉语教学经验，教学效果良好。多年来，深受世界各国留学生的**欢迎**。他们编写的汉语教材已经在世界各地的汉语教学机构中广泛使用。很多教师还**应聘**在国外及港澳地区的大学**担任客座汉语教师**，受到普遍的欢迎。

汉语进修学院有良好的**教学环境**，除普通教室外，还有**语音教室**、**多媒体教室**、**计算机教室**，这里你能清楚地听到和看到丰富多彩的教学内容。**综合教学楼**为你营造了一个**安静舒适**的学习环境。

汉语进修学院的**课程丰富多样**，可以满足各种学生的不同需求。除**必修课**外，还设置40多种**选修课**，不同水平的学生可以根据自己的兴趣在**初级**、**中级**、**高级**课程中**任意选课**。完成一学期的学习后，可以重新选课；完成一学年的学习并**获得规定的学分**后，还可获得**相应等级的汉语进修证书**。

课文 C

❏ **Parte I:** Interpreta el siguiente diálogo alternativamente al español y al chino.

Ⓐ Buenos días. ¿Ésta es la **Oficina de Estudiantes Extranjeros?** Somos nuevos estudiantes de los EEUU.

Ⓑ 早上好！你们是罗德里格斯夫妇吗？我叫小红，**由我负责**带你们参观校园。

Ⓐ Muchas gracias. Es realmente muy grande este campus. **Me demoró 15 minutos venir desde el portón. ¿Cuántas hectáreas tiene este campus?**

Ⓑ 学校拥有 69 公顷土地。比我们在市区的校园要大很多。

Ⓐ Hay tantos edificios en el campus. ¿Nos podrías decir **qué es aquél azul que se encuentra enfrente de la calle**?

Ⓑ 那座蓝色大楼吗？那是**教学主楼**，那里有好几个**语言实验室，配有最先进的音响设备**。

Ⓐ ¿Cuántos **salas audiovisuales** hay?

Ⓑ 八个，每个都拥有三十个**配备很好录音、放音设备的位子**。

Ⓐ **Eso nos ayudará mucho en elevar nuestro nivel de comprensión y expresión oral del idioma chino.**

Ⓑ 毫无疑问。

Ⓐ ¿Cuántos estudiantes hay en esta escuela? Y ¿cuántos son **estudiantes internacionales?**

Ⓑ 我们有 8000 名左右学生，其中 1200 名是**来自世界各地的留学生**。

Ⓐ **¡Estupendo! Merece la fama de una universidad prestigiosa del mundo.** Xiao Hong, ¿dónde está la biblioteca de la universidad?

Ⓑ 请看那边红楼的后面！看到那座**中国式屋顶**的大楼了吗？那就是大学图书馆。

Ⓐ La biblioteca es muy importante para nosotros. **Supongo que** pasaremos mucho tiempo allí **durante nuestra estadía en la universidad.**

Ⓑ 我也有同感。请再往那边看！那是我们的**信息中心**，那里**给学生提供各种互联网的便利**。

Ⓐ　¡Fabuloso! En el mundo de hoy, ya nadie puede separarse del ordenador e internet.

Ⓑ　确实如此。这是我们的研究中心，这里有两个研究所，一个是经济研究所，另一个是外语教学研究所。

Ⓐ　¡El tiempo pasa volando! Ya es hora de almuerzo. Muchas gracias por habernos acompañado a recorrer el campus.

Ⓑ　这是我的荣幸。

❑ Parte II:　Interpreta el siguiente discurso del chino al español:

　　随着中国加入世界贸易组织，改革开放的步伐进一步加快，国家的经济发展取得了举世瞩目的成就。越来越多的海外学者，学生以及商界人士渴望更多了解这个亚洲大国。为此，我校的中国文化中心本着推动中外交往，增进双方理解的原则，为各国学生开设了多种类型的中国商务与文化研究课程。目前，这些课程致力于介绍中国政治、经济、文化等各方面的情况，内容丰富，是了解中国的极好途径。此外，该中心还提供短期汉语强化课程。

　　中心所有的课程均由国家著名大学的资深教授执教，其中相当一部分教师都曾经留学海外，他们拥有十分丰富的相关教学经验。自中心开设这些课程以来，受到广大学生的欢迎。考虑到学生的各种不同情况，中心不断地根据学生的意见和建议增设新的课程，补充和完善已有的教学内容。只有这样才能满足学生们强烈的求知欲望，并保证更好的教学质量。

❑ Parte III:　Interpreta el siguiente discurso del español al chino:

El Máster en UE-CHINA Cultura y Dirección de Empresa es el primer máster de esta índole en el mundo empresarial enfocada en la cultura empresarial de UE y China. Este curso de dos años de duración tiene como objetivo formar especialistas, académicos y ejecutivos que puedan **integrarse directamente en el mercado laboral** en UE y China (incluidos Taiwán, Hongkong y Macao), **en terrenos empresariales, institucionales y no gubernamentales o en actividades de investigación en aspectos de administración empresarial, estudios interculturales en**

el contexto de diálogo oriente y occidente; **entender y dominar mejor la dirección de empresas** mediante el estudio intercultural **facilitando la comunicación en el mundo empresarial** europeo y chino.

Después de haber cursado satisfactoriamente todas las asignaturas del programa y **superar los exámenes de los 60 créditos del primer curso y presentar la tesina que corresponde a los 30 créditos del segundo curso, los alumnos van a obtener este título del máster de la Universidad Autónoma de Barcelona.**

Para acceder a este curso del Máster, es indispensable tener un título universitario que acredita el **conocimiento relacionado al mundo cultural, económico y empresarial** de la UE y China. **Si es un título extranjero, es indipensable traducirlo al español y legalizarlo en el consulado de España acreditado en su país. Se ofrecen veinte plazas para cada curso con cinco plazas de reserva. Se seleccionará a los candidatos que cumplan mejor los requisitos.**

课文 D

☐ **Parte I:** Interpreta el siguiente diálogo alternativamente al español y al chino.

Ⓐ 早上好，这是**留学生办公室**吗？我们是美国来的新同学。

Ⓑ Buenos días. ¿Son Uds. los señores Rodriguez? Me llamo Xiaohong y me **encargo de** acompañarles a conocer el campus.

Ⓐ 非常感谢。这个校区真大。**我从校门到这里走了 15 分钟**。这个校区有多少公顷？

Ⓑ **Este campus tiene 69 hectáreas y es mucho mayor que el recinto que tenemos en la ciudad.**

Ⓐ 校区的大楼这么多。你能告诉我马路对面那座蓝色的大楼是什么楼吗？

Ⓑ ¿Aquél azul? Es el **edificio principal docente** donde se instalaron varios **laboratorios de idioma equipados con sistemas acústicos más avanzados**.

Ⓐ 视听实验室有几间？

Ⓑ Ocho. Cada uno cuenta con 30 **asientos bien equipados para grabar y reproducir sonido.**

Ⓐ 这对提高我们的汉语听说能力会很有帮助。

Ⓑ **Sin duda alguna.**

Ⓐ 这个学校有多少学生？有多少是**留学生**？

Ⓑ Tenemos unos 8000 alumnos. Entre ellos 1200 son **estudiantes provenientes de todo el mundo.**

Ⓐ 太好了！真不愧为国际著名大学。小红，图书馆在哪里？

Ⓑ Miren ahí detrás del edificio rojo. ¿Han visto aquel edificio **con un techo de estilo chino**? Ésa es la biblioteca de la universidad.

Ⓐ 图书馆对我们来说太重要了。**我想在校期间我们会在那里度过很多时光。**

Ⓑ **También lo creo.** Miren más allá. Ése es nuestro **Centro Informático** donde **se ofrece todas las facilidades de** internet para los estudiantes.

Ⓐ 太棒了！今天这个世界已经谁也离不开电脑和英特网了！

B **Exactamente.** Éste es nuestro **Centro de Investigación** donde se encuentran dos institutos: uno de estudios económicos y otro de enseñanza de idiomas extranjeros.

A 时间过得好快！已到了午饭的时间了。谢谢你带领我们参观校园。

B **Es un placer para mí.**

❑ **Parte II:**   Interpreta el siguiente discurso del español al chino:

Con el acceso de China a la OMC (Organización Mundial de Comercio), se han acelerado los pasos de **la reforma y abertura** y se han logrado **éxitos espectaculares** en el desarrollo económico del país. **Un creciente número de intelectuales, estudiantes y comerciantes de ultramar ansían por conocer más de** este gigante asiático. **Por lo tanto y de acuerdo con los principios de promover el intercambio y fomentar el entendimiento entre ambas partes,** el Centro de Estudios de la Cultura China de nuestra universidad ofrece a los alumnos internacionales diversos **cursos sobre los temas de Negocios en China y Estudios Culturales.** Actualmente, estos cursos **se dedican a** presentar la situación de China en los aspectos político, económico y cultural, etc. **Tienen un contenido bien rico** y constituyen una forma excelente para conocer China. Además, el centro también ofrece **cursos del Chino intensivos de corto plazo**.

Todos los cursos son dictados por profesores acreditados de universidades conocidas del país. Muchos de ellos **han realizado sus estudios fuera del país**; además **tienen mucha experiencia docente en el tema relacionado**. Desde el mismo inicio del Centro, **los cursos han sido bien acogidos por los alumnos.** Teniendo en cuenta la diversidad de los alumnos, el Centro ha venido agregando **nuevos cursos** según opiniones y sugerencias de los alumnos para **completar y perfeccionar el contenido existente.** Sólo así, se podrá **satisfacer las ansias del saber de los alumnos y asegurar una calidad mejor de la enseñanza.**

❏ Parte III: Interpreta el siguiente discurso del chino al español:

欧—中文化与工商管理硕士是企业界第一个聚焦欧盟与中国企业文化的硕士学位课程。这个两年制的课程旨在培养专家、学者和管理人员，他们能够直接进入欧盟和中国（包括台湾、香港和澳门）的**劳务市场**，进入企业界、政府部门和非政府部门或者从事有关**企业管理**、东西方对话背景下的**跨文化研究**等活动。他们通过跨文化研究能够更好地**理解并掌握企业管理**工作，在欧中企业界**能够**更好地进行交流。

如果学生顺利修完该计划的各门课程并且通过第一学年 60 学分的考试，完成第二学年 30 学分的毕业论文，将获得由巴塞罗那自治大学颁发的硕士学位文凭。

报考该硕士课程者必须拥有能够证明其具有与欧盟和中国的文化、经济和企业相关知识的大学文凭。如果是外国文凭则需要译成西班牙文并且得到西班牙驻在国领事馆的认证。每个班提供 20 个名额，附加 5 个保留名额，将在报考者中择优录取。

Unidad 18

Centro Cultural
第 18 单元　文化场所

课文 A

❏ **Parte I:** Interpreta el siguiente diálogo alternativamente al español y al chino.

Ⓐ 你好！欢迎大家来到**上海博物馆**！我是**义务讲解员**。

Ⓑ Gracias. ¿Nos podrías **hacer una presentación general sobre** el museo?

Ⓐ 当然！上海博物馆坐落于市中心黄埔区的人民广场，主要展出中国古代艺术，是中国最大的、**参观人数最多**的博物馆之一，是**本地一位设计师的作品**。

Ⓑ Hemos notado al entrar en el museo que el edificio **tiene un estilo singular**, o sea, **tiene un techo circular que cubre una base cuadrada**, ¿por qué se diseñó así?

Ⓐ 上圆下方的造型象征着中国人传统的天圆地方的观念。

Ⓑ **¡Qué curioso! Con razón nos parecía** desde lejos **una pieza antigua de bronce de China.**

Ⓐ 确实如此。圆圆的顶再加上拱门上侧的弧形使博物馆宛如一件青铜器。

Ⓑ ¿Cuántas **salas de exhibición** hay en el museo?

Ⓐ 博物馆高约 30 米，分 6 大展区，拥有 12 个专题艺术展。

Ⓑ ¿Cuáles son las **galerías temáticas** de ahora? ¿Cuántas piezas tiene la **colección** del museo?

Ⓐ 目前的 12 个专题展览以青铜器、陶瓷、书法、绘画等古代珍宝为主，其次是钱币、玉石、雕塑、印章、明清家具以及少数民族工艺品的展览。馆藏目前超过 12 万件。

Ⓑ **¡Tan fabulosa colección!** ¿Cuánto tiempo se necesitaría para visitar todo?

Ⓐ 要一天内全部参观完几乎是不可能的，所以，最好是选择您最感兴趣的展览。博

物馆丰富的藏品和现代化的设施，使它成为中国最佳博物馆之一。

B **Muchas gracias por su amable presentación. Estamos seguros de que encontraremos muchas obras que nos impactarán por su belleza durante el recorrido por el museo.**

❏ Parte II: Interpreta el siguiente discurso del chino al español:

位于上海兴业路的"新天地（意思是新世界）"，是一个有6万平方米的改建改造项目。现在这里是一个休闲区，一个充满上海历史痕迹的新景点。

过去，这里是老居民区。经过改造以后，上海古老的石库门建筑（传统上海民居）与现代新建筑相结合，转变成一个被称作"石库门新天地"的**新居民区**。它吸引了来自数十个国家和地区的98家房客，其中有半数从事餐饮业。新天地把历史特色、文化题材、饭店酒吧、时尚休闲、娱乐居住结合起来，使历史的和现代的，东方文化和西方文化融为一体。

新天地的旁边是一个拥有44000平方米**绿地**的公园。这里，游客们可以**沿着**市中心区最大的**人工湖**散步，**呼吸**新鲜的空气，**欣赏**美丽的风景。毫无疑问，新天地以其巨大的魅力，已经变成中外游客感受上海城市历史，同时**体验现代生活的理想之地**。如今，**几乎没有人会**不去看一下新天地这个**迷人大都市**上海的**新地标**就离开。

❏ Parte III: Interpreta el siguiente discurso del español al chino:

Chichén Itzá fue fundada a inicios del siglo VI d.C. **por la presencia de numerosas peregrinaciones al gran Cenote Sagrado,** donde **se ofrecían sacrificios al dios de la lluvia Chac,** y abandonada hacia el año 670. Reconstruida **unos trescientos años más tarde,** cuando los itzaes regresaron a la región, **se convirtió en** la ciudad más importante de todo el norte de Yucatán y en el centro de la cultura maya. **En torno al año 1200** la ciudad fue conquistada por los toltecas, invasores procedentes del norte de México, **quienes promovieron su desarrollo aún más.** Fue abandonada otra vez un siglo antes de la llegada de los españoles.

El Castillo de Chichén Itzá (se llama también Pirámide o Templo de Kukulcán) es el más famoso en la cultura maya y constituyó el centro político y económico de la **civilización maya.** Sus distintas estructuras, **el templo de Chac Mol,** el **Grupo de las Mil Columnas** y el **Gran Juego de Pelota aún se pueden visitar en la actualidad** y demuestran un gran compromiso por la composición y el espacio arquitectónico. **La propia pirámide** fue el último, y **probablemente** el mejor, de todos los templos mayas. **Las principales ruinas de Chichén Itzá** ocupan unos 3 km^2 de superficie. El tipo generalizado de construcción **consiste en una plataforma piramidal** a la que se asciende por amplias escaleras. Las paredes **están cubiertas con relieves, inscripciones jeroglíficas o pinturas.**

Unidad 18 Centro Cultural

课文 B

❑ **Parte I:** Interpreta el siguiente diálogo alternativamente al español y al chino.

Ⓐ ¡Buenos días! ¡Bienvenidos al **Museo de Shanghái**! Soy guía voluntario.

Ⓑ 谢谢！您能给我们**做个大概介绍**吗？

Ⓐ ¡Claro! Este museo **se encuentra en la Plaza del Pueblo**, en **el distrito céntrico de Huangpu**. Está dedicado principalmente al arte chino antiguo. Es uno de los mayores y **más concurridos museos** de China. Este museo **fue diseñado por un arquitecto local**.

Ⓑ 我们进馆的时候已经注意到博物馆的建筑**造型很特别**，也就是说是**圆拱顶覆盖方形基座**，为什么这样设计呢？

Ⓐ **Sus fachadas circulares por arriba y cuadriláteras por abajo simbolizan el tradicional concepto chino de que "el cielo es redondo y la tierra cuadrada".**

Ⓑ 真有趣！难怪我们远远望去觉得像中国的古青铜器。

Ⓐ **Efectivamente, el techo circular más la curvatura superior de las puertas arqueadas** le hacen a todo el edificio como **una pieza de bronce de la antigua China.**

Ⓑ 这个博物馆有多少**展厅**呢？

Ⓐ El museo **mide casi treinta metros de alto** y está dividido en 6 **recintos** con 12 **galerías temáticas.**

Ⓑ 目前有哪些**专题展览？**总共有多少件**馆藏**呢？

Ⓐ **Entre las 12 galerías temáticas actuales se destacan en primer lugar la preciosidad de las antigüedades como los trípodes de bronce, la cerámica y porcelana, la caligrafía y pintura tradicional etc. En segundo lugar,** son galerías de las monedas, las piezas de jade, las esculturas, los sellos, **los muebles de las dinastías Ming y Qing y la artesanía de las etnias nacionales.** La colección del museo supera a 120.000 piezas.

Ⓑ 这么多馆藏！那么参观完需要多长时间呢？

Ⓐ Es casi imposible recorrerlo todo en un solo día, por eso sería mejor seleccionar las exposiciones que le interesen más. Las ricas colecciones y modernas instalaciones **le han hecho uno de los mejores museos de** China.

Ⓑ 谢谢您的周到介绍。我们在参观的过程中肯定会碰到许多令我们感到美不胜收的作品的。

❏ **Parte II:** Interpreta el siguiente discurso del español al chino:

Situado en la calle Xingye de Shanghái, *Xintiandi* **(Nuevo Mundo) es un proyecto de remodelación de 60 mil metros.** Ahora es **un área de ocio** y **se distingue como una nueva atracción llena de huellas históricas de** la Ciudad.

Antes era un **antiguo barrio residencial. Tras** las **obras de rehabilitación, las obsoletas casas Shikumen (Vivienda tradicional de Shanghái) se incorporan con las nuevas edificaciones modernas, transfigurándose en un nuevo barrio residencial** llamado "*Xintiandi de Shikumen*" que ha atraído a 98 **inquilinos** de decenas de países y regiones, entre los cuales **la mitad se dedican a restaurantes.** *Xintiandi* **ha integrado los rasgos históricos, temas culturales, restaurantes y bares, moda y ocio, entretenimientos y residencias, armonizando lo histórico con lo moderno y la cultura oriental con la occidental.**

Al lado de *Xintiandi* se encuentra **un parque con un área verde de** unos 44,000 metros cuadrados. Ahí los visitantes pueden **pasear a la orilla del lago artificial** mayor en el centro de la ciudad **respirando el aire fresco y contemplando los lindos paisajes.** Con sus **enormes encantos,** *Xintiandi* **se ha convertido**, sin duda alguna, **en un lugar ideal para** los turistas chinos y extranjeros que quieren percibir la historia de esta ciudad y **experimentar al mismo tiempo** su vida moderna. Ahora **casi nadie puede irse sin visitar** *Xintiandi*, este **nuevo emblema de la fascinante metrópoli** Shanghái.

❏ **Parte III:** Interpreta el siguiente discurso del chino al español:

奇琴伊查城建于公元六世纪初，当时因为有许多人要朝拜大圣池，需要在这里**祭祀雨神恰克**而建造。**大约公元** 670 年被遗弃。300 年左右以后，奇琴伊查人回到这个地区后进行重建，**变成尤卡坦北部地区最重要的城市**、**玛雅文化的中心**。大约在 1200 年前后，该城被来自墨西哥北部的入侵者托尔特加人夺取，**他们推动了该城的进一步发展**。在西班牙人到达前一个世纪，这里又一次被遗弃。

奇琴伊查城堡（亦称库库尔坎金字塔或神庙）是玛雅文化中最著名的**城堡**，也曾是**玛雅文明**的政治和经济中心。它的多种建筑结构、**恰克神庙**、**千柱林**和**古球场**至今还可以参观，表现出建筑构造和空间的巨大功能。该金字塔**本身**则是玛雅众多寺庙中的最后一座，**也许是最好的一座**。**奇琴伊查城的主要遗址**占地 3 平方公里。比较普遍的建筑类型是**金字塔式平台**，通过宽敞的台阶可抵达。**石壁上都是浮雕、象形文字和图画**。

课文 C

❑ **Parte I:** Interpreta el siguiente diálogo alternativamente al español y al chino.

Ⓐ 今天晚上**逸夫舞台**有一台**京剧表演**，咱们一起去怎么样？

Ⓑ Estupendo. Me gustaría **conocer de cerca este arte tradicional chino después de haber oído de él por tanto tiempo.**

Ⓐ 难道你以没看过类似的演出？

Ⓑ No. **Sólo tengo algunas ideas sobre ésta a través de periódicos o internet pero nunca la he visto con mis propios ojos.** ¿Cómo se llama la ópera?

Ⓐ 是《红灯记》。这个故事是**我的最爱之一**，我相信精彩的内容和**独特的唱腔**会让你着迷的。

Ⓑ ¿De veras? Pero **según dicen** la Ópera de Beijing es **bien dificil de entender para** los extranjeros.

Ⓐ 没关系，我会解释给你听的。

Ⓑ Gracias. Además probablemente podré **adivinar los significados por el lenguaje corporal de los actores.**

Ⓐ 对啊！而且这个剧团在中国很有名，表演十分精彩，常常买不到票。

Ⓑ **¡Suena interesante! Quizá me sea una buena oportunidad para conocer mejor la cultura china.**

Ⓐ 可不是呗！反正我们也不是专家，好好地欣赏演出**就行了**。

Ⓑ **¿A qué hora** empieza la función?

Ⓐ 七点钟。我是好不容易才搞到票的。

Ⓑ Muchas gracias. Entonces vayamos ahora mismo.

Ⓐ 好的，咱们再带一个**望远镜**，让我们好好地感受感受京剧的魅力。

Ⓑ ¡Vale! **Ya me impaciento por verla.**

❏ **Parte II:** Interpreta el siguiente discurso del chino al español:

欢迎光临上海大剧院。本大剧院位于人民广场的西北部，总建筑面积约为 70000 平方米，共有八层。上海大剧院不同寻常的独特设计融合了中西方文化的特色。白色的弧形屋顶和透亮的玻璃外墙形成了一个水晶宫，具有不可抗拒的魅力。

上海大剧院由三个大小不同的剧场组成，另外还有一个文化展示厅，一个餐馆，一个咖啡馆和一个巨大的地下停车库。上海大剧院的大堂高达 22.35 米，面积约 2000 平方米。在大堂正前方是旅美画家丁绍光先生献给大剧院的名为《艺术女神》的巨幅壁画。

上海大剧院的主剧场可以容纳 1800 名观众，有三层观众席和六个包厢。拥有 1700 平方米的世界最大可控舞台由四个部分组成，每个部分均可以全方位移动。无论是芭蕾、交响乐、歌剧、京剧还是话剧，您在上海大剧院都能欣赏到一流的表演。欢迎你们前来上海大剧院感受艺术的魅力。

❏ **Parte III:** Interpreta el siguiente discurso del español al chino:

Madrid es una ciudad cosmopolita que ofrece multitud de barrios comerciales, zonas verdes y **espacios de ocio, donde la programación cultural da cabida a las más diversas manifestaciones artísticas. El Museo del Prado, el Thyssen-Bornemisza y el Museo Nacional Centro de Arte Reina Sofía,** junto con el **Museo Arqueológico Nacional son algunas de las visitas obligadas.**

Madrid posee **barrios antiguos como el de los Austrias (Habsburgo) y el de los Borbones,** por donde **el visitante puede pasear relajadamente y detenerse en multitud de monumentos.** La población madrileña de San Lorenzo del Escorial surgió alrededor del **Monasterio de El Escorial. Este bello conjunto histórico, artístico y arquitectónico, declarado Patrimonio de la Humanidad por la UNESCO, fue mandado construir por** Felipe II en el siglo XVI para conmemorar la Batalla de San Quintín. **Poco a poco se fue consolidando un trazado urbano a su alrededor,** ya que los aristócratas y burgueses de la capital **levantaron aquí sus residencias de verano. Se trata,** en definitiva, **de una elegante población**

de rico patrimonio monumental rodeada de montañas y bosques.

El Real Monasterio posee una complicada estructura diseñada por Juan Bautista de Toledo y **llevada a cabo por** Juan de Herrera. **La simplicidad de sus líneas concentra toda la atención en la armonía de patios, fuentes, claustros y torres.** Más de 4.000 habitaciones **se distribuyen entre las áreas principales.**

课文 D

❑ **Parte I:** Interpreta el siguiente diálogo alternativamente al español y al chino.

Ⓐ Habrá una función **de la ópera de Pekín** esta noche en el **Teatro Yifu.** ¿Vamos juntos?

Ⓑ 太好了！京剧这种**中国传统艺术我很久以前就听说过了**，我很想近距离了解它。

Ⓐ ¿**Acaso nunca has visto** semejante función antes?

Ⓑ 没有。我只是通过报纸和网络对京剧略有一些了解，但是我从没亲眼看到过。剧名叫什么？

Ⓐ Es *Linterna Roja*. Esta historia **es una de mis favoritas. Estoy seguro de que te encantarán** el interesante contenido y **la vocalización peculiar de la ópera.**

Ⓑ 是吗？但**听说**京剧对外国人来**说很不容易看懂**。

Ⓐ Tranquilo, ya te la explicaré.

Ⓑ 谢谢你。另外，或许我也可以**从演员的肢体语言中猜**到故事的大意。

Ⓐ Exactamente. **Además este conjunto de óperas de Pekín es muy conocido nacionalmente. Su actuación es espectacular** y muchas veces **es bien difícil conseguir el billete.**

Ⓑ 听上去很有意思！也许这是我更好地了解中国文化的好机会。

Ⓐ **Tienes razón. Bastaría con** disfrutar la actuación ya que tampoco somos expertos.

Ⓑ 演出几点开始？

Ⓐ A las siete. **No me fue nada fácil conseguir las entradas.**

Ⓑ 太谢谢你了。那咱们现在就去吧。

Ⓐ De acuerdo. Vamos a **llevar un binóculo para disfrutar bien el encanto de la ópera de Pekín.**

Ⓑ 好的！我已经迫不及待地想看这场表演了。

❑ **Parte II:** Interpreta el siguiente discurso del español al chino:

Bienvenidos al Gran Teatro de Shanghái. Este teatro **está ubicado en** el noroeste de la Plaza de Pueblo. Tiene 8 pisos con **una superficie contruída de** 70,000 m² en total. **El diseño peculiar ha fusionado los embelesos culturales chinos y occidentales. Su arqueado tejado blanco y sus refulgentes paredes de vidrio le han hecho un palacio cristalino con un irrechazable encanto.**

Esta construcción **está compuesta de 3 teatros de diferente capacidad.** Además cuenta con **una sala de exhibición cultural,** un restaurante, una cafetería y un gran **aparcamiento subterráneo. El vestíbulo principal es de 22,35 metros de altura** y 2,000 m² **de superficie. El mural al fresco "Musa del Arte" está en la pared del fondo.** Es una obra obsequiada por el Sr. Ding Shaoguang, **un conocido artista chino residente en EEUU.**

El auditorio principal tiene una capacidad de 1,800 espectadores que **se distribuyen en 3 pisos** y 6 **palcos. El escenario controlable** es el mayor del mundo con 1,700 metros cuadrados y **está compuesto de 4 secciones** totalmente **movibles en todas las direcciones. Usted puede disfrutar de todo tipo de actuaciones de primera categoría, sea de ballet, sinfonía, ópera occidental, ópera de Pekín o sea de drama. ¡Que vengan a disfrutar del encanto del arte** en el Gran Teatro de Shanghái!

❑ **Parte III:** Interpreta el siguiente discurso del chino al español:

马德里是一座大都市，这里商场、绿地和休闲娱乐场所星罗棋布，文化活动天地广阔，内容极其丰富多彩。布拉多博物馆（Museo del Prado）、波内米萨博物馆（Thyssen-Bornemisza）、索菲亚王后国家艺术中心博物馆（Museo Nacional Centro de Arte Reina Sofía），以及国家考古博物馆等都是游客必到之地。

马德里拥有**哈布斯堡王朝**（Habsburgo）和**波旁王朝**（Borbones）时期的**老城区**，这里，游客可以悠然自得地在纵横交错的古迹中漫步、驻足。马德里的圣罗伦索·德·埃斯科里亚尔镇（El Escorial）就是围绕着**埃斯科里亚尔寺院**涌现出来的。**这座融合了历史、艺术与建筑的美丽建筑，被联合国教科文组织认定为人类遗产**，它是十六世纪国王菲利普二世为纪念圣奎廷战役（Batalla de San Quintín）而下令兴建的。**慢慢地，在寺院的周围逐渐勾画出城市化的模样**，因为首都马德里的贵族老爷和资本家们在其周围**建造了自己的消夏寓所**。总之，**这是一个被群山和森林环抱的雅致的、拥有丰富文物古迹的城镇**。

  这座**皇家寺院**（Real Monasterio）**结构复杂**，是由托莱多的胡安·巴乌蒂斯塔设计，**由**胡安·德埃雷拉**完成建造的**。建筑线条十分简洁，设计师把注意力都集中到了庭院、喷泉、围廊和塔楼的和谐之美。寺院共有 4000 多个房间，**分布在各个主体部分**。

Parte IV   Ocio y Diversión
第四部分   休闲娱乐

Unidad 19

Turismo Urbano
第19单元 都市旅游

课文 A

❑ **Parte I:** Interpreta el siguiente diálogo alternativamente al español y al chino.

Ⓐ Ya estamos en la Plaza del Pueblo. Es la mayor plaza de Shanghái.

Ⓑ 哇，这么大哟！瞧，到处都是人。

Ⓐ Claro. La Plaza del Pueblo es el **sitio más concurrido** de Shanghái. **Es un nudo de tres líneas del Metro.**

Ⓑ 是吗？这个广场有多大？广场已经有很长的历史了吗？

Ⓐ La plaza tiene ahora unos 140 mil m². **Antes era una parte del Hipódromo de Shanghái.** En 1951, el Gobierno Popular de Shanghái **transformó** el hipódromo en un parque y una plaza. En 1994 **se hizo otra remodelación general de la plaza.**

Ⓑ 这个广场非常美。

Ⓐ Sí, efectivamente, hay varias **edificaciones emblemáticas de Shanghái**. Mira, en el centro está el **Ayuntamiento,** a su izquierda, el **Gran Teatro** y a su derecha, la **Exhibición de la Planificación Urbana.**

Ⓑ 那边那座上面圆下方，非常具有中国特色的建筑是什么？

Ⓐ ¿Aquél? Es el **Museo de Shanghái**. En él hay **muchos tesoros de la más selecta cultura china.** Es muy interesante que este diseño **corresponde al concepto tradicional chino de que "el cielo es redondo y la tierra, cuadrada"**. La construcción **tiene la forma de una pieza de bronce de la antigua China.**

Ⓑ 那太好了！我很喜欢博物馆。我们现在能去参观吗？

Ⓐ **Por supuesto.** Pero se necesita **por lo menos** un día completo **para dar un vistazo.**

B 真的吗？这个博物馆里有什么？

A El museo **está dividido en 6 recintos** con 12 exposiciones temáticas, en las cuales se exhiben los **preciosos objetos de origen remoto de bronce, cerámica, porcelana, caligrafía, pintura, piezas de jade, escultura y las artesanías de las etnias nacionales.**

B 很好。那我们**就改天吧**。我要留出足够的时间跟我的夫人一起参观。

A Buena idea. **Vale la pena visitarlo con calma,** porque es uno de los mejores museos de China **por sus ricas colecciones y modernas instalaciones.**

B 太好了。上海大剧院有什么**演出**？

A **No me he fijado estos días,** pero allí se ponen frecuentemente los **espectáculos de mejor calidad** de diversos países.

B 看来人民广场还是上海的**艺术中心**呀。

❏ **Parte II:** Interpreta el siguiente discurso del chino al español:

　　外滩是上海最著名的城市名片，它一直是上海的标志性形象。这条上海**母亲河黄浦江**边的大道举世闻名，因为它与中国的现代历史密切相关。外滩起自百年古桥外白渡桥，终于金陵东路。这里有二十多座**不同风格**的非凡建筑，构成一个著名的"世界建筑博物馆"。

　　这些建筑中**尤其突出的**当属建于二十世纪初的和平饭店。饭店**拥有两座欧式建筑**。南楼原来叫和平宫，是意大利文艺复兴时期建筑的翻版，而北楼则是英国风格的哈逊大厦。饭店拥有400多个**新改造的客房**，其中装饰一新的中式、英式、法式、意式、德式和印度式的**套房无比地富丽堂皇**。饭店还有一个特色，在那里，晚上可以聆听到传统爵士乐的现场演奏。

　　海关大楼以其钟楼而著名。海关大楼的附近有多家国际知名银行。**从外滩可以一览游艇荡漾的黄浦江美景**，又可以饱览东方明珠、金茂大厦、环球国际金融中心和上海中心的倩影。所有这些建筑都位于浦东陆家嘴地区，它是**这座创新之城高速发展的象征**。回头看去，**可以统览那些楼宇**，让你回顾旧上海的历史和光辉。**上海的活力还可以从夜晚琳琅满目的耀眼彩灯中看到**。这是昨天、今天和明天的对比。人们喜欢漫步在外滩，享受着这种独特的对比。

❏ **Parte III:** Interpreta el siguiente discurso del español al chino:

Tras el éxito de las experiencias en la **Expo Hannover 2000 de Alemania y Expo Aichi 2005 del Japón,** la **Sociedad Estatal para Exposiciones Internacionales** (SEEI) de España **vuelve a ser la encargada** de desarrollar el **pabellón de España** en la **Expo de Zaragoza** que **tiene como tema** "Ciencia y Creatividad" . **El proyecto, inspirado en los clásicos bosques de chopos característicos de las riberas del Ebro es obra del estudio de** arquitectura de varias instituciones.

Entre muchas otras, se piensa incluir una plaza temática "Sed" . Aquí la sed **no tiene un cariz negativo, más bien la necesidad de agua ha servido de acicate para el desarrollo del saber y de la experiencia en las distintas sociedades. La sed se convierte aquí en un símbolo de la capacidad de la Humanidad para progresar usando su experiencia acumulada.** El interior de la plaza **se divide en varias salas comunicadas entre si.** Las temáticas de cada sala **versarán en torno a** preguntas como ¿Quién tiene sed?, ¿Qué ocurre a causa de la sed? y ¿Cómo tratamos la sed? La última sala **corresponde a la temática "la sed es necesaria y nos hace progresar"** que **sirve de conclusión.**

Independientemente de las exposiciones que albergará, **el pabellón será en sí mismo una demostración de que ecología y tecnología punta pueden ir de la mano. Su arquitectura se ha concebido bajo unos criterios de ahorro energético, utilización de materiales respetuosos con del medio ambiente e integración de energías renovables.** Quienes lo visiten **vivirán en su interior una experiencia de microclima, gracias a la sencilla combinación de agua y aire que rebajará espectacularmente la temperatura con apenas consumo de energía.**

课文 B

❏ **Parte I:** Interpreta el siguiente diálogo alternativamente al español y al chino.

Ⓐ 咱们到人民广场了。这是上海最大的广场。

Ⓑ ¡Wah, qué grande la plaza! Mira, está llena de gente por todas partes.

Ⓐ 那当然，人民广场是上海**最热闹**的地方。是三条地铁线交汇的枢纽。

Ⓑ ¿Sí? ¿Cuántos metros cuadrados tiene la Plaza? ¿La plaza tiene ya mucha historia?

Ⓐ 广场现在有 14 万平方米。**过去是上海跑马场的一部分**。1951 年，上海市人民政府把跑马场**改建**成一个公园和一个广场。1994 年又对广场作了全面的改造。

Ⓑ Es una plaza preciosa.

Ⓐ 是的，确实很美，这里有好几个**上海标志性建筑**。你看，中间是**市政府**，它的左边是**大剧院**，它的右边是**城市规划陈列馆**。

Ⓑ **¿Qué es aquella construcción de fachada circular por arriba y cuadrilátera por abajo que tiene un estilo muy tradicional chino?**

Ⓐ 那个吗？那是**上海博物馆**。那里有体现**中国文化精髓的许多珍宝**。很有意思，博物馆的设计符合中国人传统的"天圆地方"观念。建筑物外形如中国古代的青铜器。

Ⓑ **¡ Es una maravilla!** Me gustan los museos. ¿Podemos visitarlo ahora?

Ⓐ 当然可以。但是**浏览**一下至少需要一整天的工夫。

Ⓑ ¿Verdad? ¿Qué hay en este museo?

Ⓐ 博物馆**分成 6 大块**，有 12 个专题展览。这里展示**珍贵的古代青铜器**、陶瓷、书画、玉器、雕刻和少数民族的工艺品。

Ⓑ Muy bien. Entonces **lo dejamos para otro día. Voy a dedicar suficiente tiempo para visitarlo junto con mi señora.**

Ⓐ 好主意。这个博物馆**值得静心参观**，因为它**馆藏丰富，设施精良**，是中国最好的博物馆之一。

Ⓑ Vale. ¿**Qué función hay** en el Gran Teatro de Shanghái?

Ⓐ 这几天我没有注意，不过那里经常有许多国家**最高质量的演出**。

Ⓑ Entonces la Plaza del Pueblo es también el **centro artístico** de Shanghái.

❏ **Parte II:** Interpreta el siguiente discurso del español al chino:

El Bund (el Malecón) es la más afamada tarjeta de Shanghái Siempre ha sido la **figura emblemática** de Shanghái. Esta avenida **a la orilla de su río madre** Huangpu es mundialmente famosa, porque **está estrechamente ligada con** la historia moderna de China. **El Malecón nace del centenario Puente Waibaidu y termina en la Calle Jinling (Este)**. Allí **se hallan** más de veinte edificios extraordinarios **de diferentes estilos** que constituyen un famoso "**museo de arquitectura mundial**".

Entre ellos **se destaca especialmente** el Peace Hotel construido **en los primeros años del siglo XX**. El Hotel **cuenta con dos bloques europeos**. El del sur era Palace Hotel, **copia del estilo renacentista italiano,** y el del norte, **de estilo británico se llamaba Sassoon House**. El hotel **dispone de unas 400 habitaciones recién remodeladas,** de las cuales **las suites bien decoradas de estilos** chino, británico, francés, italiano, alemán e indio **son de una magnificencia inigualable. Como algo especial del Hotel allí se puede escuchar jazz tradicional en vivo por la noche.**

El **edificio de Aduanas se destaca por su Torre del Reloj.** Al lado están varios bancos internacionalmente famosos. **Desde el malecón, se puede apreciar el lindo paisaje del río Huangpu donde cruzan Yates Turísticos y los elegantes perfiles de la Torre Perla del Oriente, la Torre Jinmao, Shanghái Global Financial Hub y la Torre de Shanghái.** Todas estas construcciones se encuentran en el área Lujiazhui de Pudong que es **el símbolo del rápido desarrollo de** esta **ciudad renovadora.** Al volver la mirada hacia atrás, **puede abarcar aquellos bloques** que recuerdan la historia y **los resplandores de** la Shanghái vieja. **El dinamismo de la ciudad se puede apreciar por las luces prismáticas y relumbrantes de la noche. Es el contraste entre ayer, hoy y mañana.** A la gente le gusta pasear por el Bund para gozar de ese contraste singular.

❏ Parte III: Interpreta el siguiente discurso del chino al español:

在 2000 年德国汉诺威世博会和 2005 年日本爱知世博会取得成功经验之后，西班牙国际展览学会（SEEI）再次担当起设计萨拉戈萨博览会的西班牙馆。这次的主题是"科学与创造性"。这个项目的灵感来自埃布罗河畔特有的山杨林，它是西班牙多家机构进行建筑学研究以后的产物。

在众多设计方案中，打算搞一个以"渴"为主题的广场。这里的渴并没有消极的面孔，反倒是对水的需求刺激了不同社会知识和经验的发展。在这里，水变成了人类利用自己积累的经验不断取得进步的能力的象征。广场的内部分成几个互通的大厅。每个大厅的主题将围绕下面这样的问题：谁渴？渴了将会怎么样？我们如何解决渴的问题？作为结论，最后一个大厅的主题是："渴是必要的，它会使我们进步"。

撇开将要承载的展览，这个展馆本身将表明生态与尖端科技是可以携手并进的。它的建筑是根据节约能源、使用环境友好型材料和采用可再生能源的思路设计的。参观该馆的人在其内部可以感受到一种微观气候，因为水与空气的简单结合就能使温度显著降低而几乎不用消耗能源。

课文 C

❏ **Parte I:** Interpreta el siguiente diálogo alternativamente al español y al chino.

Ⓐ 我们已经到了**世纪公园**的门口，这是上海最大的公园。

Ⓑ Siempre he querido visitar este lugar y hoy he tenido la oportunidad.

Ⓐ 我看我们要在公园里**逛**上一**整**天了。

Ⓑ Muy bien. Podemos **disfrutar plenamente de la naturaleza.**

Ⓐ 这里的空气真新鲜。**还有碧绿的草坪**。小鸟儿在为我们歌唱。

Ⓑ ¡Hay tantos árboles y tanta variedad! **Muchos árboles nunca antes los había visto**.

Ⓐ 是啊。还有一片竹园。里面种植着几百棵竹子。竹园中间还有一个美丽的小湖。

Ⓑ Dicen que China **produce mucha variedad de bambúes.**

Ⓐ **确实如此，我过去也不知道**有这么多品种。但是我在浙江参观过一次**竹子博物馆**，令我十分惊讶。我看到了**方竹**，还是紫色的。

Ⓑ No me digas. **No puedo imaginarlo.** Dicen que ustedes también **usan bambúes para andamios,** ¿es cierto?

Ⓐ 是的，是这样的，尤其是在农村。

Ⓑ ¿Allí está **una fuente? Tantos visitantes a su alrededor.**

Ⓐ 那是**一个音乐喷泉，每个正点或半点**时有一次十分钟的展示，供游客观赏。

Ⓑ **Pues muy pronto ya podremos apreciarla.** Esperemos un rato en **ese banco.**

Ⓐ 好的。你知道吗？最近公园里又增加了不少项目，包括一个科学实验室和一个儿童乐园。

Ⓑ ¡Un parque infantil! Traeré la próxima vez a mi hijo. Estoy seguro de que le gustará.

Ⓐ 小孩子们都喜欢。瞧，喷泉开放了！

Ⓑ ¡Qué alto el chorro! ¡Y acompañado de música!

Ⓐ 据说这水柱有 80 米高呢！

Ⓑ **¡Es una visita bien merecida!**

❏ **Parte II:** Interpreta el siguiente discurso del chino al español:

　　在北京最近结束的 2005 年中国**城市论坛**上，根据 2001—2003 年的**国民生产总值**，评选出 100 个**生活质量最佳城市**。评选结果又**经过网上问卷调查**，并且考虑到诸如基础设施拥有情况、医疗卫生条件、教育投资等方面，这些根本性的服务都是人们对高生活质量城市的期待。结论却**有些令人吃惊：生活条件最佳的**十大城市是深圳、东莞、上海、北京、杭州、珠海、宁波、苏州、广州和厦门，几乎全都在我国沿海地区。

　　根据传统，大城市的成就都是依据其工业化的程度和经济利润来衡量的，而那些**城市规划者则常常关注**建造基础设施、大型工厂，**而不重视改善居住条件和生态条件**。但是，网上被问卷调查的人意见就很不一样。例如，尽管北京**在居民健康水平和平均期望寿命方面都居首位，但是在**选择什么地方生活的时候，他们却把它放在第 82 位。

　　一个城市的生活质量是根本性的。城市的价值**不仅仅表现在它的经济能力方面**，还表现在它改善居民的生活质量、就业机会和整体发展机会的能力方面。国民生产总值远不是我们判断某个城市状况的指标。当人们说在这个城市生活舒服，并不一定意味着他在这里的生活丰富多彩，也不意味着他的生活质量要比别的城市高。这里还有许多复杂的问题需要研究。

❏ **Parte III:** Interpreta el siguiente discurso del español al chino:

Barcelona, **situada en la orilla del Mediterráneo,** es la segunda ciudad de España y **la capital de la Comunidad Autónoma de Cataluña.** Las lenguas oficiales son el castellano y el **catalán.** La industria, el comercio y la cultura de la ciudad son muy desarrollados, **por lo cual** se le llama el **Manhattan del Mediterráneo.** Además, **es la metrópoli con mayor cualidad europea,** por eso **recibe otro sobrenombre** *la joya de la Península Ibérica.* El gran escritor **Miguel Cervantes apreció a Barcelona como orgullo de España y la ciudad más bella del mundo.**

Barcelona **cuenta con una buena localidad geográfica y un cómodo clima. Es un famoso lugar de interés pintoresco con muchas reliquias históricas.** Como una ciudad con **diversos aspectos,** a pesar de ser bastante moderna, **se conservan**

perfectamente muchas **antiguas arquitecturas góticas.** En Barcelona, **se pueden ver las callejas con disposiciones desordenadas al lado de** las **nuevas zonas,** o **en las viejas se ve con sorpresa una chimenea industrializada. Todo eso no es nada extraño.** Toda la ciudad **está al pie de las montañas y frente al mar. El clima ahí es agradable.** En la ciudad, **las arquitecturas góticas y barrocas y los edificios modernos se realzan mutuamente. Entre la Plaza de la Puerta de Paz y la de Cataluña se distribuyen numerosos monumentos que vale la pena visitar.**

Unidad 19　Turismo Urbano

课文 D

❏ **Parte I:**　Interpreta el siguiente diálogo alternativamente al español y al chino.

Ⓐ　Ya estamos **al portón del Parque del Siglo,** el parque mayor de Shanghái.

Ⓑ　我一直想到这里来游玩，今天终于有机会了。

Ⓐ　Creo que vamos a **pasar todo el día** aquí en el parque.

Ⓑ　太好了，我们可以**充分享受大自然**了。

Ⓐ　Aquí el aire es tan fresco. **Hay céspedes verdes.** Los pajaritos nos están cantando.

Ⓑ　这么多的树！这么多的品种！**好多树我从来都没有见到过**。

Ⓐ　Además, hay **un jardín de bambú,** donde se han plantado centenares de bambúes. En el centro del jardín está un laguito muy bonito.

Ⓑ　据说中国**出产很多品种的竹子**。

Ⓐ　**Efectivamente. Antes tampoco sabía que** existe tanta variedad. Pero visité una vez el **Museo de Bambú** en Zhejiang y **me sorprendió.** Vi **bambúes cuadrados y de color violeta.**

Ⓑ　真的吗！**我难以想象**。听说你们还用竹子做脚手架，对吗？

Ⓐ　Sí, es cierto, especialmente en el campo.

Ⓑ　那边是个**喷泉**吗？**周围有好多游客**。

Ⓐ　Es **una fuente musical. A las horas en punto y en media** hay una exhibición de 10 minutos para que los visitantes la aprecien.

Ⓑ　看来过一会儿我们就可以欣赏到了。咱们先**在这张椅子上等一会儿吧**。

Ⓐ　Bien. ¿Sabías? Recientemente en el parque se han añadido muchos programas, incluidos un laboratorio científico y **un parque infantil**.

Ⓑ　儿童乐园？下次我会带我的儿子过来玩，我肯定他会喜欢的。

Ⓐ　A los niños les gusta mucho. Mira, la fuente ya se ha abierto.

Ⓑ　好高的水柱呀！还有音乐伴奏呢！

Ⓐ Dicen que es de 80 metros de altura.

Ⓑ 真是不虚此行！

❏ **Parte II:** Interpreta el siguiente discurso del español al chino:

En el recién concluido **Foro de Ciudades** de China 2005, celebrado en Beijing, se ha seleccionado 100 **Ciudades de Mejor Calidad de Vida** del país de acuerdo con su **Producto Interno Bruto** (PIB) de 2001 a 2003. Estos resultados **se sometieron** después **a una encuesta por Internet, considerando otros aspectos como la disponibilidad de infraestructura, la atención médica y la inversión en la educación etc, que constituyen los servicios esenciales que se esperan de una ciudad de alto nivel de vida.** La conclusión **es un poco sorprendente**: las 10 ciudades **con mejores condiciones de vida** son Shenzhen, Dongguan, Shanghái, Beijing, Hangzhou, Zhuhai, Ningbo, Suzhou, Guangzhou y Xiamen, casi todas **en las zonas litorales del país.**

Por tradición, las grandes ciudades chinas **han medido sus éxitos de acuerdo con su nivel de industrialización** y los beneficios económicos, mientras que **los urbanistas suelen concentrarse en** la edificación de la infraestructura, grandes plantas y fábricas, **en lugar de poner el énfasis en mejorar las condiciones residenciales y ecológicas.** Pero **los encuestados por Internet opinan diferente.** Por ejemplo, aunque Beijing **quedó en el primer lugar en cuanto al nivel de salud y a la expectativa promedio de vida de sus habitantes,** lo colocaron en el sitio 82 **a la hora de** escoger dónde preferirían residir.

La calidad de vida de una ciudad es fundamental. El valor de una ciudad **no sólo queda manifestado en** su potencial económico, **sino también en su capacidad para mejorar la calidad de vida, las oportunidades de trabajo y de desarrollo integral de sus habitantes. El PIB dista mucho de ser el índice que nos permita juzgar el estado de cosas en una ciudad.** Cuando la gente dice que llevan una vida cómoda en esta ciudad, **no necesariamente significa que** lleva una vida **colorida, ni significa que** dispone de **una calidad de vida superior a otra.** Todavía **quedan muchos problemas complicados por estudiar.**

❏ **Parte III:** Interpreta el siguiente discurso del chino al español:

　　巴塞罗那位于**地中海沿岸**，它是西班牙第二大城市，也是**西班牙加泰罗尼亚自治区的首府**。**官方语言**是西班牙语和加泰罗尼亚语。巴塞罗那是工业、商业、文化非常发达的城市，**因此有地中海曼哈顿之称**。它也是伊比利亚半岛**最富欧洲气质的大都会**，为此又号称为"伊比利亚半岛的明珠"。伟大的作家米格尔·**塞万提斯曾赞誉它是西班牙的骄傲和世界上最美丽的城市**。

　　巴塞罗那**地理位置得天独厚，气候宜人**。它风光旖旎，古迹遍布，是西班牙著名的旅游胜地。它是一座有着**多种面貌**的城市，虽然它的现代化程度很高，但同时**又完整地保留了许多带有哥特风格的古老建筑**。身处巴塞罗那，你可能会在新兴城区的边缘看到格局凌乱的小巷子，也可能在古色古香的旧城区里忽然看到极具工业时代意味的烟囱，这些都是不足为怪的。整个城市**依山傍海**，气候舒适宜人。城市内哥特式、巴洛克式建筑和现代化楼群交相辉映。从和平门广场到加泰罗尼亚广场之间，有许多值得参观的景点。

Unidad 20

Centro Comercial
第 20 单元 购物中心

课文 A

❑ **Parte I:**   Interpreta el siguiente diálogo alternativamente al español y al chino.

Ⓐ   Oli, ¿**qué te parece** si vamos ahora a **visitar** el **centro comercial Planeta?**, porque ahí podemos encontrar **tiendas de casi todas las marcas famosas del mundo.**

Ⓑ   真的吗？悦丽，有什么呢？

Ⓐ   (Entrando las dos amigas) Mira, hay tiendas Levi´s, Puma, Tommy Hilfiger, Louis Vuitton, Versace, Nike, Disney ...

Ⓑ   这里真地集中了世界的所有名牌。

Ⓐ   Sí, es cierto. **Casi todos los fines de semana** vengo y **casi siempre regreso con las manos llenas.**

Ⓑ   你是大品牌的**追随者**，是吗？

Ⓐ   No todavía. Pero cada vez que entro en una tienda **me surgen ganas de** comprar.

Ⓑ   这么说来你是**冲动型买家**。

Ⓐ   **¡Qué va! No es que soy compradora compulsiva,** pero cuando ves los precios de la ropa, de los zapatos etc. y **piensa en** lo que vale en nuestro país, ya **tienes ganas de comprar.**

Ⓑ   那么说只是因为价格诱人你就会买并非必要的东西啰。

Ⓐ   **Tú sabes que** estas marcas **son líderes de la moda mundial** y además son **de buena calidad.** Cuando **no son tan caras como se cree,** por qué no compramos..

Ⓑ   是的，确实如此，我也很喜欢**路易威登**的皮包，但是非常贵。

Ⓐ **Mi criterio es comprar sólo cosas que me convienen.** Por ejemplo, **me gustaría comprar Jeans de Levi´s, cuando el precio me conviene.**

Ⓑ 现在我能明白为什么你总是**显得那么高雅、衣服那么合身**了。

Ⓐ Porque **siempre compro las grandes marcas cuando hay rebajas de precio.**

❑ Parte II: Interpreta el siguiente discurso del chino al español:

南京路是上海市**商业旅游业方面**最重要的街道之一，也是人们了解上海历史和文化的**极佳地点**。可以说，**南京路步行街是展示城市现代化的橱窗**。

南京路**横穿上海市中心**，整条街全长超过五公里。南京路商业街**非常喧闹**，因为它地处于整个城市的**商业中心**。作为**中国一流的商业街**，南京路**始于著名的外滩**，终于延安西路和静安寺的**交叉处**，如今吸引着**世界各地成千上万的顾客**。

由于这条商业街**以前是属于英租界的管辖范围**，所以在当时也**是第一个进口外国产品的商业中心**。南京路是**购物天堂**。这里什么都有，而且**可满足各种爱好和经济能力的**需求。**整个南京路**上大大小小的商店，**商品都是琳琅满目**，而且一直开到晚上十点。

❑ Parte III: Interpreta el siguiente discurso del español al chino:

Shanghái **siempre tiene la fama de ser el "paraíso de las compras".** Los turistas, **además de disfrutar los paisajes de una metrópoli, no pierden nunca la oportunidad de hacer compras.** Las **zonas comerciales** de la ciudad se encuentran entre varias calles importantes.

En la calle Nanjing hay muchas tiendas de fama internacional **por su larga historia y tradición.** La calle Huaihai atrae diariamente a muchísima gente que **aspiran a la moda internacional.** Por otra parte, la calle Sichuan Beilu (calle Sichuan [norte]) es un lugar de compras para los **asalariados comunes,** donde siempre **se llena de gente. La zona comercial moderna de** Xujiahui y la **zona comercial tradicional de** Yuyuan también constituyen **sitios ideales de compras** de Shanghái. **Hay que mencionar especialmente** Yuyuan que se encuentra **en el casco antiguo** de la ciudad, porque hay muchas tiendas **de marca renombrada de más de cien años.** En ellas se venden **múltiples artículos tradionales** de la cultura china.

Aparte de todo eso, en Shanghái hay muchas otras **calles especiales.** Por ejemplo, la **calle cultural** de Fuzhou, donde se concentran muchas librerías y papelerías. **Entre ellas se destacan** la **Shanghái Bookmall,** la **Librería Waiwen Shudian** (de Ediciones en Lenguas Extranjeras) y la **Librería de Shanghái** (**de libros antiguos**). **También cabe mencionar** las **calles típicas** como **de antigüedades, de marroquinerías, de electrodomésticos, de ferreterías** y **de jugueterías** etc.

"Hacer compras en Shanghái" es ahora un componente importante del **turismo urbano local. Hoy en día** Shanghái **se ha convertido en** un prestigioso **centro comercial** mundialmente famoso, adonde concurren cada vez más **turistas de todo el mundo** para **disfrutar de las compras.**

课文 B

☐ **Parte I:** Interpreta el siguiente diálogo alternativamente al español y al chino.

Ⓐ 奥丽，咱们现在**去普拉内塔商厦看看怎么样**？因为那里能看到**几乎**世界所有的品牌商店。

Ⓑ ¿Verdad? Yoli, **¿qué hay?**

Ⓐ （两位朋友走进商厦）你瞧！有这么多的品牌店，李维斯、彪马、汤米·希尔费格、路易威登、范思哲、耐克、迪士尼……

Ⓑ Aquí realmente **se encuentran todas las marcas famosas del mundo.**

Ⓐ 是的，确实如此。**几乎每个周末**我都会来，而且**几乎总是满载而归**。

Ⓑ Tú eres **seguidora de** las grandes marcas, ¿verdad?

Ⓐ 我还不是呢。不过我每次进商店就会**产生购买的欲望**。

Ⓑ Entonces tú eres **una compradora compulsiva.**

Ⓐ **哪里的话**，并不是说我是什么冲动型买家，可是当你看到服装、鞋子等的价格，**再想想**咱们国内的价格，你就很想买了。

Ⓑ Entonces **sólo por el precio atractivo ya compras cosas no necesarias.**

Ⓐ **你知道的**，这些品牌是**世界时尚的领导者**，而且**质量好**。当它们不像你想象的那样贵时，我们为什么不买呢？

Ⓑ **Sí, es cierto,** yo también quisiera esa **cartera de LV** (Louis Vuitton), pero es carísima.

Ⓐ 我的准则是只买对我合适的东西。比方说，我就想在价格合适的时候买李维斯的牛仔裤。

Ⓑ Ahora sí comprendo **por qué sales siempre elegante** y **el vestido te queda perfecto.**

Ⓐ 因为我总是在降价时买那些大品牌。

❏ **Parte II:** Interpreta el siguiente discurso del español al chino:

La calle Nanjing es una de las calles más importantes **en cuanto al comercio y el turismo se refiere,** es **un excelente lugar para** conocer la historia y cultura de Shanghái. Se puede decir que **la calle peatonal Nanjing es un escaparate de la modernidad de la ciudad.**

La calle **cruza el centro de la ciudad** y tiene más de 5 kilómetros de largo. Es una calle **muy bulliciosa** ya que **se trata del centro comercial de la urbe. Siendo una de las calles comerciales de primer orden de China,** la calle Nanjing **se extiende comenzando en el famosísimo Bund y terminando en la intersección de** la calle Yan'an (oeste) y el Templo Jing'an, hoy en día atrae **a miles y miles de compradores provenientes del mundo.**

Esta calle **pertenecía** anteriormente **a la concesión británica** por lo que **fue la primera en** importar productos extranjeros. La calle Nanjing es **el paraíso de las compras. Aquí hay de todo y para todos los gustos y presupuestos. A lo largo de toda la calle,** los almacenes grandes y pequeños **están llenos de miles y miles de artículos** y permanecen abiertos hasta las 10:00 de la noche.

❏ **Parte III:** Interpreta el siguiente discurso del chino al español:

上海**素**有"购物天堂"之美称。游客们在领略大都市风光之余，绝不会错过购物的良机。城市**商圈**主要分布于一些主要的街道。

南京路有许多**历史传统悠久**的国际知名商店。淮海路每天都吸引着许许多多**追求国际时尚**的人们。另外，四川北路是**工薪阶层**的购物街，这里人气非凡。**摩登的徐家汇商圈和传统的豫园商圈也是上海理想的购物天地。特别值得一提的是**位于老城区的豫园，因为那里有许多百年以上的**著名老店**。这里销售着许许多多中国文化的**传统商品**。

除此之外，上海还有许多**特色街**。比如福州路**文化街**，这里集中了许多书店和文化用品商店，其中有名的有**上海书城、上海外文书店、上海书店（古籍）**，等等。**还需要**

提一下那些**特色街**，例如**古玩街**、**皮件街**、**电器街**、**五金街**、**玩具街**等等。

"购物在上海"已经成为当地**都市旅游**的重要组成部分。如今的上海已经成为世界著名的**购物中心**，越来越多的**来自世界各地的游客**到上海来**享受购物的乐趣**。

课文 C

❏ **Parte I:** Interpreta el siguiente diálogo alternativamente al español y al chino.

Ⓐ Señor, ¿**qué se le ofrece**?
Ⓑ 有我尺寸的衬衫吗？
Ⓐ **De su talla** tenemos sólo de color blanco.
Ⓑ 很好，我喜欢白的。给我拿一件长袖的，要大一点。
Ⓐ Espere. **Pruébesela. El probador está a su espalda.**
Ⓑ 我觉得太短了，有长一点的吗？
Ⓐ ¡Vale! Ésa es un poco larga. Talla XL, **pero de otro modelo.**
Ⓑ 没关系，这式样我也喜欢。我去试一下。
Ⓐ **Le queda muy bien. ¿Qué le parece?**
Ⓑ 嗯，差不多。要多少钱？
Ⓐ 20 euros. **Estos días estamos haciendo promoción.**
Ⓑ 啊，是吗？我运气真好。
Ⓐ Sí, **debido a la estacionalidad de la moda, la ropa que no se vende en temporada es muy difícil de "colocar" después.**
Ⓑ 这倒是的。但是，该不会是这些衬衫已经过时了吧？
Ⓐ No, de ninguna manera. **Esta es de marca prestigiosa.** La calidad es buena.
Ⓑ 有 T 恤衫吗？我想买两件不同颜色的给我儿子。
Ⓐ Mire, **allí hay muchos modelos y colores.**
Ⓑ 不错。是大号的。好，这三件我都买了。
Ⓐ Muy bien. **Ofrecemos una garantía de 7 días,** o sea, **si no queda satisfecho,** le devolvemos su dinero.
Ⓑ 如果我发现这产品有毛病我找什么地方？
Ⓐ **Al servicio de postventa. Pero debe usted traer comprobante y etiqueta.**
Ⓑ 非常感谢。您真好。
Ⓐ Gracias, ¡**Que le vaya bien!**

❑ **Parte II:** Interpreta el siguiente discurso del chino al español:

英格列斯百货公司是西班牙最大的百货连锁公司，经营着品种繁多的时装、家居、食品、运动、电子、香水、音乐、花卉和文化产品等。这家企业的历史告诉我们，1935年其创始人拉蒙·阿雷塞斯·罗德里格斯买下了一家名叫英格列斯裁剪的缝纫店。这是1890年在马德里开设的一家童装店。

英格列斯百货公司平均拥有超过72000名员工，分布于西班牙全国境内八十多个分店。该公司成长的特色是资金自给自足，几乎所有的大区都有销售中心。在满足市场需求的同时，它不断创立新的企业，构成了今天的英格列斯百货企业集团，目的是使自己的产品和服务能够满足客户的需求。

英格列斯百货公司的企业模式是建立在下列价值观基础上的：创新、不断适应社会的新潮流和新需求、产品丰富、专业、优质、个性化接待和良好的性价比。公司始终力求最大限度的顾客满意度。英格列斯百货公司集团坚信，保护我们周边的环境是可持续成长的基本要求。所以，公司在其活动领域将继续发展那些有助于环境保护的项目。

❑ **Parte III:** Interpreta el siguiente discurso del español al chino:

La industria minorista es una de las más importantes de España. En esa área **se destaca gran cantidad de tiendas pequeñas de venta al por menor,** por ejemplo, Bazar, Botica, Estanco etc. Además, **hay millar de supermercados dispersos en los barrios;** hay **hipermercados** como Carrefour, Eroski, Alcampo (del grupo francés Auchan) y **grandes almacenes** como El Corte Inglés, **para no mencionar los mercados al aire libre, rastros,** etc.

Madrid es el **centro comercial más importante** de España. En la ciudad se ve **por todas partes las tiendas de ropa a precio barato.** Los **concurridos lugares comerciales** de Madrid son la calle Serrano, la Gran Vía, la Puerta del Sol, la Plaza de Callao, donde **se venden todos los productos de marcas famosas** de España y de todo el mundo. **Si los turistas se interesan por antigüedades, obras de arte y sus imitaciones, pueden ir al famoso Rastro** los domingos **a dar una vuelta**

España tiene un territorio vasto y una gran riqueza de productos. Al hacer compras allí, **todos prefieren los productos de característica local,** tales como **jamón, vino, aceite de oliva, Jerez (sherry).** Casi todos los visitantes compran algunos. **Éstos son exquisitos, de fama internacional y representan una España rebosante de entusiasmo.**

Unidad 20　Centro Comercial

课文 D

❑ **Parte I:**　Interpreta el siguiente diálogo alternativamente al español y al chino.

Ⓐ　先生，您想要买点什么？

Ⓑ　¿Tiene camisas de **mi talla**?

Ⓐ　您尺寸的衬衫我们只有白色的。

Ⓑ　Muy bien. **Prefiero color blanco. Muéstreme una de manga larga**, un poco grande.

Ⓐ　请稍等。试一下这件。试衣间在您身后。

Ⓑ　**Me parece un poco corta. ¿Tiene otra más larga?**

Ⓐ　好的，这件长一点，是 XL 号的，不过是另一种式样。

Ⓑ　No importa. **Ese modelo también me encanta. Voy a probármela.**

Ⓐ　很合您身。您觉得怎么样？

Ⓑ　Sí, más o menos. **¿Qué precio tiene?**

Ⓐ　20 欧元。这些天我们在搞促销。

Ⓑ　Ah, ¿verdad? **Me toca buena suerte.**

Ⓐ　是的，因为时装的季节性原因，当季销售的服装过后就很难卖出去。

Ⓑ　Es cierto. Pero ¿**no es que estas camisas han pasado de moda**?

Ⓐ　不会的，绝不会的。这是著名品牌衬衫。质量是好的。

Ⓑ　¿Tiene **camisetas**? Quiero comprar dos de diferentes colores para mi hijo.

Ⓐ　瞧，那边款式和颜色都很多。

Ⓑ　¡Ok! Es de talla L. Bueno, **me quedo con ésas tres**.

Ⓐ　很好。我们提供 7 天保证，也就是说，如果您不满意，我们就给您退款。

Ⓑ　**¿Dónde puedo reclamar si encuentro este producto con tara?**

Ⓐ　您可以找售后服务中心。但是您必须带上发票和标签。

Ⓑ　Muchas gracias. **Usted es muy amable.**

Ⓐ　谢谢！您走好！

❑ **Parte II:** Interpreta el siguiente discurso del español al chino:

El Corte Inglés es la mayor **cadena de grandes almacenes de España, con una amplia variedad de artículos de moda, hogar,** alimentación, deportes, electrónica, perfumería, música, flores y cultura, etc. La historia de esta empresa nos señala que en 1935, el fundador Ramón Areces Rodríguez **compró una sastrería que se llamaba El Corte Inglés.** Fue **una sastrería para niños** que se fundó en 1890 en Madrid.

El Corte Inglés es una empresa que **cuenta con un número medio de empleados superior a 72.000, distribuidos en sus más de 80 centros repartidos por** toda la geografía española. El crecimiento de El Corte Inglés **se ha caracterizado por la autofinanciación,** abriendo centros en casi todas las Comunidades Autónomas. Paralelamente a las necesidades del mercado, se fueron **creando las distintas empresas** que hoy **conforman el Grupo de Empresas de El Corte Inglés, con el deseo de adecuar la oferta de productos y servicios a las necesidades de los clientes.**

El modelo empresarial de El Corte Inglés **está basado en** los siguientes **valores: la innovación, la adaptación constante a las nuevas tendencias y necesidades de la sociedad, la amplitud de surtido,** la especialización, **la calidad, la atención personalizada y la buena relación calidad-precio. Siempre trata de lograr la máxima satisfacción del cliente.** El Grupo El Corte Inglés **está convencido de que** la **protección de nuestro entorno** es un requisito básico para un **crecimiento sostenible.** Por eso, **dentro del ámbito de sus actividades** la empresa **continúa con el desarrollo de proyectos** que ayuden a la conservación del medio ambiente.

❑ **Parte III:** Interpreta el siguiente discurso del chino al español:

零售业是西班牙最重要的行业之一。这里以**大量的零售小店著称**，例如杂货店、药品店、专卖店等。此外，还有**数以千计散落在居民区的小超市**，有如家乐福、埃洛斯基、阿康坡（法国欧尚集团）这样的**大型超市**，还有英格列斯这样的**大型商场**，更不要说那些**露天市场、跳蚤市场**等了。

马德里是西班牙**最重要的商业中心**。马德里市区**服装店随处可见，价格便宜**。马德里**比较繁华的商业中心**有塞拉诺大街、格兰维亚大道、太阳门广场、卡亚俄广场等。西班牙乃至全世界**所有的名牌产品在这些地方均有销售**。如果游客对**古董、艺术品及其赝品感兴趣**，周日可以去马德里**著名的跳蚤市场转一转**。

西班牙**地域广阔，物产丰富**。到西班牙购物，大家都喜欢买一些当地的特产，例如火腿、葡萄酒、橄榄油，赫雷斯酒（雪利酒）。几乎每一个到西班牙的游客都会买上一些。这些都是享誉世界的美味，而且代表了一个热情奔放的西班牙。

Unidad 21

Monumentos Históricos
第21单元 名胜古迹

课文 A

☐ **Parte I:** Interpreta el siguiente diálogo alternativamente al español y al chino.

Ⓐ ¡Hola! ¡Buenas tardes! **Se me ha descompuesto el coche.**

Ⓑ 是什么问题？

Ⓐ ¡Espérame! Voy a llamar a la policía con tu teléfono, **porque está descargada la batería de mi celular.**

Ⓑ 干吗？

Ⓐ He visto un accidente a cinco kilómetros de aquí.

Ⓑ 有人受伤吗？

Ⓐ Sí, pero no muy graves. **Se necesita remolcar el coche.**

Ⓑ 还算好。警察10分钟就能赶到那里的。你的车是什么问题？

Ⓐ **Tengo un neumático deshinchado. La batería está descargada.**

Ⓑ 好的，我会检查所有的轮胎、给电池充电、给散热器和油箱加满的。

Ⓐ Quiero **cambiar también el aceite. Repase por favor las bujías.**

Ⓑ 行，您有备用轮胎吗？

Ⓐ ¡Vaya! **¡Qué lástima! No lo tengo.**

Ⓑ 甭担心，没问题。

Ⓐ **¿Cuánto tardarán?**

Ⓑ 不到一个小时就能完成。

Ⓐ Gracias. **Voy a la cafetería. ¡Hasta ahora!**

Ⓑ 待会儿见！

Ⓐ **¿Cuánto le debo en total?**

B 总共 100 欧元。

❏ **Parte II:** Interpreta el siguiente discurso del chino al español:

玉佛寺是都市上海的一座佛教寺院。公元 1882 年，即清光绪八年，普陀山慧根法师到印度礼佛后途径缅甸，在当地华侨的帮助下，雕成五尊玉佛，并请回普陀山。回国途中经过上海时，留下坐佛、卧佛各一尊，于是在江湾镇造庙供奉，称玉佛寺。1918 年，佛寺毁于战火，故择现址重建。

这是一座仿宋殿宇建筑，布局严谨，结构和谐，气势宏伟。寺内中轴线上，依次为天王殿、大雄宝殿、玉佛楼（方丈室），左右两侧有卧佛堂、观音殿等。每逢初一、十五或佛教传统节日，善男信女接踵而至。院内香烟缭绕、福烛高照，实在是都市风光中的名刹，别具韵味。

玉佛坐像高 1.92 米，重一吨，由整块白玉精雕而成，造型优美，为释迦牟尼的法相。游客到此，无不赞叹玉佛雕琢，精美绝伦，举世无双。玉佛两侧橱柜内，珍藏着清刻《大藏经》七千余册。

寺庙西侧卧佛堂内，供白玉卧佛一尊。此为慧根法师请回的另一尊玉佛，长 96 厘米。1989 年，新加坡信徒又赠一尊大卧佛，长约 4 米。随着旅游业的发展和旧城区的改造，玉佛寺的东侧，崛起了一座集商业、花园小区、住宅楼为一体、建筑面积 17 万平方米的"玉佛城"。

❏ **Parte III:** Interpreta el siguiente discurso del español al chino:

Yo sé que **estás agotado por el intenso trabajo del último mes. Te voy a recomendar un lugar ideal y cercano para ir de camping.** Allá en el valle. **Son realmente lugares de ensueño.** Al salir de **la autopista A5** puedes **tomar una vieja carretera** que te llevará cerca de un río. Ahí a unos cinco kilómetros está **una hermosa montaña que mira al mar.** Entrando en la montaña **enseguida puedes ver muchas tiendas de camping.** Allí puedes **aparcar tu autocaravana. El precio de la acampada** es bastante barato. **Sólo a 20 euros la noche. Este camping cuenta con**

todas las comodidades: un terreno para tu autocaravana, un bar y **una discoteca** donde puedes cenar, **tomar unas cervecitas, tener acceso a Internet,** cantar, bailar y **pasar un rato agradable.** Claro que **no vayas a pensar en las comodidades urbanas,** porque aquí no hay hoteles de cinco estrellas. **Naturalmente sí hay agua potable. Pero el agua y la electricidad se cobra aparte.**

En realidad, **los que quieren hacer los campings sólo necesitan un trozo de terreno donde poder aparcar la autocaravana, tener unas duchas y baños comunes.** Ellos **huyen de la ciudad porque aspiran ver salir el sol sobre el mar disfrutando de la belleza de estas tierras. Ellos esperan ver un amanecer precioso e inolvidable o pasar un fin de semana muy especial lejos de la contaminación y el ruido de las ciudades.** Ellos prefieren vivir **en medio de la naturaleza iluminados por la luna** y **degustar una cena** al aire libre.

课文 B

☐ **Parte I:** Interpreta el siguiente diálogo alternativamente al español y al chino.

- Ⓐ 嗨！下午好！**我的车坏了**。
- Ⓑ ¿Qué problema tiene?
- Ⓐ 稍等一下。我要用你的电话给警察打电话，**因为我的手机没有电了**。
- Ⓑ ¿Para qué?
- Ⓐ 离这里 5 公里处我看到一起事故。
- Ⓑ **¿Hay heridos?**
- Ⓐ 有的，但是不很严重。**需要拖一下车子**。
- Ⓑ **Menos mal. La policía puede llegar ahí en 10 minutos. ¿Qué problema tiene** su coche?
- Ⓐ 我有一只轮胎瘪了。电池没电了。
- Ⓑ Vale, **voy a revisar los neumáticos, cargar la batería, llenar el radiador y el depósito.**
- Ⓐ 我还想换一下机油。请你再检查一下火花塞吧。
- Ⓑ Vale, **¿Tiene usted neumático de repuesto?**
- Ⓐ 哎，**真遗憾**！我没有备用轮胎。
- Ⓑ **No se preocupe,** no hay problema.
- Ⓐ 要多少时间？
- Ⓑ **Menos de una hora ya estará listo.**
- Ⓐ 谢谢。我去咖啡馆。待会儿见！
- Ⓑ ¡Hasta ahora!
- Ⓐ 总共要多少钱？
- Ⓑ Ciento cincuenta euros en total.

❑ **Parte II:** Interpreta el siguiente discurso del español al chino:

Templo del Buda de Jade es un **templo budista** en Shanghái metropolitana. El 1882, o sea **el año 8 de Guangxu de la Dinastía Qing**, el **maestro budista Huigen pasó por Myanmar después de venerar Budas en la India.** Con la ayuda de los chinos residentes en ese país, **se hicieron cinco budas de jade y quería invitarlos a Putuoshan de Zhejiang.** En el camino de regreso pasó por Shanghái y dejó un buda sentado y otro recostado en esta ciudad. Así que se construyó un templo llamado Templo de Buda de Jade en Jiangwan de Shanghái. El 1918, **ese templo se quemó en la guerra** y **se reconstruyó en el sitio de ahora.**

Es una imitación de los palacios del estilo de la Dinastía Song que tiene una disposición discreta y armoniosa con una majestuosidad y solemnidad sin igual. En el eje central están el Pabellón de Tianwangdian (Pabellón de Generales Celestiales), el Pabellón Daxiong Baodian (Pabellón de Buda) y el Edificio de Buda de Jade (habitación del Abad). A ambos costados están el **Salón de Buda Recostado, el Pabellón de Guanyin (Santa María del budismo chino). El primer o el décimo-quinto día de cada mes lunar** o en los días conmemorativos del budismo, **el templo está lleno de creyentes, de humos y aromas de inciensos y velas. En medio de una metrópoli,** este templo famoso es realmente **un paisaje de otro sabor.**

El buda Sakyamuni sentado tiene 1,92 m de alto y pesa una tonelada. **Está tallado maravillosamente con una sola pieza de jade blanco.** Los turistas que lo ven no **pueden dejar de admirarse de su preciosidad extraordinaria de su arte de tallar.** A ambos lados del buda están los estantes donde **se guardan más de 7000 tomos de Tripitaka (Canon Dazang),** obra grabada en la Dinastía Qing.

En el costado oeste del templo está el **buda recostado de jade** de 96 cm, el segundo traído por el maestro Huigen. El 1989, los budistas de Singapur donaron otro buda de jade recostado que tiene unos 4 m de largo. Con el desarrollo del turismo y **la remodelación urbanística surgió** al este del Templo **una "Ciudad Templo Buda de Jade"** de unos

170.000 m2 donde **se unen los centros comerciales, edificios residenciales y jardines.**

❏ Parte III: Interpreta el siguiente discurso del chino al español:

我知道最近一个月的紧张工作把你搞得筋疲力尽。我来给你介绍附近的一个野营理想场所吧。就在河谷那边，那真是个奇妙的地方。你离开 A5 高速公路后可以走一条旧公路，抵达河流附近。离那里大约 5 公里处有一座面朝大海的美丽大山。进山以后你马上会看到很多野营帐篷。在那里你可以停放你的房车。驻营的价格很便宜，只要 20 欧元一晚。这个野营区拥有各种舒适的条件：有房车停放地，还有一个酒吧和一个迪斯科舞厅。在这里你可以享用晚餐、喝点啤酒、上网、唱歌、跳舞，度过惬意的时光。当然你不要去想城里的那些舒适条件，因为这里可没有五星级酒店。当然饮用水是有的，不过水和电是要另外收费的。

事实上，想野营的人只需要有一块空地能够停房车，能够有个普通的淋浴和厕所。他们逃离城市，就是希望能看到海上日出，享受这块土地的美景。他们希望看到美妙而令人难忘的日出或者度过一个非常特别的周末，远离城市的污染和喧嚣。他们宁愿生活在月光照明的大自然中，去品尝露天的晚餐。

课文 C

❏ **Parte I:** Interpreta el siguiente diálogo alternativamente al español y al chino.

Ⓐ Esta zona es tan bonita. **Deseo alquilar una caseta a la playa.**

Ⓑ 好主意！不过这里有淋浴吗？

Ⓐ Claro que sí. **¡Cómo voy a alquilar una caseta sin ducha! No sabes que esta caseta tiene buena relación calidad-precio.**

Ⓑ 太棒了！如果我们能再租一艘小艇就更棒了！

Ⓐ Sí, pero ¿**dónde la podemos alquilar?**

Ⓑ 听说有一个俱乐部。

Ⓐ **Entonces ve a averiguar dónde queda.**

Ⓑ 好！我来负责这件事。

Ⓐ **¡Qué blancura tiene la arena!**

Ⓑ 是的，这是多美的沙滩啊！咱们可以在这里非常清静地玩几天了。

Ⓐ Sí, **es verdad,** ya no quiero volver a la ciudad. **Voy a vivir aquí para siempre.**

Ⓑ 你这么喜欢沙滩吗？

Ⓐ Sí, **me encanta la playa,** porque es un ambiente ideal.

Ⓑ 这里沐浴危险吗？

Ⓐ ¡Qué va! ¿**Peligroso para mí?**

Ⓑ 你瞧，那边有一块指示牌。

Ⓐ ¿Qué se lee?

Ⓑ "危险！禁止远离岸边。"

Ⓐ ¡Ay, verdad! Allí hay una bandera roja que indica peligro. **Entonces no voy a quedarme aquí.**

Unidad 21　Monumentos Históricos

❑ **Parte II:** Interpreta el siguiente discurso del chino al español:

　　上海豫园位于老城区，靠近城隍庙。豫园设计建造于明朝 1559 年至 1577 年期间。潘允端，一位颇为成功的官员决定按照他去过的皇家园林的式样仿造一座花园。他的意图是为了让他父母亲开心，让他年事已高不能前往京城参观的父母能够在典型的皇家花园安享晚年。于是，他给这座花园取名"豫园"（"豫"有健康、安宁之意）。

　　潘允端去世后，他的家族破败了。豫园也在顷刻之间被人遗忘，直到 1760 年一群富商将其购下才重新恢复了往日的辉煌。20 世纪初，豫园的一部分被政府征用为市场。从 1957 年起开始对豫园进行全面的整修，包括豫园周围的城区。1982 年被宣布为国家文物保护单位。

　　豫园占地约为两公顷，它结合了中国明清时期不同的建筑风格，主要特点是亭台楼阁，鳞次栉比，假山奇石，曲径幽深，树木繁茂。另外还有九曲桥、湖心亭，使其成为中国著名园林之一，成为中外游客特别神往之处。

❑ **Parte III:** Interpreta el siguiente discurso del español al chino:

El jardín Daguanyuan, Área Turística Nacional AAAA y parque de cinco estrellas de Shanghái, se construyó de acuerdo con el ambiente creado en la novela clásica de China Sueños en el Pabellón Rojo y con los elementos artísticos tradicionales chinos. Ocupa una superficie de nueve hectáreas y **tiene más de veinte lugares de interés de diferentes tamaños. En todo el jardín genialmente diseñado, los pabellones bien tallados, los antiguos árboles y los verdes bambúes se combinan para alcanzar una hermosura caracterizada por su grandiosidad imperial y la amenidad de la jardinería tradicional. Desde los muebles hasta cada hierba o árbol todo se han expuesto según el carácter de los personajes de cada lugar y los argumentos de la obra** *Sueños en el Pabellón Rojo*. **Algunos son lujosos y nobles, algunos son dignos y sencillos. Y algunos otros objetos son raras antigüedades del tesoro.**

En las cercanías del jardín *Daguanyuan*, **están situados otros puntos de interés**

turístico: la aldea cultural, el jardín de ciruelos, el parque de osmantos y otros entretenimientos como yate, balsa de bambú, tiro con arco, fotografía con ropa antigua etc. Además, los turistas pueden divertirse y alojarse en el Grand View Garden Resort (Daguanyuan).

Desde que **se inauguró** en 1984, *Daguanyuan* ha recibido a casi 30 millones de visitantes **de dentro y fuera del país.** Por otra parte, muchos **jefes de Estado o de Gobierno extranjeros, muchas personalidades famosas han visitado** ese jardín **para apreciar su distintivo gusto refinado de un jardín clásico.** Se celebran en primavera y otoño de todos los años el **Festival del Arte** y el **Festival del Turismo** llamados "Pabellón Rojo", que constituyen **importantes eventos del turismo urbano de Shanghái.** El horario del jardín de *Daguanyuan* es: 8:00—17:00 desde marzo hasta octubre y 8:00—16:30 desde noviembre hasta febrero.

Unidad 21   Monumentos Históricos

课文 D

❑ Parte I: Interpreta el siguiente diálogo alternativamente al español y al chino.

- Ⓐ 这地方真漂亮。我想租海滩边的小屋。
- Ⓑ ¡Buena idea! Pero ¿**hay duchas aquí**?
- Ⓐ 当然有。我怎么会去租没有淋浴的小屋呢？你可不知道这小屋的性价比很不错。
- Ⓑ ¡Magnífico! **¡Qué bueno si podemos alquilar una barca también!**
- Ⓐ 行啊！但是我们去什么地方租呢？
- Ⓑ **Dicen que hay un club.**
- Ⓐ 那请你去了解一下在什么地方吧。
- Ⓑ ¡Vale! **Me encargo de eso.**
- Ⓐ 这沙可真白呀！
- Ⓑ Sí, **¡Qué preciosa playa es ésta!** Vamos a **pasar unos días aquí con toda tranquilidad**.
- Ⓐ 是的，确实如此，我已经不想回城里去了。**我要在这儿一直住下去了。**
- Ⓑ **¿Le fascina tanto la playa?**
- Ⓐ 是啊，我非常喜欢沙滩，因为这是理想的环境。
- Ⓑ **¿Es peligroso bañarse aquí?**
- Ⓐ 哪里的话！我会有危险？
- Ⓑ Mira, **ahí está el letrero.**
- Ⓐ 上面写的什么？
- Ⓑ "**¡Peligro! Está prohibido alejarse de la orilla.**"
- Ⓐ 啊，真的。那边有一面表示危险的红旗。**那我就不在这儿住下去了。**

❑ Parte II: Interpreta el siguiente discurso del español al chino:

El Jardín Yuyuan de Shanghái está situado en el casco antiguo de la ciudad, cerca del **Templo Chenghuang Miao (Templo del Dios Patronal de la Ciudad)**.

Fue diseñado y construido durante la dinastía Ming, entre los años 1559 y 1577. **Un funcionario exitoso, de nombre Pan Yunduan, decidió construir un jardín del estilo semejante a los jardines imperiales que él había visitado en Beijing. La intención del funcionario fue alegrar a sus padres de avanzada edad que sI bien ellos no pudieran ir a visitar la Capital, pudieran disfrutar su vejez cómodamente en un jardín típico de los emperadores.** Por eso **le dio el nombre de Jardín Yuyuan (Yu significa salud y tranquilidad).**

Después de la muerte del funcionario, **la familia de los Pan se arruinó. El jardín cayó pronto en el olvido** y **no recuperó su esplendor sino hasta que en 1760 un grupo de comerciantes enriquecidos lo compraron. A principios del siglo XX, una parte del jardín fue expropiada en un bazar por las autoridades locales.** A partir de 1957 se inició su **restauración total, que abarcó todo el barrio que rodea el jardín.** En 1982 fue declarado **Unidad Nacional de Protección de Reliquias Culturales.**

El jardín ocupa unas dos hectáreas y **combina diferentes estilos del arte arquitectónico de las dinastías Ming y Qing, distinguidos por los disparejos pabellones y quioscos, los escabrosos montículos y rocas y los frondosos árboles y plantas.** Además **el Puente Zigzagueante Jiuqu y el Quiosco Huxinting en medio del Estanque le han hecho uno de los famosos jardines antiguos de China y un especial encanto para** los turistas chinos y extranjeros.

❑ **Parte III:** Interpreta el siguiente discurso del chino al español:

国家4A级旅游区、上海市五星级公园——大观园，是根据中国古典名著《红楼梦》的意境，运用中国传统艺术手法建造的大型公园，占地135亩，有20余个大小景点。整座园子设计精湛，亭台楼阁，精雕细镂，古木翠竹，相映成趣，兼具皇家园林气派和传统园林秀丽风格。室内的家具陈设乃至一草一木，均根据《红楼梦》里人物性格特点和故事情节布置而成，有的豪华富贵，有的端庄古朴，有的器具属罕见珍品古物。

大观园四周的土地上，还有文化村、梅园、桂花苑等旅游景点，有游艇、竹筏、射箭、古装摄影等娱乐项目，有大观园度假村可供游人休闲度假。

自 1984 年**开放**以来，上海大观园已接待**国内外**近三千万游客。另外，**许多外国元首和政府首脑、知名人士**也造访过大观园，**欣赏这座古典园林的独特韵味**。每年春秋推出的**红楼艺术节、红楼旅游节**，是**上海都市旅游的重要内容**。上海大观园开园时间为：3 月至 10 月，8:00—17:00；11 月至 2 月，8:00—16:30。

Unidad 22

Comidas Típicas
第 22 单元　风味小吃

课文 A

❏ **Parte I:** Interpreta el siguiente diálogo alternativamente al español y al chino.

Ⓐ　Hola, señor Li. **Mucho gusto de volver a verle.**

Ⓑ　你好，拉米雷斯先生，我也很高兴再次见到您。请坐。

Ⓐ　Gracias. Este restaurante **me parece muy típico chino, ¿no?**

Ⓑ　是的，因为这是您第一次到中国来，所以我想让您尝尝地道的中国菜。

Ⓐ　Ah sí, **la comida china es muy famosa en el mundo.** Por fin tengo la oportunidad de probarla. Y también **me gustaría aprender a usar los palillos.**

Ⓑ　好的。待会儿我教你。现在您是喝红酒还是烧酒？这里有长城和茅台。

Ⓐ　Prefiero Gran Muralla, gracias.

Ⓑ　好的。现在我先来教你如何使用筷子。

Ⓐ　**Me parece bien difícil usar los palillos, porque no me obedecen.**

Ⓑ　请记住，使用筷子需要掌握一个基本原则：保持一只筷子是固定的，另一只是活动的。

Ⓐ　Oh, **con razón.** Con la explicación de usted ingeniero, **entendí enseguida cómo hacerlo.**

Ⓑ　很好，先这样把一只筷子固定下来，另一只活动的筷子由这三个手指抓着，活动时应该与固定的筷子保持在同一平面。

Ⓐ　Perfecto, **por fin logré levantar cosas con palillos.** Gracias, buen maestro.

Ⓑ　你慢慢练习练习吧。好，咱们现在来尝尝这些菜吧。这是芙蓉虾仁。

Ⓐ　**Hum, muy sabroso. La gastronomía china de veras es maravillosa.**

Ⓑ　我很高兴您喜欢这道菜。这是烤鸭，是北京名菜之一。

Ⓐ ¡Estupendo! ¿Cómo se cocina?

Ⓑ 制作过程漫长而且复杂。但是简单地说，就是先在鸭子身上涂上各种调料混成的汁，然后放在烤炉里烤。

Ⓐ ¡Qué interesante! ¿Qué es esto?

Ⓑ 这是蘑菇里脊丁。吃这道菜时如果配上红酒，味道更好。

Ⓐ **¡Buena idea! Debe ser muy exquisito.**

Ⓑ 那么让我们为健康和友谊干杯吧。

❑ Parte II: Interpreta el siguiente discurso del chino al español:

我已经来中国很多次了，中国悠久的文化让我十分着迷，尤其是她那令人惊叹的烹饪艺术。我在中国不同地方旅游的那段时间里，中国菜肴的丰富多样给我留下了非常深刻的印象。

总地来说，中国的北方菜肴**用油较多**，但是并不腻。**面食**在当地饮食中**占据着基础地位**，例如面条、饺子、馒头，等等。中国的馒头和我们吃的面包可不一样。它是**通过蒸制而成的，既潮湿又松软**。

在中国南方的菜系中，四川菜和湖南菜是**以辣闻名的**，江苏菜和浙江菜的特点是非常**注重菜品材料的嫩和鲜**，而广东菜花样非常多，而且用的材料也十分稀奇，比如说蛇肉和猫肉等。用这样的材料做的菜叫做"龙虎斗"。多么雅致的名字。大米是南方地区的主食，不仅可以做成一般的白米饭，也可以做成类似于西班牙的海鲜饭。

总而言之，我非常喜欢中国菜。我也相信，作为中国文化的一个重要组成部分，中国的烹饪艺术将会在全世界普遍流行起来。

❑ Parte III: Interpreta el siguiente discurso del español al chino:

Ya estamos en la **zona comercial de** Yuyuan, donde **se reúnen casi todos los bocadillos típicos de Shanghái. La cultura gastronómica de China goza de una historia muy larga, y es mundialmente famosa.** Cada provincia, e incluso cada ciudad **tiene sus bocadillos autóctonos. Los bocadillos de Shanghái se**

caracterizan por su preparación refinada. Aquí cerca vemos muchos **restaurantes típicos chinos,** donde podemos **disfrutar agradablemente los diversos bocadillos** y conocer la cultura de la comida Shangháinesa.

Entre tantos típicos de bocadillos, les recomiendo uno más representativo. Se llama **Empanadilla al vapor de Nanxiang. Su relleno tiene mucha originalidad. Se mezclan los picadillos de carne con los cuadritos de gelatina de piel de cerdo, que se convertirán en un rico zumo después de calentarse al vapor. Al morder una empanadilla, la suculencia escurre en la boca. Es una sensación maravillosa.** La empanadilla de Nanxiang, no es sólo el **bocadillo autóctono de Shanghái,** sino que ha llegado a ser **un platillo famoso en China. En fin,** después de probar todo esto, **estoy convencido de que van a decir: "Los bocadillos de Shanghái son dignos de su reputación."**

课文 B

❑ **Parte I:** Interpreta el siguiente diálogo alternativamente al español y al chino.

- Ⓐ 您好，李先生，**很高兴再次见到您**。
- Ⓑ Mucho gusto, señor Ramírez, **el gusto es mío.** Siéntese por favor.
- Ⓐ 谢谢。**我感觉这家餐厅很有中国特色**，不是吗？
- Ⓑ Sí. Como **es la primera vez que usted viene a China,** me gustaría que pruebe la comida típica de mi país.
- Ⓐ 是啊，**中国菜世界闻名**，我终于有机会尝一尝了。另外**我也很想学习用筷子**。
- Ⓑ Muy bien. **Le voy a enseñar después.** Y ahora ¿qué quiere tomar, **vino o aguardiente?** Aquí tenemos *Gran Muralla y Maotai*.
- Ⓐ 我比较想喝长城，谢谢。
- Ⓑ Muy bien. **Ahora déjame enseñarle primero cómo usar los palillos.**
- Ⓐ 我觉得筷子很难使用，因为它们不听我的话。
- Ⓑ Recuerde, **para usar los palillos hay que seguir un principio básico: mantener un palillo fijo y otro movible.**
- Ⓐ 喔，原来是这个道理。听工程师您这样介绍，我马上就明白怎么做了。
- Ⓑ Vale, **primero fijar este palillo así y agarrar otro palillo movible con estos tres dedos. Al moverlo, debe mantenerlo en el mismo plano con el palillo fijo.**
- Ⓐ 很好，我终于能够夹住东西了。谢谢好师傅。
- Ⓑ **Practíquelo con paciencia.** Vale, ahora vamos a probar los platos. **Este es camarón descascarado con clara de huevo.**
- Ⓐ 嗯，非常好吃。中国的烹饪技术确实令人赞叹。
- Ⓑ **Me alegra que le guste. Este es pato laqueado, uno de los manjares más famosos de Beijing.**
- Ⓐ 味道好极了。这道菜是怎么做的？
- Ⓑ **Es un proceso largo y complicado. Pero en breve, primero untamos el pato**

con la mezcla de diversos ingredientes, y luego lo metemos en un horno.
- **Ⓐ** 真有趣。这道菜是什么？
- **Ⓑ** **Es solomillo con hongo. Si lo comemos acompañado de vino, sabrá más rico.**
- **Ⓐ** 好主意。一定很好吃。
- **Ⓑ** Entonces **un brindis por la salud y la amistad.**

❏ **Parte II:** Interpreta el siguiente discurso del español al chino:

He estado en China muchas veces. **Su cultura milenaria me ha fascinado mucho, sobre todo, su maravilloso arte culinario. Durante mis viajes por distintas partes de China, estoy profundamente impresionado por la diversidad de la comida china.**

En general, los platos del norte de China **contienen mucho aceite, pero no empalagan. La harina desempeña un papel fundamental** en la cocina local: **los tallarines, los raviolis,** el pan, etc. El pan chino es diferente de lo que comemos en nuestro país. **Se cocina al vapor y se queda húmedo, blando y esponjoso.**

Entre los estilos de cocina del Sur de China, la de Sichuan y la de Hunan **son famosas por su sabor picante;** y **los estilos de** Jiangsu y Zhejiang **dan mucha importancia a los materiales tiernos y frescos;** en cambio, la **cocina cantonesa es muy variada** y **usa materiales muy raros,** por ejemplo, carne de serpiente y gato. El plato preparado con estos materiales se llama **"Pelea entre Dragón y Tigre".** ¡Qué elegante nombre! El **arroz es la comida principal en la zona meridional,** y no **se prepara** solamente **arroz blanco ordinario,** sino también **en forma parecida a la paella española.**

En fin, a mí me gusta mucho **la comida china,** y **estoy convencido de que** el arte culinario chino, **siendo un componente importante de la cultura china, va popularizándose por todo el mundo.**

❏ **Parte III:** Interpreta el siguiente discurso del chino al español:

我们现在已经来到了豫园附近的**商业区**。这里汇集了几乎所有的上海特色小吃。中国的**烹饪文化拥有非常悠久的历史，世界闻名**。这里的每个省甚至每个城市都有自己的**本地特色小吃，上海小吃**的特色是制作十分精细。现在我们看到这附近有许多很有**中国特色的餐馆**，我们可以在这里美美地享受各种小吃，并从中了解到上海的饮食文化。

在众多的特色小吃中，我可以向大家推荐一种最具有代表性的。这就是**南翔小笼包**。它的馅料很有创意。在碎肉末里混上一块块的猪皮冻，而这些皮冻经过加热以后会融化成为可口的汤汁。当一咬汤包时，美味的汁水就会流进嘴里，那种口感是十分奇妙的。南翔小笼包不仅是**上海的本地小吃**，而且已经成为一道**中华名小吃**。总之，品尝了这些美食以后，我相信大家都会说："上海的小吃真是名不虚传！"

课文 C

❑ **Parte I**   Interpreta el siguiente diálogo alternativamente al español y al chino.

Ⓐ   Ya es hora del almuerzo. **¿Vamos al restaurante donde cenamos ayer?**

Ⓑ   好啊，你喜欢那里的饭菜吗？

Ⓐ   Sí, **nunca he imaginado que la comida china sea tan sabrosa. Sobre todo, la diversidad de los platos me ha sorprendido mucho.**

Ⓑ   这家饭店确实很不错，果然名不虚传。

Ⓐ   **También me gustó su decoración interior. Si no me equivoco,** es del estilo de la dinastía Qing.

Ⓑ   确实如此。你对中国历史非常了解。

Ⓐ   **No me digas,** muy superficial. **También me gustó la música suavecita de fondo.**

Ⓑ   是的，是非常优美的中国民乐。

Ⓐ   Por eso **prefiero volver a comer ahí.**

Ⓑ   那么昨晚的菜中哪一道你最喜欢呢？

Ⓐ   Mmm... **Camarones descascarados en salsa agridulce.**

Ⓑ   这道菜我也很喜欢。上海菜中糖和醋是很常用的调料。

Ⓐ   **Los cocineros chinos de veras son artistas,** pues los platos que se preparan **tienen no sólo una presentación hermosa sino también un sabor exquisito.**

Ⓑ   所以说中国菜的特点之一是色香味完美结合。

Ⓐ   Y algunos platos de ayer tenían un **sabor especial, parecido al licor, pero un poco diferente.**

Ⓑ   是的，**有种调味品叫作糟**，是南方菜系中特有的。我们上海人很喜欢。

Ⓐ   ¿Qué es "Zao"?

Ⓑ   是高粱、大米等谷物发酵过滤后留下的残渣。

Ⓐ   Huy, ¡qué interesante! **Los chinos son geniales.**

Ⓑ   明天我带你去城隍庙品尝上海本地小吃。我想你会喜欢的。

Ⓐ ¡Qué bien! Ah, llegamos ya al restaurante.
Ⓑ 是啊，**好香啊**。

❏ Parte II: Interpreta el siguiente discurso del chino al español:

今天的西班牙，由于中国移民的原因，有许许多多的**中餐馆**。**它们提供的套餐都以价格低廉为特点**，虽然也有少数中餐馆十分高档，那里所提供的佳肴非常昂贵。

在西班牙的中餐馆经常是由同一个家族的几个成员来管理，主要坐落在人口众多的大城镇以及一些沿海地区。中国的烹饪非常丰富多样。在西班牙的中餐馆，**主食通常是米饭**，而且总是配有各种蔬菜、肉类和鱼类，**还有品种繁多的汤**。

对于西班牙人来说，**最熟悉的中国饮料**就是王朝牌葡萄酒。而**最熟悉的中国菜**就是**春卷、炒饭、糖醋鸡块、牛肉炒杂碎**（chow chop suey de ternera）**、北京烤鸭、南瓜蒸肉、葱爆对虾、豆腐**，等等。总之，我们可以说，在一家好的中餐馆吃顿饭完全是味觉的一次新奇体验。

❏ Parte III: Interpreta el siguiente discurso del español al chino:

La comida Shanghainesa, que suele llamarse la comida *Benbang* (local), **se desarrolló a partir de la comida casera.** Luego, **adoptó los métodos de otras escuelas gastronómicas chinas, asimiló algunas características de los platos del Occidente y logró un gran desarrollo en la variedad de los platos. En la actualidad,** la gastronomía shanghainesa **se caracteriza por su selección estricta de los materiales y elaboración refinada.** Los materiales principales para sus manjares son **los frescos de río, los mariscos, las aves de corral** y las verduras de temporada, etc.

Como Shanghái **está situada en la desembocadura del delta del río Yangtzé, esta ventaja geográfica hace que su gastronomía sea famosa por su frescura, y los materiales varíen según las estaciones.** Por ejemplo, en primavera y verano, **se comen pasta de anguila china y camarones con cebollina,** mientras en otoño e invierno, **se disfrutan de cangrejos peludos a vapor Dazhaxie y congrio en salsa.**

El método más usual de la comida típica de Shanghái es estofar en salsa y salteada. Y los manjares tienen un sabor fuerte, por el amplio uso de azúcar, vinagre y salsa de soya. Sin embargo, **en los últimos años, con la tendencia de comer menos azúcar y menos grasa,** muchos restaurantes de Shanghái han disminuido el uso del aceite y azúcar, **lo cual ha hecho la comida Benbang más al gusto de la gente moderna.**

Vale la pena mencionar un condimento llamado *Zao*, que a los shanghaineses les gusta mucho echar a los platos en verano y otoño. **Es el orujo de cereales, ya** fermentados y destilados. La comida preparada con este aliño, tales como el pollo, **las patas de cerdo y las judías verdes, huele y sabe un poco a licor** y es muy especial **para el paladar.** Además, en Shanghái hay **muy diversos bocadillos típicos** y son muy **bien acogidos por** los amigos extranjeros.

课文 D

❏ **Parte I:** Interpreta el siguiente diálogo alternativamente al español y al chino.

Ⓐ 该吃午饭了。我们去昨天吃晚饭的那家饭店吗?

Ⓑ Bien. ¿Te gustó la comida de allí?

Ⓐ 是的，没想到中国菜这么好吃。尤其是菜的样式之多实在让我很惊讶。

Ⓑ **Verdad que es un restaurante bastante bueno. Es realmente digno de su reputación.**

Ⓐ 我还喜欢它的室内装潢。如果我没有搞错的话，是清朝的风格。

Ⓑ Efectivamente. **Conoces muy bien la historia de China.**

Ⓐ 哪里的话，非常皮毛。我还很喜欢那轻柔的背景音乐。

Ⓑ Es cierto, **es una música tradicional china muy linda.**

Ⓐ 所以，我还想再去那儿吃饭。

Ⓑ ¿Entonces **cuál de los platos de ayer te gustó más**?

Ⓐ 嗯……糖醋虾仁。

Ⓑ A mí también. En la gastronomía Shangháinesa, **se usa mucho el azúcar y el vinagre como condimentos.**

Ⓐ 中国厨师的确是艺术家。他们做的菜不仅外观好看，味道也很美。

Ⓑ Por eso dicen que **una de las características de la comida china es la perfecta combinación del color, el olor y el sabor.**

Ⓐ 昨晚有几道菜味道很特别，有酒味但又不太一样。

Ⓑ Sí. Hay **una especie de aliño llamado "Zao",** que es propio de las gastronomías del sur de China. A los Shangháineses nos gusta mucho.

Ⓐ 什么是糟?

Ⓑ **Es el orujo de cereales, como sorgo o arroz, ya fermentados y destilados.**

Ⓐ 哦，真有趣。中国人真是天才!

Ⓑ Mañana te llevaré **a la zona del Templo de Chenghuangmiao (Templo del**

Dios Patronal de la Ciudad) donde podrás **probar los bocadillos autóctonos de** Shanghái. Creo que te van a gustar.

Ⓐ 太好了！啊，我们到那家餐馆了。

Ⓑ Sí. ¡Qué bien huele!

❏ Parte II: Interpreta el siguiente discurso del español al chino:

Actualmente en España hay muchos **restaurantes chinos** gracias a la inmigración china. **Ellos se caracterizan por los bajos precios que ofrecen en sus menús,** aunque también **hay una minoría de ellos de altísima calidad** y que ofrecen unos excelentes platos costosos.

Los restaurantes chinos en España suelen estar regentados por miembros de una misma familia y se localizan principalmente **en las grandes poblaciones y en el litoral.** La gastronomía china **es muy rica y variada. La base de la comida** que ofrecen sus restaurantes en España **suele estar en el arroz, siempre acompañado por** vegetales, carne o pescado. **También existe una amplia selección de sopas.**

Para los españoles, **la bebida china más conocida** es el *Wangchao* (dinastía) **y como platos, los rollitos de primavera, el arroz frito, el pollo agridulce, el chop suey (chow chop suey) de ternera, el pato laqueado de Pekín, calabaza rellena con carne al vapor, langostinos con cebollín chino, requesón de soja... En resumen, podemos decir que comer en un buen restaurante chino puede ser toda una novedad para el paladar.**

❏ Parte III: Interpreta el siguiente discurso del chino al español:

上海菜，习惯叫"本帮菜"，是从家常菜发展而来的。后来，吸取中国其他地方菜的烹饪技法，加上西方菜肴的特点，菜式有了很大的发展。目前上海菜的特点是**选料严谨，制作精致。菜品主要材料有河鲜、海鲜、家禽、家畜和时令菜蔬等**。

由于上海地处长江三角洲的入海口，这一地理优势使得上海菜选材以鲜著称，四季有别。春夏季吃**清炒鳝糊**、**葱爆虾仁**，秋冬季有**清蒸大闸蟹**、**红烧鳗鱼**等。

　　地道的上海菜以红烧、干煸为主要做法，口味较重，善用糖、醋和酱油。不过，近年受**低糖**、**低脂饮食潮流的影响**，很多上海菜馆减少了油、糖的投放量，使本帮菜更加符合现代人的饮食口味。

　　值得一提的是在夏季和秋季，上海人喜欢在菜里放入一种叫糟的调味品，它是谷物发酵过滤后的残渣。用它做成的菜，如糟鸡、糟猪蹄、糟毛豆等带有酒香，味道独特。另外上海还有**品种繁多的特色小吃**，很受外国朋友的**欢迎**。

Unidad 23

Deporte y Fitness
第23单元　运动健身

课文 A

❏ **Parte I:** Interpreta el siguiente diálogo alternativamente al español y al chino.

Ⓐ 嗨，罗先生，你在这里真是意外啊。你也喜欢在酒吧过夜生活啊？

Ⓑ **Tampoco pensaba que te encontraría aquí.** Vengo a ver un partido de fútbol, **entre Real Madríd y Barcelona.** Mira, tanta gente, todos por esa competencia.

Ⓐ 对啊，我差点忘了今天是西班牙的德比之战呢。我原本只是想来喝一杯的，现在还可以看场自己国家的球赛，太好了。

Ⓑ Como vienes de Madrid, **debes ser hincha de Real Madrid,** ¿no es cierto?

Ⓐ 那当然，不过巴萨实力也很强啊。在中国有很多人喜欢西班牙国家足球队吗？

Ⓑ Claro que sí. **El fútbol de España es mundialmente famoso, y con tantos futbolistas excelentes.**

Ⓐ 是的。哦，昨天我们坐出租车时路过一个很大的足球场是吧？

Ⓑ Sí, es el estadio mayor de Shanghái, que **alberga 80 mil personas.**

Ⓐ 啊，所以看上去**那么雄伟壮观**啊。

Ⓑ **Este fin de semana** habrá una competencia de fútbol entre el equipo de Shanghái y el de Beijing.

Ⓐ 哦，那也是中国的德比之战啊，哈哈。应该会很精彩。

Ⓑ ¿Quieres ir a verla? Aunque sé que el fútbol chino **todavía dista mucho de alcanzar al de España.**

Ⓐ 我当然想去看啊，中国足球已经**有了**很大进步了。

Ⓑ Bien, entonces vamos juntos. Mañana voy a comprar las entradas.

Ⓐ 好的。在中国现场看中国球队比赛一定很激动人心。

B Sí, **los hinchas chinos tienen mucho entusiasmo.** Ah, ya empezado el partido de hoy.

❏ **Parte II:** Interpreta el siguiente discurso del chino al español:

事实上，**锻炼身体**应该是人人都积极参加的活动，因为**它对我们身体和心理的健康是十分有利的**。但是令人遗憾的是，我们每天都忙于繁重的学习和工作，对强壮身体的意识比较薄弱，不习惯锻炼身体。

身体健康既是我们个人发展的基础，也是社会发展的基础。而开展体育活动不仅仅是为了有个好身体，也是为了培养一种持久的耐力和坚强的意志。我们可以看到，在比赛中遭受的失败也有利于提高我们全面的素质。

2008年北京奥运会的圆满举行，震撼了全世界。我很高兴，在迎接奥运会的过程中，各行各业的中国人都加入到了全民健身的队伍中来，并由此表达他们对奥运会的满腔热情。我相信，中国人民对体育运动的热忱会越来越高涨。

❏ **Parte III:** Interpreta el siguiente discurso del español al chino:

Queridos amigos, ahora estamos en el **Museo de Artes Marciales de China que se encuentra en el campus de** la Universidad de Deportes de Shanghái. **Las artes marciales (Wushu) constituyen una importante parte de la cultura china, y es conocido en el extranjero gracias a las películas de Kungfu (Gongfu) de Hollywood. Es una técnica de autodefensa y a la vez un buen ejercicio físico para fortalecer la salud.** Ahora es más considerado como **un deporte.** En general, **las artes marciales chinas se clasifican en cuatro tipos: pugilismo, juegos de armas, ejercicios en parejas y actuaciones colectivas.** En la práctica de cada uno de los ejercicios, **deben estar coordinados las manos, los ojos, el cuerpo y los pasos.**

Gracias a la divulgación del Wushu de China por todo el mundo, en los últimos años, en América Latina, los Estados Unidos y Canadá ha aumentado mucho el número de **aficionados a este deporte.** En Argentina, Brasil, México y Centroamérica existen **muchas organizaciones de Wushu. La Federación Mundial de Artes Marciales, con sede en** Los Angeles de EEUU, **también se desarrolla vigorosamente y tiene establecidas ahora sucursales en decenas** de países y regiones. Desde 2016, se celebra cada año **un certamen mundial de artes marciales. Estos certámenes transmitidos por** American Satellite TV **han recibido respuestas positivas de todos los círculos sociales de** los EEUU y **han empujado la popularización de las artes marciales en el mundo.**

En la actualidad, muchos chinos desean que el *Wushu* quede incluido en **la lista de deportes oficiales de los Juegos Olímpicos lo antes posible.** En este museo, **podemos conocer la historia y la situación actual del *Wushu*** y así **experimentar la espléndida cultura** de China. Bueno, empezamos la visita.

课文 B

❑ **Parte I:** Interpreta el siguiente diálogo alternativamente al español y al chino.

Ⓐ　Hola, señor Luo. **Estás aquí, pero ¡Qué sorpresa! ¿Tú también prefieres pasar la vida nocturna en un bar?**

Ⓑ　我也没想到会在这里碰到你。我是来看球赛的，皇马对巴萨。你看，这么多人，都是来看这场球的。

Ⓐ　Ay, sí. **Por poco se me olvidaba que** hoy se celebrará **el "derby" de España. Pensaba venir a tomar una copa,** pero ahora puedo ver un partido de mi país. ¡Qué bien!

Ⓑ　你是马德里人，想必是皇马的球迷吧？

Ⓐ　**Por supuesto, pero Barcelona también es un equipo fuerte. ¿En China hay muchos hinchas de la selección española de fútbol?**

Ⓑ　那当然啊，西班牙足球世界有名，有那么多精湛的足球运动员。

Ⓐ　Sí. Oye, ayer en taxi pasamos por un estadio, ¿no es cierto?

Ⓑ　是的，那是上海最大的体育场，可以容纳 8 万人呢。

Ⓐ　Ah, por eso se veía **tan majestuoso.**

Ⓑ　这个周末那里会有场上海队和北京队的足球赛。

Ⓐ　Ah, **también es el "derby" en China,** jaja... **Debe ser muy reñido.**

Ⓑ　你想去看吗？虽然我知道中国足球跟西班牙比起来还差得很远。

Ⓐ　Claro que **tengo ganas de** ir a verla. El fútbol chino **ha logrado muchos avances.**

Ⓑ　那好，我们到时一起去看。我明天就去买票。

Ⓐ　Bien, ver una competencia entre equipos chinos en la misma China **debe ser muy excitante.**

Ⓑ　是啊，**中国球迷都很热情**。啊，今天的球赛已经开始了。

❏ **Parte II:** Interpreta el siguiente discurso del español al chino:

Hacer deportes, de hecho, debe ser una actividad en que todo el mundo participe activamente, porque **es provechoso para nuestra salud tanto física como psicológica.** Sin embargo, **es lamentable que atareados todos los días en los pesados estudios y trabajos, tengamos una conciencia muy débil para fortalecer el cuerpo,** y **no nos acostumbramos a** hacer ejercicios.

Una buena salud es el fundamento del desarrollo tanto individual como social. Y **las actividades deportivas se efectúan** no sólo para lograr una buena salud, **sino también para fomentar la perseverancia y la firme voluntad.** Vemos que los fracasos que experimentamos en las competencias también nos favorecen **para mejorar la cualidad integral.**

En 2008, **los Juegos Olímpicos de Beijing se coronó con todo éxito y conmovió a todo el mundo. Me alegro mucho de que** en el mismo proceso de **saludar la celebración de la Olimpiada de Beijing, los chinos de distintos sectores sociales se han incorporado al grupo popular para hacer deportes** y expresar **su entusiasmo por este evento. Confío en que se hará todavía más alto el fervor del pueblo chino por los deportes.**

❏ **Parte III:** Interpreta el siguiente discurso del chino al español:

亲爱的朋友们，我们现在所在的地方是**中国武术博物馆，坐落在上海体育大学校园内**。武术是中国文化的一个重要组成部分，在国外，因为好莱坞的功夫电影而为人所知。它既是一种自我防卫的手段，也是一项强身健体的运动。现在更多地被认为是一项体育活动。武术大体可以分为**四大类：拳术类、器械类、对练类和集体类**。在每一类武术的运用过程中，手、眼、身体和步伐都要互相配合协调。

由于中国武术在全世界的传播，近年来在拉美地区、美国以及加拿大**武术爱好者**数量大增。在阿根廷、巴西、墨西哥以及中美洲地区成立了很多武术组织。总部位于美国洛杉矶的**世界武术联盟也蓬勃发展，**现已在几十个国家和地区设立了分会。2016年以来每年举办一届**武林大会**，得到了美国**社会各界**的积极响应。美国卫星电视台进行了**转播**，推进了中国武术在国外的传播。

　　目前，许多中国人希望武术能**早日被列入奥运会官方项目之中**。在这座博物馆内，我们可以**了解中国武术的历史和现状**，从中**感受中国的灿烂文化**。好了，我们开始参观吧。

课文 C

❏ **Parte I:** Interpreta el siguiente diálogo alternativamente al español y al chino.

Ⓐ Oiga, señor Wang. ¿El hotel está lejos?

Ⓑ 不算远，还有一刻钟左右就到了。现在您可以在出租车上欣赏一下上海的风景。

Ⓐ Bien. Ah, allí hay un parquecito donde **mucha gente está haciendo ejercicios.** ¿Qué tipo de deporte es?

Ⓑ 是中国一种**传统的体育活动**，叫作**太极拳**。特别是在老年人中**练太极拳的很多**。

Ⓐ Los movimientos **me parecen muy lentos.**

Ⓑ 是的。人们在**练太极拳时必须保持心境平和**。

Ⓐ ¿En el hotel hay lugares donde **hacen ejercicios**?

Ⓑ 那当然，酒店有一个健身房，那里**有不同领域的好教练**：健身操、游泳、羽毛球、网球、滑冰、保龄球、舞蹈等。

Ⓐ Muy bien. A mi esposa le gustan **los aerobics,** pero a mí me gustan más los **bolos.**

Ⓑ 很好。**锻炼能增强体质**，教练还会给你**介绍体育知识**。

Ⓐ Yo también sé un poco del *Pingpong*.

Ⓑ 啊，是吗？太好了。我们中国人把它看作是一项**民族体育运动**。

Ⓐ Sí, el *Pingpong* de China **tiene mucha fama en el mundo.**

Ⓑ 您最喜欢什么体育运动？

Ⓐ Pues... El fútbol. Pues en España tenemos **equipos mundialmente famosos,** tales como Real Madrid y Barcelona.

Ⓑ 是的。足球在拉美地区也**很流行**。

Ⓐ Claro. Países como Argentina, Brasil **son muy profesionales** en eso.

Ⓑ 是的。啊，我们到酒店了。现在您先休息，**如果您愿意的话**，我们今天下午一起去健身。

Unidad 23　Deporte y Fitness

❏ **Parte II:** Interpreta el siguiente discurso del chino al español:

众所周知，足球在当今社会**扮演着十分具有影响力的角色**。这项世界上**最为流行的体育运动使得人们能够相互熟悉，交流思想**。有时，足球运动甚至可以成为社会全面发展的一个因素。足球这种体育运动，**在其历史发展过程中**，在世界上的任何一个角落里都可以有很多人参与。但是，**足球能够以巨大的狂热处于主导地位的，还是欧洲和拉美**。德国、法国、英国、意大利、西班牙、巴西、阿根廷、墨西哥等国家都是这项运动的强国。

足球在中国的**历史十分悠久**。在古代人们把它叫作蹴鞠，是足球之源。但是**在漫长的岁月中**，这项运动并**没有在中国得到很大的发展**。目前，中国在足球这项运动上已经取得了**不少的成绩**，比如我们参加了2002年世界杯，在足球职业化方面我们也取得了巨大进步。但是，**与其他亚洲国家，如日本和韩国相比的话，我们还有很多事情要做**。

❏ **Parte III:** Interpreta el siguiente discurso del español al chino:

Fortalecer un cuerpo sano es un **elemento importante de** la cultura china y podemos ver a menudo a mucha gente **hacer ejercicios** en parques antes de que empiece el trabajo del día. **Además de** los deportes internacionales, en China tenemos muchos tipos de **actividades tradicionales deportivas**.

Los artes marciales en China **son populares** y entre sus diversos tipos, **el Taiji ocupa un lugar muy importante. Es una especie de pugilismo,** y un **deporte integral del cuerpo que combina"entrenamiento del cuerpo, de la mente y de la energía". Su punto clave consiste en guiar el movimiento con la mente. Se practica con suavidad y flexibilidad pero mezclada de firmeza. La postura de los movimientos es hermosa.**

Qigong(confú de energía) es un deporte especial de China. **Mediante el control de la mente y el ajuste de la respiración, los practicantes pueden lograr el propósito de mantenerse en forma, prolongar la vida, curar enfermedades y mejorar las funciónes fisiológicas.**

La carrera de botes del dragón ha ganado prestigio mundial. **Los equipos compiten remando en los botes adornados como dragones, al ritmo de un tambor. A medida que** se desarrolla la economía, la gente va a **tener cada vez más tiempo de ocio** y prestar más atención a la salud. Así que **estos deportes tradicionales chinos van convirtiéndose en un modo de comunicación entre la gente,** y eso también **es una elevación de la conciencia nacional.**

课文 D

❑ **Parte I:** Interpreta el siguiente diálogo alternativamente al español y al chino.

Ⓐ 王先生，酒店远吗？

Ⓑ **No mucho. Nos falta un cuarto de hora.** Ahora puede contemplar un poco el paisaje de Shanghái en taxi.

Ⓐ 好的。啊，那里有个小公园，里面有**很多人在锻炼**。他们在做什么运动啊？

Ⓑ Es un **deporte tradicional** de China. Se llama *Taiji* y **se practica mucho** especialmente entre las personas de edad mayor.

Ⓐ 那些动作好像**都**很缓慢。

Ⓑ Sí. La gente **debe mantener la tranquilidad mental cuando hace este deporte.**

Ⓐ 酒店里有地方可以**做**运动吗？

Ⓑ **Por supuesto que sí.** El hotel cuenta con un **gimnasio** donde hay **entrenadores calificados en diferentes áreas** como: **aeróbica,** natación, **bádminton, tenis, patinaje, bolos,** danzas etc.

Ⓐ 非常棒。我妻子喜欢**增氧健身操**，而我更喜欢**保龄球**。

Ⓑ Muy bien. **Los ejercicios fortalecen el desarrollo físico** y los entrenadores **le dan los conocimientos deportivos.**

Ⓐ 我还会一点乒乓球。

Ⓑ Ah, ¿sí? ¡Qué bien! Los chinos lo consideramos como **el deporte nacional.**

Ⓐ 是的。中国乒乓球**世界闻名**。

Ⓑ ¿Y qué tipo de deporte le gusta más?

Ⓐ 嗯……足球。西班牙有很多**世界知名的球队**，像皇马、巴萨等。

Ⓑ Sí, el fútbol también **muy popular en** América Latina.

Ⓐ 当然。阿根廷、巴西等国在足球方面都是**非常专业**的。

Ⓑ Sí. ¡Ah!, llegamos al hotel ya. Descanse ahora y **si quiere, vamos a hacer deportes esta tarde.**

❏ **Parte II:** Interpreta el siguiente discurso del español al chino:

Es sabido de todos que el fútbol **tiene un rol extremadamente influyente en** la sociedad actual. **Este deporte más popular en** el mundo **ha logrado que la gente se conozca y comparta ideas.** En algunos casos, el fútbol **supone incluso un factor del desarrollo integral de la sociedad.**

El fútbol es un deporte que **durante su desarrollo en la historia se ha practicado en masas** en cualquier lugar del mundo, pero **donde ha predominado con gran fervor ha sido en Europa y América latina.** Alemania, Francia, Inglaterra, Italia, España, Brasil, Argentina, México, **entre otros** países, **son grandes potencias en practicar este deporte.**

El fútbol en China **tiene una historia larga** y **se conocía en la antigüedad como** *Cuju* que es **el origen del fútbol. Pero a lo largo del tiempo,** este deporte **no tenía mucho desarrollo** en China. **En la actualidad,** el fútbol chino **ha logrado muchos éxitos,** tales como **la participación en la Copa Mundial de 2002** y el gran avance de su **profesionalización,** pero **en comparación con** otros países asiáticos como Japón y Corea del Sur, todavía **le falta mucho por hacer.**

❏ **Parte III:** Interpreta el siguiente discurso del chino al español:

强身健体是中国文化的一个**重要元素**。我们经常可以看到，在开始一天的工作之前，很多人在公园里**锻炼身体**。除了那些国际性的运动项目之外，中国拥有很多**传统体育活动**。

武术在中国是**很流行的**，在它众多的类别之中，太极拳占有重要地位。它是拳术的一种，是"练身"、"练意"、"练气"三结合的整体运动。其重点是以意念引导动作，动作柔中有刚，拳姿优美。

气功是中国独特的一种健身活动，通过练功者控制意念、调整呼吸，达到健身、延年、祛病和增强生理功能的目的。

赛龙舟这种运动已经享有世界声誉。参赛队伍**划着装饰成龙形的船，敲着鼓**你追我赶进行比赛。随着经济的发展，人们的空闲时间会相对越来越多，人们对健康的关注也会越来越多。**这些中华传统体育运动会成为人们互相交流的方式**，这也是一种**民族精神的提升**。

Unidad 24

Espectáculos
第 24 单元 文艺演出

课文 A

❏ **Parte I:** Interpreta el siguiente diálogo alternativamente al español y al chino.

Ⓐ   Señor Li, ¿qué vamos a hacer esta noche?
Ⓑ   上海的夜生活是很丰富的。我们去迪厅怎么样？
Ⓐ   Vale. ¿**Aquí cerca** hay buenas discotecas?
Ⓑ   是的。在衡山路有一些不错的舞厅。我们酒店的客人经常去那里消遣。
Ⓐ   Bien. Me gusta mucho bailar. ¿Sabes bailar?
Ⓑ   我只会一点莎莎舞。
Ⓐ   ¡Qué bien! Sé que ahora en China **es muy popular esta danza latina.**
Ⓑ   是的。还有西班牙的弗拉门戈舞在这里也很有名。
Ⓐ   Ah, ¿sí? **Eso no lo sabía. ¡Qué orgulloso estoy!**
Ⓑ   刚好今天晚上在上海大剧院会有一个西班牙弗拉门戈舞蹈团的演出。
Ⓐ   ¿De verdad? A mí **me encanta el flamenco.**
Ⓑ   我也是。它的音乐和舞蹈很有感染力。
Ⓐ   Entonces, **¿Por qué no vamos a ver el espectáculo?**
Ⓑ   好的，但是我不知道这个时候还能不能买到票。
Ⓐ   **Me alegro de que a tantos chinos les gusta esta cultura folklórica española.**
Ⓑ   好的，那我们现在去买票吧。
Ⓐ   Pero creo que hoy **no puedo ir al teatro,** porque mire, sólo **llevo una camiseta así.**
Ⓑ   啊，可不是呗，我们得穿礼服去剧院。那我们买到票，我也去不了。
Ⓐ   **No pasa nada,** pues no vamos al teatro hoy, vamos a **dar un paseo por** la ciudad.

B 好的，咱们去这个区兜一下。你瞧，晚上的灯光使我们的城市大变样。

A Exactamente. Muchas gracias. **Me fascina esta ciudad de noche.**

B 我很高兴。回家以后，我去网上购买弗拉门戈的票子。

❏ Parte II: Interpreta el siguiente discurso del chino al español:

我们现在就在上海大剧院了。今天晚上将有一个**来自西班牙的弗拉门戈舞蹈团**向我们展示这项奇妙的西班牙传统文化。

弗拉门戈舞是**西班牙的一种传统艺术**。它起源于西班牙南部的安达卢西亚地区。**弗拉门戈舞融合了多种音乐表现元素，例如吉他、击掌、歌唱和舞蹈，以传递人们心中最深沉的情感。这些情感中既有喜悦和欢快，也有痛苦和悲伤。弗拉门戈舞者通过用鞋子踢踏地面、用舞步舞出节奏，从而展现他们的激情、狂热、优雅和尊严。**

弗拉门戈舞由歌唱、舞蹈、吉他弹奏以及击掌打拍子伴奏组成。其中响板，这种西班牙的古典乐器也会在某些舞蹈里使用，其他参加者也会常常喊着"哈来噢"之类的词语互相鼓劲、喝彩。如今，弗拉门戈舞作为**西班牙传统文化的一个重要组成部分，在中国**已经为很多人所熟知。

❏ Parte III: Interpreta el siguiente discurso del español al chino:

El Festival de TV de Shanghái, antes conocido como Festival Internacional de TV de las **Ciudades de Hermandad de Shanghái,** fue fundado el 10 de diciembre de 1986 y es el primer festival internacional de TV de China. **Copatrocinado por** la Administración Estatal de Radio, Cine y Televisión y el Gobierno Municipal de Shanghái, el festival **tiene el objetivo de profundizar el entendimiento entre los países, mejorar la amistad entre las personas en el círculo de la industria de televisión** y promover la mejora del arte televisivo. **Después de más de 20 años de gestión de la marca, se ha convertido en el** festival internacional de TV más grande e influyente de Asia.

Este festival que **se celebra cada junio con una duración de cinco días se ha caracterizado por la internacionalización, comercialización y especialización.** Las actividades principales incluyen **la selección del Premio Magnolia de programas de TV, la exhibición de programas excelentes, el mercado internacional de TV, el mercado internacional de nuevos medios yequipos, deradio y televisión, el Magnolia de televisión.**

Centenares de representantes de las estaciones de TV y productoras de dentro y fuera del país participaron en **el evento internacional** de este año. **En forma de intercambio equitativo de programas, los organizadores obtuvieron el derecho de transmisión de 17 telenovelas, 16 largometrajes culturales y 25 largometrajes de paisaje de los países participantes. Esto ha causado un shock entre las audiencias de la televisión china.**

El Festival de TV de Shanghái **tan familiar para todos se ha convertido en un símbolo de la metrópolis internacional de Shanghái. El Festival ha ejercido su función de intercambio cultural, aglomeración industrial e impulso económico. Creemos que** el Festival de TV de Shanghái **desempeñará un papel muy positivo en la promoción del desarrollo de la industria televisiva en China y en el mundo.**

Unidad 24　Espectáculos

课文 B

❏ **Parte I:** Interpreta el siguiente diálogo alternativamente al español y al chino.

Ⓐ　李先生，我们今晚有什么活动？

Ⓑ　**La vida nocturna** de los shanghaineses es muy rica. ¿Qué te parece si vamos a una discoteca?

Ⓐ　好的。这附近有好的迪厅吗？

Ⓑ　Claro. En la Calle Hengshan hay varias muy buenas. **Los huéspedes de nuestro hotel van allí frecuentemente para divertirse.**

Ⓐ　好，我很喜欢跳舞。你会跳舞吗？

Ⓑ　**Sé un poco de salsa.**

Ⓐ　真好。我知道在中国这种拉丁舞很流行。

Ⓑ　Sí. **Y el flamenco español aquí también es muy famoso.**

Ⓐ　是吗？这我倒不知道。我感到很自豪。

Ⓑ　Precisamente esta noche en el **Gran Teatro de Shanghái hay un espectáculo de un grupo español de flamenco.**

Ⓐ　真的吗？我很喜欢弗拉门戈舞的。

Ⓑ　A mí también. La música y el baile son muy **emocionantes.**

Ⓐ　那么我们为什么不去看看他们的演出呢？

Ⓑ　Bien, pero **no sé si podemos conseguir todavía las entradas en este momento.**

Ⓐ　我很高兴有这么多中国人喜欢这种西班牙民俗文化。

Ⓑ　Bueno, vamos a comprarlas ahora mismo.

Ⓐ　但是我想今天我**还去不了剧院**，因为你看，我只**穿了这样一件** T 恤。

Ⓑ　Ah, **verdad, tenemos que ir de etiqueta al teatro.** Entonces yo **tampoco puedo ir,** si conseguimos las entradas.

Ⓐ　**没关系的**，咱们今天就不去剧院了。咱们去城里**兜兜**吧。

Ⓑ　Vale, ahora vamos a **pasear por este distrito.** Mire, **las luces de noche nos**

han hecho una ciudad diferente.

Ⓐ 确实如此，非常感谢你。我非常喜欢夜晚的城市。

Ⓑ **Me alegro mucho. De regreso a casa, voy a comprar entradas de Flamenco por internet.**

❏ Parte II: Interpreta el siguiente discurso del español al chino:

Estamos ahora en el Gran Teatro de Shanghái. Esta noche vendrá **un grupo de bailarines españoles de flamenco** que nos van a **mostrar esta tradicional cultura maravillosa española.**

El flamenco es un **arte tradicional español** que se originó en Andalucía, la región sureña de España. **Integra varios elementos musicales y expresivos - la guitarra, las palmadas, el canto y el baile - para transmitir los sentimientos más profundos del ser humano, tanto de júbilo y alegría como de dolor y tristeza. Los bailarines de flamenco desprenden su pasión, fervor, gracia y dignidad zapateando y marcando los acentos musicales con pasos.**

El flamenco está constituido por el canto, el baile, el toque de la guitarra y acompañamiento rítmico de las palmadas. Las castañuelas –un instrumento clásico español - también se tocan en ciertos bailes y los participantes **frecuentemente se animan unos a otros a cantar con palabras como "jaleo". Hoy en día,** el flamenco, siendo **un componente importante de la cultura española,** se ha hecho muy conocido en China.

❏ Parte III: Interpreta el siguiente discurso del chino al español:

上海电视节前身是上海国际友好城市电视节，创建于1986年12月10日，是中国第一个国际性电视节。它由国家广播电影电视总局和上海市政府共同主办，目的是加深各国之间的了解，增进各国电视界人士的友谊，促进电视艺术的提高。经过二十多年品牌打造，已成长为亚洲规模最大、最有影响力的国际电视节。

这个**每年 6 月举办、为期 5 天的电视节**已经呈现出国际化、商业化和专业化三个特点。主体活动包含白玉兰奖国际电视节目评选、优秀节目展播、国际电视市场、国际新媒体与广播电视设备市场、白玉兰电视论坛等。

来自国内外电视台、制片公司的数百名代表参加了今年的这个国际盛会。组织者以平等的节目交换形式，获得了参加国家的电视剧 17 部、文化专题片 16 部、风光专题片 25 部的播映权，在中国电视观众中引起了震动。

上海电视节**家喻户晓**，已成为上海国际化大都市的一大标志。它发挥了文化交流功能、产业集聚功能及经济带动功能。我们相信，上海电视节**将为**中国及世界的电视事业的发展**起到**非常积极的**推动作用**。

课文 C

❏ **Parte I:** Interpreta el siguiente diálogo alternativamente al español y al chino.

Ⓐ　Buenos días, señor Zhou. ¿Ha descansado bien?

Ⓑ　早上好。我休息得很好，谢谢。您呢？

Ⓐ　Muy bien, gracias. Mira, estoy viendo una película china que se llama *Mujeres de Jazmín*.

Ⓑ　这部电影反映了旧时上海妇女生活的一个侧面。

Ⓐ　Los directores de China **han hecho muchas películas muy buenas**.

Ⓑ　有你喜欢的吗？

Ⓐ　Sí, por ejemplo, *Tigre agazapado, dragón oculto* de Ang Lee y *Deseando amar* de Wong Kar Wai.

Ⓑ　我也很喜欢。哦，今天上海第十届国际电影节开幕了。

Ⓐ　¿Verdad? ¿Hay películas españolas?

Ⓑ　那当然。有一部叫做《疯狂的萨穆埃尔》，是圣蒂·阿莫德奥执导的。

Ⓐ　Ah, este director es de Sevilla, y **para mí, ha hecho películas muy buenas**.

Ⓑ　我很喜欢阿尔莫多瓦的电影。真遗憾他没参加这次电影节。

Ⓐ　Sí. **Entre los directores españoles**, Almodóvar **es el más famoso por sus premios Oscar.**

Ⓑ　我很喜欢他的《关于我母亲的一切》。

Ⓐ　A mí también. Mira, **en el noticiero aparece Santi Amodeo**.

Ⓑ　哦，是的。让我们拭目以待，看他能不能得奖。

❏ **Parte II:** Interpreta el siguiente discurso del chino al español:

　　拉丁美洲的民间音乐和舞蹈始终融合着西班牙、葡萄牙的伊比利亚半岛文化、土著文化和非洲文化三种影响。这三种文化对每个国家的影响程度各不相同。在中美洲地区和安第斯高原地区，那里的民间音乐和舞蹈则被打上了浓厚的土著文化的烙印。那里人们所使用的乐器有笛子、哨子、铃铛和鼓等，有时也会用到螺号。

黑人音乐尤其影响了拉丁美洲的热带地区及沿海地区，比如安德列斯群岛、古巴、委内瑞拉、哥伦比亚和巴西等地，因为那里曾经是非洲黑奴大量进入的地方。而在农业地区和一些中心城市，伊比利亚半岛的影响则占有统治地位。

我很高兴，随着中国与拉丁美洲地区之间在经济、政治及文化各方面交流的发展，新大陆的民间音乐和舞蹈在中国得到了十分广泛的传播。古巴的松、智利的库埃卡、秘鲁的马里内拉以及阿根廷的探戈都已经为中国人所熟知。

❏ **Parte III:** Interpreta el siguiente discurso del español al chino:

La industria del entretenimiento de Shanghái ha prosperado bastante. Los teatros de lujo, los cines modernos, las orquestas de alto nivel y las discotecas animadas constituyen los símbolos culturales de Shanghái.

Hablando de los entretenimientos del Shanghái de hoy, no podemos pasar por alto los centros nocturnos. Pero esos centros nocturnos ya no son como los de antes, que representaban una vida corrupta de los ricos, **sino los mejores lugares para la diversión, fitness y relajamiento.** El Club de Cinta Azul, París Nocturno en la calle Huaihai y **el Gran Mundo** en el centro de la ciudad **son bastante concurridos.**

Shanghái, siendo **una metrópoli internacional, tiene una influencia muy profunda de la cultura occidental.** La famosa **Orquesta de Sinfonía de Shanghái** es una de las orquestas más antiguas de China o incluso de Asia. También es **la orquesta profesional de sinfonía más influyente en China,** y es considerada como la mejor del Lejano Oriente. Además, **el Ballet de Shanghái han dado más de 1500 espectáculos por todo el mundo, y se ha convertido en uno de los grupos más representativos del ballet de China.**

El Gran Teatro de Shanghái localizado en la Plaza del Pueblo ha sido **un escenario**

importante para divulgar y desarrollar estas artes internacionales. Siendo cuna del cine chino y sede de uno de los nueve festivales más importantes del cine en el mundo, Shanghái tiene numerosos cines con equipos de la mejor calidad, y te da experiencias incomparables de visualización. Si es amante de las películas, serán dichosos sus ojos en Shanghái.

课文 D

☐ **Parte I:** Interpreta el siguiente diálogo alternativamente al español y al chino.

Ⓐ 早上好，周先生。您休息得怎么样？

Ⓑ Buenos días. Sí, he descansado muy bien, gracias. ¿Y usted?

Ⓐ 我也休息得很好，谢谢。看，我在看一部中国影片，叫《茉莉花开》。

Ⓑ **Esta película refleja un perfil de la vida de mujeres Shanghainesas en otros tiempos.**

Ⓐ 中国导演制拍了很多很不错的电影。

Ⓑ **¿Hay algunas que te gustan?**

Ⓐ 是的。比如李安的《卧虎藏龙》和王家卫的《花样年华》。

Ⓑ A mí también me gustan mucho. Ah, **hoy se inaugura el X Festival de Cine Internacional de Shanghái.**

Ⓐ 真的吗？有西班牙电影吗？

Ⓑ Claro que sí. Hay una llamada *Cabeza de perro*, **hecho por** el director **Santi Amodeo.**

Ⓐ 啊，这个导演是塞维利亚人。我觉得他导了很多优秀的影片。

Ⓑ A mí me gustan mucho las **películas de Almodóvar. ¡Qué lástima que él no participe en este festival!**

Ⓐ 是的，在西班牙导演中，阿尔莫多瓦因为得了奥斯卡奖而最有名。

Ⓑ **Me encanta mucho su película *Todo sobre mi madre*.**

Ⓐ 我也很喜欢。看，新闻里出现了圣蒂·阿莫德奥。

Ⓑ Ah, sí. **Vamos a ver si le va a tocar algún premio.**

☐ **Parte II:** Interpreta el siguiente discurso del español al chino:

La música y danza folclóricas latinoamericanas mezclan siempre la triple influencia peninsular, española y portuguesa, la aborigen y la africana. Las tres

influyen en proporción diferente a cada país. Centroamérica y el **altiplano andino están muy marcados por** las fuertes **culturas indígenas.** Los instrumentos que utilizaban eran **flautas, silbatos, sonajas y tambores. También se utilizaron en algunas ocasiones trompas de caracola.**

Los ritmos negros influyen especialmente **en la zona tropical y costera:** Antillas, Cuba, Venezuela, Colombia y Brasil **donde llegaron en mayoría los esclavos africanos.** En las zonas agrícolas y centros urbanos **prevaleció la influencia peninsular.**

Me alegra mucho que a medida que se desarrollan los intercambios económicos, políticos y culturales entre China y América Latina, la música y las danzas del Nuevo Mundo **se han divulgado mucho en China. El son cubano, la cueca chilena, la marinera peruana y el tango argentino se han hecho muy conocidos entre los chinos.**

❑ Parte III: Interpreta el siguiente discurso del chino al español:

上海的娱乐业相当繁荣。豪华的剧院、现代的电影院、高水平的乐队以及热闹的舞厅，都已成为上海在文化方面的象征。

讲到今天上海的娱乐业总少不了夜总会，不过今日的夜总会已非昨日那般代表着富人糜烂的生活，而是成为娱乐、健身、放松的最佳场所，淮海路一带有蓝带娱乐总会、夜巴黎，市中心著名的"大世界"等都相当火爆。

上海作为国际性的大都市，受西方文化的影响很深。著名的上海交响乐团是中国乃至亚洲最古老的交响乐团之一，也是中国最具影响力的交响乐专业团体，被认为是"远东第一团"。另外，上海的芭蕾舞团在世界各地已经演出了1500多场，成为我国芭蕾舞团的代表之一。

坐落在人民广场的上海大剧院已经成为这些国际性艺术在中国传播发展的重要舞台。上海作为中国电影的发祥地和世界九大电影节之一的举办地，拥有众多影音设备一流的电影院，让你感受无与伦比的观影效果。如果你热爱电影，那么在上海，你一定能大饱眼福。

Parte V Vida Cotidiana
第五部分 日常生活

Unidad 25

Sobre Agenda de Visitas
第25单元　日程介绍

课文 A

❏ **Parte I:** Interpreta el siguiente diálogo alternativamente al español y al chino.

Ⓐ　上午好，冈萨雷斯先生。我叫陈力，是上海**国际文化交流中心**的主任。

Ⓑ　Buenos días, Sr. Chen. **Mucho gusto de conocerlo.**

Ⓐ　您旅途一切顺利吗？

Ⓑ　Bien. **Ha sido un viaje bastante agradable**.

Ⓐ　好的。咱们现在商量一下这两天的活动安排您看可以吗？

Ⓑ　De acuerdo. Me voy a quedar en Shanghái dos días. **Así que no vamos a tener mucha prisa.**

Ⓐ　是的。那么我们明早9点15分从金茂君悦酒店出发，前往上海**城市规划展览馆**参观。

Ⓑ　¿Y luego?

Ⓐ　然后我们去来福士广场看看并在那里午餐。

Ⓑ　Por cierto, ¿Podremos **comer comida china** mañana? Es que me encantan los **platos chinos**.

Ⓐ　当然。正巧我知道有一家很好的中餐馆离那儿不远。

Ⓑ　¿Qué tenemos para la tarde?

Ⓐ　下午我们将参观**上海博物馆**和东方明珠电视塔。大约5点30分我们返回酒店，因为7点将举行**欢迎晚宴以及展会开幕式**。

Ⓑ　Muy bien, así podemos **tener un día completo para la visita al puerto profundo Yangshan.**

Ⓐ　是的，是这样的。我们必须天不亮就起床，以便下午3点30分之前能回来。您下

午5点前必须抵达浦东机场。
- Ⓑ Está bien. **¿Hay algo más para pasado mañana?**
- Ⓐ 没有了。您要是还有什么建议，请告诉我。
- Ⓑ Gracias. **Es usted muy amable. Me parece muy bien este programa.**
- Ⓐ 不用谢。那么明天我们9点15分在酒店大堂见，可以吗？
- Ⓑ No hay problema.

❑ **Parte II:** Interpreta el siguiente discurso del chino al español:

中国社会科学院拉美研究所同美洲开发银行将于5月18日在上海举行第一届"中国与拉丁美洲的经济改革"国际研讨会。预计将有来自中国、西班牙和拉丁美洲国家的超过200名专家参与本次研讨会。

在本次会议上，中外经济学家和学者将互相交流他们的观点，例如，中国在金融改革中遇到的困难，外国银行进入中国市场以及拉丁美洲经济自由化的经验和教训。

上世纪80至90年代，拉丁美洲经济的自由化取得了一定的成功，但是也带来了一些问题。这就说明必须在开放金融市场的同时，建立一系列规范的、有监控的制度和措施。本次研讨会的内容包括对自1994年以来拉丁美洲发生的三次重大经济危机的分析。会上同时还将分析如何化解上述经济危机的措施。所有这些都能够帮助中国决定其自身的改革速度并且避免可能的危险。

❑ **Parte III:** Interpreta el siguiente discurso del español al chino:

El Hotel Tritón es **una de las empresas más respetuosas** de San Francisco **desde el punto de vista de la ecología y el medio ambiente. Está ubicado frente** a las famosas puertas del barrio chino Chinatown (**a una cuadra**) y **cerca de** Union Square, un parque y centro cultural y comercial (**a 3 cuadras**), **a pocos pasos del** barrio italiano Little Italy y **a poca distancia en automóvil del distrito financiero.**

Tenemos 140 **habitaciones de huéspedes y suites. Hay acceso a Internet de alta velocidad (por cable) en las habitaciones exclusivas,** televisor Sony con pantalla plana, **transmisión de películas a pedido, minibar en la habitación con una completa variedad de productos, correo de voz privado, plancha y tabla de planchar, secadora de cabello, batas de baño.**

Tenemos servicios de hotelería de primera clase, porque hay acceso a Internet inalámbrico de alta velocidad en todo el hotel, recepción nocturna con una copa de vino, servicio de café en la mañana de cortesía, centro de negocios con conexión a Internet y servicio a la habitación.

Somos un hotel ecológico, respetuoso del medio ambiente. La limpieza **se realiza con productos ecológicos** y el **hotel presenta habitaciones y suites ecológicas. Se aceptan mascotas. Los menores de 18 años no deben pagar si se hospedan en una habitación de huéspedes como la 3.o o 4.o persona y utilizan la ropa de cama existente.**

Tenemos restaurante con comida francesa, bar completo con vinos franceses y norteamericanos **abierto todos los días en el horario del almuerzo y de la cena. El café de la esquina** vende revistas y diarios **para acompañar el café matutino, sándwiches, refrigerios** y la posibilidad de ver a **los transeúntes de la calle. Tenemos una sala de reuniones para hasta 30 personas sentadas o una recepción para 70 personas paradas.**

课文 B

❑ **Parte I:** Interpreta el siguiente diálogo alternativamente al español y al chino.

Ⓐ Buenos días, Sr. González. Me llamo Chen Li. Soy director del **Centro Internacional de Intercambio Cultural** de Shanghái.

Ⓑ 上午好，陈先生。非常高兴认识您。

Ⓐ **¿Qué tal le fue en el viaje?**

Ⓑ 还不错。旅行相当舒适。

Ⓐ Bueno. **¿Qué le parece si hablamos ahora de las actividades de estos días?**

Ⓑ 好的。我将在上海停留两天，所以我们的时间不会太紧。

Ⓐ Sí. Entonces **mañana vamos a salir del hotel Hyatt a las 9:15** para visitar la **Exhibición Urbanística de Shanghái.**

Ⓑ 然后呢?

Ⓐ **Luego vamos a dar un paseo por la Plaza Raffles y tomaremos el almuerzo allá mismo.**

Ⓑ 对了，我们可以吃中餐吗？我非常喜欢中式菜肴。

Ⓐ Por supuesto. **Justamente conozco un restaurante chino muy bueno que está muy cerca de allá.**

Ⓑ 下午我们有什么计划?

Ⓐ Por la tarde visitaremos el **Museo de Shanghái y la torre televisiva Perla del Oriente.** A las 5:30 pm **más o menos** volveremos al hotel, porque a las 7:00 pm **tendrán lugar el banquete de bienvenida y la ceremonia de inauguración de la exposición.**

Ⓑ 很好，这样我们可以有一整天去参观洋山深水港。

Ⓐ Sí, efectivamente, **tenemos que madrugar para poder volver antes de las 3:30 pm.** Usted tiene que estar en el aeropuerto Pudong antes de las 5:00 pm.

Ⓑ 好的。后天还有什么安排吗？

A　No. **Dígame por favor si tiene alguna sugerencia.**

B　谢谢，您太客气了。我觉得活动这样安排很好。

A　De nada. **Entonces nos vemos mañana a las 9:15 en el Lobby del hotel. ¿Vale?**

B　没问题。

❏ **Parte II:**　Interpreta el siguiente discurso del español al chino:

El Instituto de Estudios Latinoamericanos de la Academia de Ciencias Sociales de China y el Banco Interamericano de Desarrollo van a celebrar el día 18 de mayo en Shanghái **el primer simposio internacional "Reformas Económicas de China y América Latina".** Se estima que van a acudir a dicho simposio más de 200 expertos de China, España y los países latinoamericanos.

En la conferencia, los economistas y académicos chinos y extranjeros **van a intercambiar sus puntos de vista sobre temas como las dificultades que China encuentra en su reforma financiera, la entrada de los bancos extranjeros en el mercado del país asiático, así como las lecciones y experiencias de América Latina en la liberalización económica.**

La liberalización económica de América Latina en los años 80 y 90 del siglo pasado **ha tenido cierto éxito pero también ha traído dificultades,** lo cual muestra que **al abrir el mercado financiero hay que establecer una serie de sistemas y medidas estandarizadas y vigiladas.** El contenido del simposio **incluye el análisis de las tres crisis más importantes ocurridas** en América Latina desde 1994, **así como las medidas para resolverlas. Todo esto puede ayudar a China a decidir su ritmo de reforma y evitar posibles riesgos.**

❏ **Parte III:**　Interpreta el siguiente discurso del chino al español:

从生态和环保理念来考虑，特里顿酒店是旧金山一家十分令人尊敬的企业。它面对着著名的唐人街大门（只隔一条街），离联合广场这个公园和文化商贸中心很近（只隔三条街），离意大利人社区"小意大利"仅几步之遥，乘车去金融区也十分近。

我们有 140 套客房和套间。私密的房间里有高速互联网端口（有线）、索尼平面电视机、付费电影，客房内有商品齐全的小吧台、私人语音信箱、熨斗和烫板、电吹风和浴袍等。

我们有一流的酒店服务，因为整个酒店都可无线接通高速因特网，晚间接待客人奉送一杯葡萄酒，早晨免费送咖啡，商务中心配有因特网服务和客房服务。

我们是一家生态酒店，十分注重环保。清洁卫生所使用的都是生态产品，酒店提供生态客房和套间。宠物可以进酒店。18 岁以下未成年人作为客房第三或者第四人入住，使用现有被褥的不用付费。

我们拥有法式餐厅。每天午餐和晚餐时间，酒吧全部开放并有各种法国和美国酒品供应。街角的咖啡馆还出售杂志和报纸，借此可以陪伴你享受早晨的咖啡、三明治和点心，同时你还可能看到马路上的人们。我们有一个可容纳 30 个座位的会议室，还可以用作一个有 70 个站位的招待会大厅。

Parte V Vida Cotidiana

课文 C

❑ **Parte I:**   Interpreta el siguiente diálogo alternativamente al español y al chino.

Ⓐ 不好意思，请问您是**阿尔卡拉大学**来的加西亚先生吗？

Ⓑ Sí. Soy yo.

Ⓐ 我叫王娜，是**上海外国语大学西方语系的**老师。

Ⓑ He oído de usted. **Mucho gusto en conocerla.**

Ⓐ 我也很高兴。对了，我读过您这次带来的论文。我觉得论文非常重要，对中国的西语教师来说很有参考意义。

Ⓑ Gracias. **Pues precisamente le iba a preguntar, ¿a qué hora empezará mañana el simposio?**

Ⓐ 让我看看日程表。喔，明天上午 9 点。

Ⓑ Y ¿cuándo será mi discurso?

Ⓐ 10 点 10 分，如果之前的发言者没有拖延的话。

Ⓑ **Lo espero. Así será mucho mejor.**

Ⓐ 还有就是**开幕式**是明天上午 8 点半举行。届时校长会致欢迎词。

Ⓑ ¿Y luego?

Ⓐ 然后研讨会正式开始。第一个发言的是来自**墨西哥国立自治大学**的冈萨雷斯教授，他演讲的题目是"墨西哥国内的对外西语教学"。随后就轮到您了。

Ⓑ Bueno. **Será un honor.**

Ⓐ 您报告后将会有 20 分钟的**茶歇**。11 点**继续研讨会**。12 点 30 分我们**在大学宾馆午餐**。

Ⓑ Muy bien. **Ustedes han hecho un programa muy ajustado.**

❑ **Parte II:**   Interpreta el siguiente discurso del chino al español:

欢迎墨西哥**政府表团**来到上海。我叫李明，是**上海市政府外事办公室的**。明天**我将陪伴各位在上海游览**。现在我们前往**市中心区的**锦江饭店。**各位今晚将入住这家酒店**。

锦江饭店是一家五星级酒店，从其房间内可以一览外滩全貌。当年尼克松总统**访问上海**时就住在这家酒店，是各位在上海旅游的完美下榻场所。

明天上午早餐后，我们9点钟出发前往**上海博物馆**。馆内藏有120 000多件中国古代艺术品，配有现代化的西班牙语讲解设备。中午我们将在上海最著名的中餐馆午餐。

下午我们将前往上海的**标志性旅游景点**——**外滩**。外滩曾经是上海港的旧码头。那里聚集了许多外国租界时期的建筑，并由此得名"东方巴黎"。这片建筑群和如今黄浦江对岸矗立的摩天大厦形成鲜明的对比。

大约下午5点钟我们将去浦东的**金茂大厦**。金茂大厦共有88层，曾经是中国第一高楼，从这高处我们可以欣赏到上海的全景。随后我们将回到锦江饭店，参加上海市政府为各位准备的欢迎晚宴。

❏ **Parte III:** Interpreta el siguiente discurso del español al chino:

El Foro de Desarrollo Sostenible del próximo año va a celebrarse en el **Centro Internacional de Conferencias de Shanghái** en los días 18 a 20 de mayo. El foro **va a reunir a expertos internacionales** de la arquitectura, ingeniería, **planificación urbana, ciencias naturales y sociales,** así como representantes **a nivel internacional de los negocios,** la política, **la administración pública y la demografía. En esta plataforma global de expertos seleccionarán proyectos realmente innovadores y tangibles que seguramente van a mejorar la vida de la comunidad y el medio ambiente.**

El tema principal del foro es "Nuevos desafíos para la Arquitectura del Nuevo Siglo". Expertos provenientes de diferentes países van a discutir sobre las **posibles soluciones para armonizar la arquitectura humana y la naturaleza.** Durante la reunión, **la delegación de Beijing va a presentar sus impresiones sobre la planificación urbana con miras a las Olimpiadas.**

El acto de inauguración empezará a las 9:00 de la mañana del 18 y luego se iniciará el foro. El mismo día se van a celebrar **seminarios temáticos.** El siguiente día 19 **los**

expertos ofrecerán conferencia, por separado, a los visitantes profesionales y al **público general.** El último día 20 **se dará lugar una rueda de prensa comunicando los resultados del mismo evento** y esa misma noche el Ayuntamiento les **ofrecerá un banquete de despedida a todos los invitados** en el hotel donde se alojan.

课文 D

❑ **Parte I:** Interpreta el siguiente diálogo alternativamente al español y al chino.

Ⓐ Perdón. ¿Es usted el señor García de **la Universidad de Alcalá de Henares?**
Ⓑ 是的。是我。
Ⓐ Me llamo Wang Na. Soy profesora de la **Facultad de Estudios Europeos y Latinoamericanos de SISU.**
Ⓑ 我听说过您。非常高兴认识您。
Ⓐ **Encantada también. Por cierto, he leído la tesis que ha traído para este simposio.** Me parece muy importante y **puede ser una buena referencia para los profesores de ELE** en China.
Ⓑ 谢谢。我正好要跟您说这件事。明天的研讨会什么时候开始?
Ⓐ **Déjeme ver la agenda.** Pues a las 9:00 de mañana.
Ⓑ 那我的演讲什么时候开始?
Ⓐ A las 10:10. **Si los conferencistas antes de usted no tardan en terminar sus discursos.**
Ⓑ 我希望这样。这样就更好了。
Ⓐ Otra cosa es que la **ceremonia de inauguración** se celebrará a las 8:00 de la mañana. El rector de la universidad **les dará un discurso de bienvenida.**
Ⓑ 然后呢?
Ⓐ **Luego empezará el simposio oficialmente. El primer discurso lo dará** el profesor González de la **Universidad Nacional Autónoma de México, cuyo título es la Enseñanza de Español como Lengua Extranjera en México. Y luego le tocará a usted.**
Ⓑ 好的。我很荣幸。
Ⓐ Después de su discurso, **tendremos un coffee-break** de veinte minutos. A las 11:00 **seguiremos con el simposio.** A las 12:30 **vamos a almorzar en el hotel universitario.**
Ⓑ 很好。你们的计划安排得很紧凑。

❏ **Parte II:** Interpreta el siguiente discurso del español al chino:

Bienvenida a Shanghái la **Delegación Gubernamental de** México. Me llamo Li Ming. **Soy de la Oficina de Asuntos Exteriores de la Municipalidad de** Shanghái. **Mañana les voy a acompañar a dar un recorrido por esta ciudad.** Ahora nos vamos al Hotel Jinjiang **que se encuentra en el centro de la ciudad. Se hospedarán ustedes en este hotel esta noche.** EL hotel Jinjiang es un hotel de cinco estrellas con una visita panorámica del Bund desde sus habitaciones. El ex presidente estadounidense Nixon **se hospedó también en este hotel durante su visita a Shanghái. Es un lugar ideal para su estadía en Shanghái.**

Mañana después del desayuno, saldremos del hotel a las 9:00 para el **Museo de Shanghái.** El museo **cuenta con una colección de más de 120.000 piezas del arte antiguo chino. Dispone además de audioguía en castellano. Al mediodía almorzaremos en el restaurante chino más famoso de la ciudad.**

Por la tarde vamos a **Malecón, lugar emblemático de Shanghái. Este punto de interés fue el antiguo muelle del puerto** de Shanghái. Allí se concentran muchos edificios **de la época de las concesiones extranjeras, de ahí el nombre "París del Oriente". Este conjunto arquitectónico contrasta marcadamente con los impresionantes rascacielos del otro lado del río Huangpu en la actualidad.**

Alrededor de las 5:00 de la tarde llegaremos a la **Torre Jinmao en Pudong, que fue en su día la más alta de China** con 88 pisos. **Desde lo alto podemos disfrutar de una vista panorámica de toda la ciudad.** Luego regresaremos al hotel Jinjiang **para asistir al banquete de bienvenida preparado por el ayuntamiento de Shanghái en su honor.**

❏ **Parte III:** Interpreta el siguiente discurso del chino al español:

明年的"可持续发展论坛"将于5月18—20日在上海国际会议中心举行。论坛将聚集一批来自建筑、工程、城市规划、自然科学及社会科学方面的国际专家。同时，国际商业、政治、公共管理和人口学方面的代表也将与会。在这样一个全球专家平台上将选出真正具有创新意义且切实有助于改善社区民众生活和自然环境的建设项目。

该论坛的主题是"新世纪建筑的新挑战"。来自不同国家的专家将讨论能够改善人类建筑和自然环境相融合的各种可能解决方案。会议期间，北京代表团将介绍奥运相关建筑规划设计的感想。

论坛的**开幕式**将于 18 日上午 9 点钟开始，随后论坛开始。第一天将举行**专题会议**，随后的 19 日**专家将向专业人士和普通公众分别做报告**。最后一天将**举行新闻发布会**，以宣布**本次活动的成果**。20 日晚上，市政府将在与会者下榻的酒店**举行欢送晚宴**。

Unidad 26

Desplazamiento
第 26 单元　出行问路

课文 A

❑ **Parte I:**　Interpreta el siguiente diálogo alternativamente al español y al chino.

Ⓐ　您好，早上好！请讲。

Ⓑ　Hola. Soy José Antonio, del **grupo Globaltur. Ayer hablé en nuestro stand con el Sr. Wang de su compañía y me invitó a visitar vuestra empresa.**

Ⓐ　是的，何塞·安东尼奥先生。他跟我说过您的事情。欢迎！欢迎！您准备什么时候来？

Ⓑ　Mañana más o menos a las dos de la tarde.

Ⓐ　很好，您知道怎么来吗？

Ⓑ　No sé, quería tomar un taxi. **¿Hay algún autobús que llega a su empresa?**

Ⓐ　您现在住哪个宾馆？

Ⓑ　El Hotel Oriental, cerca del aeropuerto de Pudong.

Ⓐ　那么我建议您去机场乘磁悬浮列车。到龙阳路后您可以乘地铁二号线至人民广场。

Ⓑ　Bueno, **lo voy a anotar.**

Ⓐ　然后在人民广场换乘一号线去徐家汇。

Ⓑ　Buena idea, **porque el Maglev puede ahorrar mucho tiempo, y el Metro no sufre de los efectos del tráfico de la superficie.**

Ⓐ　到达徐家汇以后您可以从三号出口出来，不要穿马路，右侧第一个红绿灯处左转就可以看到我们的大楼了。我们办公室就面对大街。

Ⓑ　**¿Cómo es el edificio por fuera?**

Ⓐ　是一幢白色的大楼。我肯定您不会搞错的。

Ⓑ　Y ¿el número de la oficina? **Es que quiero confirmarlo.**

Ⓐ　2702 室。是 2 号楼 702 室。

B Bueno. Muchas gracias. **Entonces nos vemos mañana.**

A 再见。

❏ Parte II: Interpreta el siguiente discurso del chino al español:

　　上海磁悬浮列车是世界上第一条商业化运行的磁动力列车。它是在德国工程师的帮助下建成的，曾经是本地区最受期待的基础设施之一。上海申通集团等8家上海企业共同投资30亿人民币，德国投资方投资1亿2千万欧元，于2001年3月1日开工，经过中德工程技术人员的共同努力，于2002年12月31日完工并**由中国总理朱镕基与德国总理施罗德共同揭幕**。2003年10月11日**正式投入客运服务**。列车连接浦东国际机场与地铁龙阳站，最高时速达430公里，**单程运行时间仅需8分钟**。

　　列车能够如此高速运行是由于列车的车身同轨道之间不存在摩擦。与同传统的在轨道上运行的轮轨列车不同，磁悬浮列车在导轨上滑行。除此以外，它还是一种不污染环境的交通工具。运行时的噪音仅仅来自于车身同空气的摩擦。这条磁悬浮线路**将成为中国将来应用该技术建设同类线路的实例**。

❏ Parte III: Interpreta el siguiente discurso del español al chino:

La nueva terminal del aeropuerto Barajas de Madrid se puso en funcionamiento en febrero de 2007. La obra de ampliación y modernización del aeropuerto duró un total de ocho años y costó 6.200 millones de euros. Con las dos nuevas pistas de despegue, la terminal tendrá una capacidad anual de 50 millones de pasajeros. Si sumanos las tres terminales originales, **el número de despegues y aterrizajes por hora augumentará de 78 a 120, lo que implica 70 millones de pasajeros por año.**

Con la inauguración de la nueva terminal se han abierto nuevos accesos al aeropuerto de **Madrid,** e incluso a **la red española de carreteras y autopistas. Esto permite no solo un access rápido desde y hacia el aeropuerto, sino también un accesso posterior a todas las carreteras** aru llegar a cualquier punto de la Península. Además, **el aeropuerto de Barajas está comunicado por el centro de Ca ciudad de Madrid, la estación de tren y la de AVE (trenes de alta velocidad).**

课文 B

❏ **Parte I:** Interpreta el siguiente diálogo alternativamente al español y al chino.

Ⓑ 您好，我是何塞·安东尼奥，是**环球旅游集团**的。昨天**我在展会上和贵公司的王先生谈过，他邀请我访问贵公司**。

Ⓐ Sí, señor José Antonio, **él me ha hablado de usted**. ¡Bienvenido, bienvenido! Pues ¿cuándo quiere usted venir?

Ⓑ 明天下午两点钟左右。

Ⓐ Perfecto, **¿Sabe usted cómo venir?**

Ⓑ 不清楚，我想乘出租车。**有没有公交车到你们公司？**

Ⓐ **¿En qué hotel está alojado usted?**

Ⓑ 东方大酒店，在浦东机场附近。

Ⓐ **Bueno le sugiero tomar el Maglev en el aeropuerto Pudong.** Después de llegar a la estación de Longyanglu puede tomar el Metro 2 para llegar a la Plaza de Pueblo.

Ⓑ 好的，我这就记下来。

Ⓐ Y desde ahí puede **tomar el metro línea 1 a Xujiahui.**

Ⓑ 好主意，因为磁悬浮可以节省很多时间，而且地铁不受地面交通的影响。

Ⓐ Al llegar a Xujiahui **puede tomar la salida No. 3. No hay que atravesar la calle y a la derecha, en el primer semáforo, usted dobla a la izquierda y verá nuestro edificio. Nuestra oficina da a la calle.**

Ⓑ 那栋楼外观是怎样的？

Ⓐ Es un edificio blanco. **Estoy seguro de que no se va a equivocar.**

Ⓑ 贵公司办公室的号码是？**我想确认一下。**

Ⓐ Número 2702. **Es el edificio No.2, oficina 702.**

Ⓑ 好的。非常感谢。**那么明天下午见**。

Ⓐ Nos vemos.

❏ **Parte II:** Interpreta el siguiente discurso del español al chino:

El Shanghái Maglev (tren de levitación magnética) es el primer tren comercial de propulsión magnética del mundo. Esta línea fue construida con la colaboración de los ingenieros alemanes y es una de las infraestructuras más esperadas en esta región. **Ocho** empresas de Shanghái **conjuntamente, incluido Shanghai Shentong Group, invirtieron** tres **mil millones de yuanes, y los inversores alemanes aportaron 120 millones de euros.** La obra se inició el primero de marzo de 2001. **Con los esfuerzos mancomunados de los ingenieros y técnicos de ambos países,** se terminó la construcción el 31 de diciembre de 2002 y **fue inaugurado por el ex primer ministro chino, Zhu Rongji, y el ex canciller alemán, Gerhard Schroeder. La línea se puso oficia (mente en servicio de pasaj eros** el 11 de octubre de 2003. **Este tren une** el Aeropuerto Internacional de Pudong y la estación del metro Longyanglu con una velocidad máxima de 430 km por hora y **el viaje demora apenas 7 minutos.**

El tren puede correr a una veloci dad tan alta **porque no hay fricción entre el** cuerpo del **tren y la vía. A diferencia de los trenes convencionales de ruedas de acero sobre rieles, el tren Maglev se desliza justo por encima de los rieles guía.** Además, **es un medio de transporte que no contamina el medio ambiente. El ruido durante el funcionamiento solo proviene de la fricción entre el cuerpo del tren y el aire.** Esta línea de levitación magnetica **será un ejemplo real para Construir China Líneas similares con aplicación de esta tecnología en el futuro.**

❏ **Parte III:** Interpreta el siguiente discurso del chino al español:

马德里巴拉哈斯国际机场新航站楼于 2007 年 2 月投入运营。这项机场扩建和现代化工程共计耗时 8 年，投资 62 亿欧元。新建的两条起飞跑道，将使该航站楼每年可以接待乘客 5000 万。如果再加上原来 3 个航站楼的能力，那么每小时的起降次数将从 78 次升至 120 次，也就是说，每年 7000 万乘客。

随着新航站楼的启用，又开通了新的连接马德里，乃至连接西班牙公路和高速公路网络的机场通道。这样不仅能够很快地进出机场，而且随后能够连接所有的公路，到达伊比利亚半岛的任何地方。另外，巴拉哈斯国际机场还通过地铁与马德里的市中心、火车站和西班牙高速铁路站相连。

Parte V   Vida Cotidiana

课文 C

❑ **Parte I:**   Interpreta el siguiente diálogo alternativamente al español y al chino.

Ⓐ   请带我在城里兜一圈吧，因为我时间很紧，又想在赶飞机前稍稍认识一下这座伟大的城市。

Ⓑ   **¿Cuánto tiempo dispone usted?**

Ⓐ   只有一个小时，因为我必须提前两小时赶到机场。

Ⓑ   Vale, **entonces vamos a empezar el recorrido por esta calle.**

Ⓐ   这应该就是城市最有名的大街了吧。

Ⓑ   **Sí es cierto, es la calle peatonal Nanjing. Ahora vamos hacia el río madre de la ciudad.**

Ⓐ   哇！这就是上海最著名的外滩吗？我简直不能相信。我们曾经多少次在电视里见到它，而我现在正在从这里经过。

Ⓑ   Sí, **éste es el símbolo de la ciudad. Al otro lado del río, está la zona financiera Lujiazui mundialmente famosa.**

Ⓐ   那座大桥叫什么名字？

Ⓑ   Es el puente Yangpu, **el tercer puente más largo de este tipo en el mundo.**

Ⓐ   真是工程奇迹。现在正在走隧道吗？

Ⓑ   Sí, **por túnel podemos llegar más rápido al aeropuerto.**

Ⓐ   这个城市的基础设施相当发达。

Ⓑ   Sí, **ya llegamos al aeropuerto.**

Ⓐ   总共多少钱？

Ⓑ   **Vamos a ver el taxímetro, ¿vale?**

❑ **Parte II:**   Interpreta el siguiente discurso del chino al español:

上海地铁是按照最新国际标准建造的地铁，同时也是一套扩展速度非常快的**城市地**

铁系统。自从 1993 年 5 月地铁一号线通车以来，截至 2018 年 12 月，上海地铁运营线路共 16 条，共设车站 415 座（含磁浮线 2 座），运营里程共 705 公里（含磁浮线 29 公里）。另有在建线路 4 条，分别为十号线二期工程、十四号线、十五号线和十八号线，在建里程共 163.6 公里。也就是说，到 2020 年，上海地铁的运营里程就将超过 850 公里。上海地铁最高日客运量为 2018 年 11 月 9 日的 1256.3 万人次，日均客运量 970 万人次，年总客运量达到 35.38 亿人次。

上海地铁一号线是第一条建成运营的线路，贯穿市区南北。二号线于一号线建成 4 年后建设，跨过黄浦江并贯穿城市东西方向。地铁三号线与四号线形成一个中心城市交通圈，同时它又与一、二、六、七、八、九、十、十一、十二、十三号线相交，这两条线对形成地铁网络作用很大。

上海地铁使用的车票是一种可以重复使用的塑料卡片。也有一种带有芯片的可以充值的交通卡，只需将卡靠近车站入口的机器即可。这种交通卡还能用于其他交通工具，例如，电车、公共汽车、轮渡和出租车。为了鼓励大家使用公共交通，使用交通卡的乘客在规定时间内换乘还可以享受半票的优惠。

❏ **Parte III:** Interpreta el siguiente discurso del español al chino:

China **lanzó oficialmente un nuevo servicio ferroviario de alta velocidad** el 18 de abril de 2007. **Un total de 14 trenes capaces de alcanzar una velocidad de 200 km / h operarán en un ferrocarril de 6.000 kilómetros adaptados para trenes de alta velocidad.** Este es **el sexto aumento de velocidad ferroviaria desde 1997. En ese año, la velocidad promedio del tren era de solo 60 kilómetros por hora.**

El tren de alta velocidad se llama CRH (China Railway Highspeed) y su velocidad máxima puede alcanzar los 250 kilómetros por hora. El número de trenes llegará a 257 a finales de 2007.

Para poder producir estos **nuevos trenes de alta velocidad en China, el Ministerio de Ferrocarriles ha firmado acuerdos de transferencia de tecnología con compañías de Japón, Canadá, Francia y Alemania. Hoy en día los trenes se producen** en cuatro empresas diferentes de coinversión.

Para el 2020, China tendrá 13.000 kilómetros de líneas ferroviarias de alta velocidad. La longitud total de la Línea ferroviaria alcanzará los 100.000 kilómetros. Entre los nuevos ferrocarriles de pasajeros planificados, Beijing tendrá once líneas de alta velocidad o de ultra alta velocidad (300 — 350 km/h), que unen Beijing-Shanghái o Beijing-Tianjin.

课文 D

❑ **Parte I:** Interpreta el siguiente diálogo alternativamente al español y al chino.

Ⓐ **Deme una vuelta por la ciudad, porque voy justo de tiempo y quiero conocer algo de esta gran ciudad antes de tomar el avión.**

Ⓑ 您有多少时间可以支配？

Ⓐ **Sólo una hora, porque tengo que llegar al aeropuerto con dos horas de antelación.**

Ⓑ 行。那咱们就从这条街开始兜吧。

Ⓐ **Esta debe ser la calle más famosa de la ciudad.**

Ⓑ 是的，确实如此，是南京路步行街。现在咱们去本市的母亲河方向。

Ⓐ ¡Oh! ¿**Este es el famosísimo malecón de Shanghái? Me parece mentira.** ¡Cuántas veces lo hemos visto en televisión y **ahora estoy pasando por él!**

Ⓑ 是的，这是城市的标志。河对面是闻名世界的陆家嘴金融区。

Ⓐ ¿Cómo se llama aquel puente?

Ⓑ 杨浦大桥，它是世界同类型第三长的桥。

Ⓐ **Es una maravilla la obra. ¿Ahora estamos pasando el túnel?**

Ⓑ 是的，走隧道可以更快到达机场。

Ⓐ Esta ciudad **tiene una infraestructura muy desarrollada.**

Ⓑ 是的，咱们已经到机场了。

Ⓐ **¿Cuánto le debo en total?**

Ⓑ 咱们看计价器吧，好吗？

❑ **Parte II:** Interpreta el siguiente discurso del español al chino:

El Metro de Shanghái está construido según las normas internacionales más recientes. Es también **un sistema de metro urbano** que crece muy rápido.

Desde la puesta en funcionamiento de la línea 1 del Metro de Shanghái en 28 de mayo de 1993 hasta diciembre de 2018, **Shanghái cuenta con 16 líneas y 415 estaciones (incluidas las dos del Maglev). El kilometraje de operación es de 705 km (incluidos los 29 km del Maglev). Otras 4 líneas de 163.6 km en total están en construcción,** o sea las líneas 14, 15, 18 y la segunda etapa de la línea 10. **Esto quiere decir que hasta 2020 el kilometraje de operación superará 850 km. En la actualidad, el tráfico diario máximo de pasajeros es de 12,563 millones, récord creado en 9 de noviembre de 2018. El tráfico diario promedio de pasajeros es de 9,7 millones y el total alcanzó los 3.538 millones de pasajeros al año**

La línea 1 del Metro de Shanghái **fue la primera línea que se puso en funcionamiento** en la ciudad y **la atraviesa del norte al sur.** La línea 2 fue construida cuatro años después de la línea 1 y **recorre la ciudad del este al oeste atravesando el río Huangpu. La línea 3 y 4 se forman un anillo de comunicación en el Centro de la Ciudad y se unen al mismo tiempo con** las líneas 1, 2, 6, 7, 8, 9, 10, 11, 12, 13. **Estas dos líneas han contribuido mucho a la formación de una red de Metros.**

El billete del Metro de Shanghái es **una tarjeta reutilizable.** También **hay tarjeta recargable con chip que funciona con sólo acercarla al máquina en la entrada de la estación. Esta tarjeta también se usa en otros medios de transporte, tales como** trolebús, autobús, transbordador y taxi. Para estimular el uso del **transporte público** los usuarios de la tarjeta pueden gozar de **una tarifa preferencial de 50% al cambiar de medio de transporte dentro del tiempo predeterminado.**

❑ **Parte III:** Interpreta el siguiente discurso del chino al español:

中国于2007年4月18日正式启动了新的高速铁路服务。一共有14列能够达到每小时200公里时速的列车将运行在6000公里经改造而适应高速列车的铁轨上。这是自1997年以来的第六次铁路提速。而当年，列车的平均速度只有每小时60公里。

高速列车被命名为CRH（中国高速铁路），其最高速度能够达到每小时250公里。列车的数量至2007年底将达到257辆。

为了能够在中国本土生产这些**新的高速列车**，铁道部同日本、加拿大、法国和德国的企业签订了技术转让协议。如今列车正分别在四家不同的合资企业中生产。

到 2020 年，中国将拥有 13 000 公里的高速铁路线路。铁路线路的总长度将达到 100 000 公里。在规划中的新客运铁路中，北京将拥有 11 条高速线路或者超高速线路（每小时 300 — 350 公里），如连接北京—上海或者北京—天津的线路。

Unidad 27

Vida Comunitaria
第 27 单元　社区生活

课文 A

❏ **Parte I:** Interpreta el siguiente diálogo alternativamente al español y al chino.

Ⓐ　Hola. **Vi en el periódico que estabas alquilando una casa.**

Ⓑ　是的。

Ⓐ　**¿Dónde está ubicada la casa? ¿Es tu casa?**

Ⓑ　不，是一套空房子，在中山公园附近。

Ⓐ　**¿Y hay boca de metro cerca?**

Ⓑ　有的，步行只要两分钟。而且还有许多公交线路。这里超市、书店、电影院什么都有，生活非常方便。

Ⓐ　**¿Puede hablarme un poco de la casa?**

Ⓑ　当然。房子不大，大概有 80 平方米。有起居室、厨房、饭厅、阳台、厕所和两个卧室。

Ⓐ　**¿Está amueblado? ¿Hay cama y armarios?**

Ⓑ　是的。常用的家具都有。

Ⓐ　**¿Qué hay en la cocina?**

Ⓑ　厨房设备齐全。有冰箱、煤气灶、微波炉、热水器和许多容器及用具。

Ⓐ　Perfecto. **¿Qué hay en la sala?**

Ⓑ　有电视机、DVD 机等。

Ⓐ　**¿Hay teléfono y acceso a Internet?**

Ⓑ　有的，厅和卧室都有电话和因特网端口。

Ⓐ　**¿Cuánto es el alquiler mensual?**

Ⓑ　每月 4500 元。水电、煤气、电话、宽带等**费用您得自己支付**。

Ⓐ　　Es muy caro, **pero de todos modos, todavía quiero echar un vistazo y tomar una decisión. ¿Te importa si voy a ver la casa?**

Ⓑ　　没问题。现在就去看吗？

Ⓐ　　Bueno, **¿qué piensas si mañana por la mañana a las 10:00?**

Ⓑ　　没问题。到时候我在屋里等您，这是我的地址。

❑ Parte II:　Interpreta el siguiente discurso del chino al español:

　　住房问题一直是上海最严重的社会问题之一。1985 年进行的一项研究显示当时 180 万城市家庭中有近一半的居住条件十分拥挤。1987 年上海市政府开始了一项住房建设计划，并且为此成立了一个联合委员会来解决城市的住房问题。

　　上海市住房建设计划实施的过程也就是上海市住房体制改革的过程。住房政策由分配低租金住房向出售商品房的方向改变。政府同时还制定了一系列政策，鼓励尽可能广泛的社会力量参与进来。很快，住房市场发展起来了，出现了符合不同收入水平家庭的住房。

　　最近，市政府已经重新安置了 47 000 多户家庭，花了 18 亿元来建设供住房条件拥挤家庭使用的住房。目前，正在安置另外 74 000 户困难家庭。该项目将在 2008 年前完成。

❑ Parte III:　Interpreta el siguiente discurso del español al chino:

Los chinos suelen comer en mesas redondas o cuadradas. 8 o 10 **son buenos números.** Pero **también hay mesas supergrandes y siempre redondas**. Por ejemplo, banquetes oficiales del gobierno, que pueden acomodar a 15 o más personas. **La persona más importante debe sentarse más alejada de la puerta y frente a ella, y la persona más joven o menos importante debe sentarse cerca de la puerta.**

A diferencia de los occidentales, los chinos no usan cuchillos ni tenedor para comer, y **los palillos chinos son los más utilizados.** Hay algunas reglas para recordar al usar los palillos. Por ejemplo, no puede usar sus palillos para voltear el contenido de los platos, no puede permitir que sus palillos se cubran con comida o salsas, no puede chupar sus palillos para golpear otros utensilios haciendo ruido.

En los banquetes chinos, **los platos deben ordenarse en números pares. Los mejores platos deben colocarse frente a los invitados más importantes para mostrar respeto a los invitados.** La cabeza de pollo o el pico de pato no deben mirar hacia los invitados, y la olla de sopa generalmente se coloca en el centro de la mesa. Si **eres** un invitado, **recuerde no dejar mucha comida en su plato, porque esto indicará que no te gusta** comer.

课文 B

❑ **Parte I:** Interpreta el siguiente diálogo alternativamente al español y al chino.

Ⓐ 您好。我在报纸上看到您在出租房子。
Ⓑ Sí, es cierto.
Ⓐ 那房子在什么地段？是您家吗？
Ⓑ No, **es un apartamento vacío. Está cerca del Parque Zhongshan.**
Ⓐ 那附近有地铁口吗？
Ⓑ Sí. **Sólo a dos minutos a pie. Además hay muchas líneas de transporte público.** Supermercado, librería, cine... hay de todo. **La vida es muy conveniente.**
Ⓐ 您能给我介绍一下房子的情况吗？
Ⓑ Por supuesto. **El apartamento no es grande. Más o menos 80 metros cuadrados. Tiene una sala de estar, cocina, comedor, balcón, baño y dos dormitorios.**
Ⓐ 带家具吗？床和柜子都有吗？
Ⓑ **Sí. Hay todos los muebles de uso común.**
Ⓐ 厨房里有些什么？
Ⓑ **La cocina está bien equipada. Hay refrigerador, horno de gas, microondas, calentador de agua y bastantes vasijas y utensilios.**
Ⓐ 很好，起居室里有什么呢？
Ⓑ Hay televisor y reproductor de DVD, etc.
Ⓐ 有电话吗？能上网吗？
Ⓑ **Sí. Hay teléfono y acceso a Internet en la sala y en el dormitorio.**
Ⓐ 每月多少租金？
Ⓑ **4500 yuanes al mes** y el agua, la electricidad, el gas, el teléfono y la **boonda ancha los paga usted.**
Ⓐ 很贵的，但不管怎样，我还是想去看一下再作决定。您介意我去看房子吗？
Ⓑ ¿No hay problema? **¿Quería verlo ahora mismo?**

Ⓐ 那么，您看明天上午 10 点钟如何？

Ⓑ No hay problema. **Lo esperaré mañana en el apartamento**. Esta es mi dirección.

❏ **Parte II:** Interpreta el siguiente discurso del español al chino:

El problema de vivienda siempre han sido uno de los problemas sociales más graves de Shanghái. Un estudio realizado en 1985 mostró que casi la mitad de los 1.8 millones de hogares urbanos vivían en condiciones de hacinamiento en ese momento. En 1987, el Gobierno Municipal de Shanghái inició un programa de construcción de viviendas **y estableció un comité conjunto para abordar los problemas de vivienda de la ciudad.**

El proceso de implementación del plan de construcción de vivienda de Shanghái es también el proceso de reforma del sistema de vivienda. La política de vivienda ha cambiado de la distribución de viviendas de bajo alquiler a la venta de viviendas comerciales. El gobierno también ha formulado una serie de políticas **para fomentar la participación de las fuerzas sociales más amplias posibles. Pronto,** el mercado inmobiliario se desarrolló y **aparecieron viviendas para familias con diferentes niveles de ingresos.**

Recientemente, **la municipalidad ha reasentado a más de 47.000 hogares** y **ha gastado 1.800 millones de yuanes para construir viviendas para las familias hacinadas. Ahora, otras 74.000 familias necesitadas están siendo reasentadas. El proyecto se completará en 2008.**

❏ **Parte III:** Interpreta el siguiente discurso del chino al español:

中国人吃饭常用圆桌或者方桌。8个人或者10个人都是很合适的数字。但是也有超大的桌子，而且总是圆桌子，例如，政府的官方宴会，能容纳15人甚至更多的人。最重要的人应该坐在离门最远且对着门的位子，最年轻或者最次要的人坐在靠近门的地方。

与西方人不同的是，中国人吃饭不用刀叉，最常用的是筷子。用筷子的时候有一些规矩必须记住。例如，不能用筷子翻搅盘中的菜肴，不能让筷子沾满食物或味酱，不能吮添筷子，也不能用筷子敲打别的器皿发出声响。

  在中国的宴会上，叫菜肴时应该取双数。最好的菜应该放在最重要的客人面前以表示对客人的尊敬。鸡头鸭嘴不能对着客人，而汤盆通常放在桌子的中央。如果你是客人，那请你记住不要在盘中剩下很多食物，因为这样会表示你不喜欢吃那些东西。

课文 C

☐ **Parte I:** Interpreta el siguiente diálogo alternativamente al español y al chino.

Ⓐ 您好。您是戈麦斯先生吗？**您是为了房子的事情，对不对？**

Ⓑ Sí, **vengo por el apartamento** y usted debe ser el Sr. Zhang.

Ⓐ 是的，我就是。那咱们**现在就开始吗？您现在能定下来了吗？**

Ⓑ **El apartamento es bastante bueno. Como me mencionó**, no es grande pero muy limpio. **Quería saber cómo es el transporte del alrededor.**

Ⓐ 这里的交通十分便利，地铁和公交车能够通达全市各个角落，而且周围商店林立，买东西十分方便。

Ⓑ **Lo he notado ya, pero parece que no hay ni cine ni teatro.**

Ⓐ 电影院怎么会没有呢？这里向西 100 米就有一家。

Ⓑ ¿Es cierto? Muy bien. **Ya puedo decidir.**

Ⓐ 那么我们来**签个合同吧**，可以吗？

Ⓑ **Por supuesto, si le conviene.**

Ⓐ 恕我冒昧，我能看一下您的护照吗？

Ⓑ **Es natural. Aquí tiene mi pasaporte.**

Ⓐ 好的，那么每个月 20 日您**交房租**，租金是 4000 元。水电、煤气、电话、有线电视等您**需要另付**。您可以使用厨房、洗衣机、电视以及所有器具。

Ⓑ Muchas gracias.

Ⓐ 除此以外，您可以请朋友到家里来，**但是请不要举行聚会，以免打扰邻居。**

Ⓑ De acuerdo. **¿Cuándo puedo vivir aquí?**

Ⓐ 随您了。这是房子的钥匙。您收好。

Ⓑ Bien. **No se preocupe.**

Ⓐ 祝您在中国度过一段美好时光。

Ⓑ Muchas Gracias.

❏ Parte II: Interpreta el siguiente discurso del chino al español:

　　北京经济技术开发区的**筹建工作**于 1991 年开始，**随后的一年**便开始了基础设施建设和**吸引投资工作。由于**在本经济开发区内实行的是国家级沿海经济特区及高新技术开发区实行的同等优惠政策，因此其使用的各项管理系统均符合国际常规要求。

　　北京**经济技术开发区**位于北京市东南郊，北京—天津—塘沽高速公路的**西起点，毗**邻五环，交通十分便利。距离四环 3.5 公里，距离三环 7 公里，距离市中心的天安门 16.5 公里。共有三条公路连接开发区与市中心。此外，连接开发区的轻轨建设已被列入城市的发展规划之中。

　　开发区管理委员会于 2001 年 11 月获得了**环境管理体系** ISO14001 认证以及**华夏认证中心**授予的 UKAS 认证。经济开发区内的企业几乎都获得了 ISO14001 认证。因此，本开发区已经成为国内环境保护管理最好的开发区之一。

❏ Parte III: Interpreta el siguiente discurso del español al chino:

Para resolver el dolor de cabeza de aguas residuales urbanas, las autoridades municipales de Shanghái han lanzado un plan de renovación y ampliación de la Planta de Tratamiento de Aguas Residuales de Bailonggang, con el objetivo de convertirla en la mayor del mundo. La estación en uso de tratamiento de aguas residuales de Bailonggang se construyó en 1999 y **sólo tiene una capacidad diaria de tratamiento de unos 1,2 millones de metros cúbicos de las aguas residuales,** cifra que representa aproximadamente una quinta parte de los más de 6 millones de metros cúbicos diarios de la ciudad.

El gobierno municipal invertirá 2.200 millones de yuanes en el proyecto de expansión. Una vez completado el proyecto, la planta de tratamiento de aguas residuales de Bailonggang **tendrá una capacidad diaria de** 2 millones de metros cúbicos, **lo que representa un tercio del total de las aguas residuales diarias generadas en Shanghái.** Además, **las nuevas instalaciones podrán aumentar la capacidad de tratamiento diaria a 3,4 millones de metros cúbicos en el futuro.**

Según el XI Plan Quinquenal de China, Shanghái construirá un sistema completo de alcantarillado que cubrirá tanto el centro de la ciudad como los distritos circundantes. Por medio de este sistema, **unos 80% de las aguas residuales generadas por la ciudad recibirán un tratamiento antes del drenaje.** El proyecto de Bailonggang **es un hito en la historia del desarrollo urbano de Shanghái. Ella hará una contribución significativa a la protección ambiental del Río Changjiang (Yangtsé), la Bahía de Hangzhou, así como el Mar de China Oriental.**

课文 D

☐ **Parte I:** Interpreta el siguiente diálogo alternativamente al español y al chino.

Ⓐ Hola, ¿es usted el Sr. Gómez? **¿Viene usted por el apartamento? ¿No es cierto?**

Ⓑ 是的，我是为了那房子的事。那您就是张先生吧。

Ⓐ Sí, lo soy. ¿Entonces **vamos ahora a empezar ya**? **¿Está decidido?**

Ⓑ 房子不错。就像你描述的一样，不大但是很干净。我很想知道周边的交通情况如何。

Ⓐ **El transporte del alrededor es muy conveniente.** El metro y los **autobuses le llevan a cualquier rincón de la ciudad. Además está rodeado de tiendas. Es muy fácil hacer compras** aquí.

Ⓑ 这个我已经注意到了，但是好像没有电影院，也没有剧场。

Ⓐ **¿Cómo que no hay cine? Aquí a cien metros al oeste ya hay uno.**

Ⓑ 是吗，那不错，我可以定下来了。

Ⓐ Entonces **vamos a firmar el contrato.** ¿De acuerdo?

Ⓑ 当然，如果您方便的话。

Ⓐ **Disculpe**, ¿puedo ver su pasaporte?

Ⓑ 这是应该的。您看。

Ⓐ Bueno. El día veinte de cada mes **paga el alquiler,** que son 4000 yuanes. El agua, la luz, el gas, el teléfono y el TV cable **los paga usted aparte.** Puede usar la cocina, la lavadora, la TV y todos los utensilios en la casa.

Ⓑ 太感谢了。

Ⓐ Además, puede invitar a tus amigos a casa, **pero no haga fiesta para no molestar a los vecinos.**

Ⓑ 我同意。我什么时候可以住过来？

Ⓐ **Como quiera. Aquí tiene la llave. Que lo guarde bien.**

Ⓑ 好的。您不用担心。

Ⓐ　　Espero que pase una buena temporada en China.
Ⓑ　　非常感谢。

❑ Parte II:　Interpreta el siguiente discurso del español al chino:

Los preparativos para la construcción de la Zona de Desarrollo Económico y Tecnológico de Beijing se iniciaron en 1991, y **al año siguiente** empezaron las obras de infraestructuras y la **introducción de inversiones. Como en esta zona se aplican las mismas políticas preferenciales que en la Zona de Desarrollo Económico y en los Parques de Alta y Nueva Tecnología de la Costa, todo el sistema de administración** con que cuenta esta Zona **corresponde a las prácticas habituales internacionales.**

La Zona de Desarrollo Económico y Tecnológico de Beijing está ubicada en el suburbio del sudeste de Beijing, **el punto de partida oeste** de la autopista Beijing-Tianjin-Tanggu, **adyacente al Quinto Anillo de** Beijing, y **el tráfico es muy conveniente.** Está a 3,5 km del Cuarto Anillo, a 7 km del Tercer Anillo y a 16,5 km de la Plaza de Tiananmen, centro de la ciudad. **Hay tres carreteras que conducen al centro urbano.** Además, **una línea de tren ligero** que conecta la Zona **ha sido incluida en el programa de desarrollo de la Ciudad.**

En noviembre de 2001, el **Consejo de Administración de la Zona de Desarrollo** obtuvo la certificación ISO14001 del **Sistema de Gestión Ambiental** y la certificación UKAS otorgada por el **Centro de Certificación Huaxia.** Casi todas **las empresas usuarias en la Zona** han obtenido la certificación ISO14001. Por lo tanto, **esta zona de desarrollo se ha convertido en una de las mejores de China en cuanto a la protección del medio ambiente.**

❑ Parte III:　Interpreta el siguiente discurso del chino al español:

　　为了解决城市污水处理的难题，上海市政府已经开始了一项更新和扩建白龙岗污水处理厂的计划，其目标是建成世界上最大的水处理厂。目前正在使用的白龙岗污水处理站建于 1999 年，每天只能处理 120 万立方米污水，大约相当于全市每天产生的 600 多万立方米污水的五分之一。

市政府将向该扩建项目投资 22 亿元。一旦工程完成，白龙岗污水处理厂将拥有 200 万立方米的**日水处理能力**，占上海市每天产生污水总量的三分之一。不仅如此，水厂的设施将能够允许在未来把日污水处理的能力提高至 340 万立方米。

根据中国的十一五计划，上海将建设一套完整的覆盖城市中心区以及周边区县的下水道系统。通过这套系统，**整个城市所产生的污水中有 80% 能够在排放之前得到处理**。白龙岗项目**在上海城市发展的历史上具有里程碑意义**。它将为长江、杭州湾以及东海的环境保护作出重大贡献。

Unidad 28
Servicio Médico
第 28 单元　医疗服务

课文 A

❏ Parte I:　Interpreta el siguiente diálogo alternativamente al español y al chino.

Ⓐ　您哪儿不舒服？

Ⓑ　**Me sentí un poco incómodo en mi cabeza y seguí tosiendo.**

Ⓐ　发烧吗？

Ⓑ　**No creo que tenga fiebre.** Pero me duele la espalda.

Ⓐ　让我来给你量一下体温。

Ⓑ　**Me cuesta mucho tener fiebre, aún cuando me siento muy mal de salud.**

Ⓐ　这种情况有多久了？

Ⓑ　Cuatro días ya.

Ⓐ　要特别小心。您要验个血。

Ⓑ　¿Por qué?

Ⓐ　您还要拍个片子，因为您咳得很厉害而且时间这么长了。

Ⓑ　¿Es muy grave? **¿Tengo que internarme?**

Ⓐ　您瞧，现在您有 39 度 3，我想你是得了流感，现在正流行呢。

Ⓑ　¿Qué hago?

Ⓐ　您应该留在这个观察室。现在我给您开点药。

Ⓑ　Bien, gracias, voy por medicinas.

Ⓐ　您别动。有一位护士会来帮您。您应该卧床休息一段时间。

Ⓑ　Hola, señorita, **¿puedo tomar las pastillas ahora?**

Ⓒ　唔，您可以服药了。

Ⓑ　**¿Cómo voy a tomar estas cápsulas azules?**

Ⓒ 一天三次，每次三粒。

Ⓑ Muchas gracias.

❏ **Parte II:** Interpreta el siguiente discurso del chino al español:

　　感冒是日常生活中的一种常见病、多发病，但通过合理的措施，感冒是完全可以预防的。例如，每晚用较热的水（温度以热到不能忍受为止）泡脚15分钟，要注意泡脚时水量要没过脚面，泡后双脚要发红，才可预防感冒。

　　每天洗脸时要用冷水，用手掬一捧水洗鼻孔，即用鼻孔轻轻吸入少许水（注意勿吸入过深以免呛着）再擤出，反复多次。每日早晚餐后用淡盐水漱口，以清除口腔病菌。在流感流行的时候更应注意盐水漱口，此时，仰头含漱使盐水充分冲洗咽部效果更佳。

　　初发感冒时，在杯中倒入开水，对着热气做深呼吸，直到杯中水凉为止，每日数次，可减轻鼻塞症状。也可用电吹风对着太阳穴吹3至5分钟热风，每日数次，即可减轻症状，加速痊愈。

❏ **Parte III:** Interpreta el siguiente discurso del español al chino:

El 31 de mayo es el "Día Mundial sin Tabaco", cuyo tema consiste en "establecer un ambiente sin humo", a fines de advertir al público el perjuicio que el humo de tabaco puede provocar a los fumadores pasivos y al medio ambiente.

Desde la década de los 50 del siglo XX, **cuantiosas investigaciones patológicas en el ámbito global han comprobado que el fumar ha sido el factor más peligroso de causar el cáncer pulmonar. Para despertar en la sociedad internacional la atención a lo dañino que es el tabaco para la salud humana,** en noviembre de 1987 la **Organización Mundial de Salud** propuso fijar el 7 de abril de cada año el "Día Mundial sin Tabaco". Sin embargo desde 1989, se lo cambió por el 31 de mayo.

El fumar tiene como consecuencias enfermedades cardiovasculares, de cáncer, o de pulmón crónica, convirtiéndose en el segundo asesino después de la

hipertensión. Según la estadística, en cada año hay 5 millones de personas que mueren de las enfermedades relacionadas con el consumo de tabaco por todo el mundo. **Sin control adecuado y eficaz, dicha cifra llegará a 10 millones en el año 2020.**

Frenar el daño de los tabacos constituye un problema sanitario público de largo plazo, de gran dificultad y de enorme complejidad. Por eso la WHO (Organización Mundial de Salud) plantea **"establecer un ambiente sin humo"**, para decir al público que **el tabaquismo, de manera activa o pasiva, constituye riesgos mayores y prevenibles ante la humanidad, y que todos tienen el derecho a disfrutar del aire limpio no contaminado por el humo tabacalero.**

课文 B

☐ **Parte I:** Interpreta el siguiente diálogo alternativamente al español y al chino.

Ⓐ   ¿Dónde te sientes mal?
Ⓑ   我觉得头有些不舒服，还不停地咳嗽。
Ⓐ   ¿Tiene fiebre?
Ⓑ   我想我没有发烧。不过我背很疼。
Ⓐ   Déjame tomarle la temperatura.
Ⓑ   我是很难发烧的，即使我已经感觉到非常难受时也如此。
Ⓐ   ¿Desde cuándo así?
Ⓑ   已经四天了。
Ⓐ   Hay que tener mucho cuidado. Necesita hacer un análisis de sangre.
Ⓑ   为什么？
Ⓐ   También tiene que tomar una radiografía porque tose muy fuerte y por tanto tiempo.
Ⓑ   是不是很严重？我要住院吗？
Ⓐ   Mire, tiene ahora 39,3°C. Creo que tiene usted la gripe, está pasando ahora mismo.
Ⓑ   我该怎么办？
Ⓐ   Debe quedarse en esta sala de observación. Ahora le voy a recetar.
Ⓑ   好的，谢谢。我去取药。
Ⓐ   No se mueva. Vendrá una enfermera a atenderle. Debe guardar la cama y descansar cierto tiempo.
Ⓑ   您好，小姐，我现在可以服药了吗？
Ⓒ   Sí, puede tomarlas ya.
Ⓑ   这些蓝色的胶囊该怎么服用。
Ⓒ   Tres cápsulas tres veces al día.
Ⓑ   多谢了。

❏ **Parte II:** Interpreta el siguiente discurso del español al chino:

Un resfriado es una enfermedad común y frecuente en la vida diaria, pero con medidas adecuadas, un resfriado puede prevenirse por completo. Por ejemplo, **use suficiente agua caliente (la temperatura que pueda tolerar)** todas las noches para **sumergir sus pies durante 15 minutos. Después, sus pies deben ponerse en rojos para poder evitar resfriados.**

Hay que lavarse diariamente la cara con agua fría. Lávese las fosas nasales con un poco de agua, es decir, inhale suavemente un poco de agua por la nariz (**tenga cuidado de no inhalar demasiado para evitar atragantarse**) y **exhala el agua** repetidamente. **Enjuague la boca con agua ligeramente salada** después del desayuno y la cena todos los días **para eliminar las bacterias orales.** En tiempo de epidemia de gripe, **hay que hacer aún más gárgaras con agua salada.** En este caso, **es mejor mantener agua ligeramente salada en la garganta, con la boca hacia arriba para que el agua enjuague completamente la faringe.**

Al empezar un resfriado, ponga agua hirviendo en un vaso y **respire profundamente el vapor** hasta que se enfríe el agua. Varias veces al día **para aliviar la congestión nasal.** También puede usar el secador de pelo para soplar en las sienes con el aire caliente durante 3 a 5 minutos. Varias veces al día, **para reducir los síntomas y acelerar la recuperación.**

❏ **Parte III:** Interpreta el siguiente discurso del chino al español:

5月31日是"世界无烟日",其主题是"创建无烟环境",旨在提醒公众认识烟雾对被动吸烟者和环境的危害。

自20世纪50年代以来,全球范围内已有大量流行病学研究证实,吸烟是导致肺癌的首要危险因素。为了引起国际社会对烟草危害人类健康的重视,世界卫生组织1987年11月建议将每年的4月7日定为"世界无烟日"。但是自1989年起,世界无烟日改为每年的5月31日。

吸烟会带来心血管疾病、癌症、慢性肺病等后果，已经成为继高血压之后的第二号杀手。据统计，全球每年有 500 万人死于与吸烟有关的疾病，如果不加以恰当而有效的控制，这一数字到 2020 年时将达到 1000 万。

控制烟草危害是一个长期、艰巨和复杂的公共卫生问题。因此，世界卫生组织提出"创建无烟环境"，也是在告诉大家，吸烟和被动吸烟是人类健康所面临的最大的但又是可以预防的危险因素，大家都有权享受没有烟草烟雾污染的清洁空气。

课文 C

❏ **Parte I:** Interpreta el siguiente diálogo alternativamente al español y al chino.

Ⓐ 我想挂拉米雷斯医生的号。

Ⓑ **¿Qué tiene usted?**

Ⓐ 我不知道是怎么回事？昨天以来我的眼睛很疼。

Ⓑ **Lo siento.** El doctor Ramírez hoy no viene. **¿Puede atenderle otro doctor?**

Ⓐ 好的，但是，谁给我看呢？应该是位很好的眼科医师吧。

Ⓑ Seguro que sí. **Es doctor jefe del Departamento de Oftalmología,** profesor Ignacio Chávez.

Ⓐ 真是幸运！

Ⓑ Es verdad, **usted ha tenido mucha suerte, porque el profesor Chávez acaba de regresar de una conferencia internacional.**

Ⓐ 什么国际会议？

Ⓑ **Naturalmente de oftalmología.**

Ⓐ 太好了，我希望医生能够解决我的问题。

Ⓑ No se preocupe. **El profesor es bellísima persona.** El trata a todos los pacientes con mucha paciencia.

Ⓐ 我要等很长时间吗？

Ⓑ No tanto. Le toca esperar más o menos una hora. **Son limitadas las citas del doctor.** Por la mañana sólo atiende a 20 personas y por la tarde otras 20.

Ⓐ 太好了，我去等。多谢！

Ⓑ Con todo gusto. **Mi trabajo es ayudar a los pacientes.**

Ⓐ 我去什么地方等？

Ⓑ En el tercer piso a la izquierda. Sala 301.

Ⓐ 非常感谢，您真好。

Ⓑ **¡Que le vaya bien!**

❑ **Parte II:** Interpreta el siguiente discurso del chino al español:

大家早上好，这里我要谈一下关于我国如何加快医疗改革步伐的问题。改革开放以来，我国的医疗卫生事业取得了长足进步和显著成效，人民的健康水平大幅提高。

但是，发展的同时也产生了一些新的问题，滋生了不良现象。医疗费用居高不下，医务人员拿回扣现象，卫生资源分配不合理，等等，这些都引起全社会的极大关注。

现在进行的医改正是为了解决这些问题而来的。应该说，来得正当其时。但是，能否真正给百姓带来益处？能带来多大的益处？这些还要看医改进行得怎么样。

据悉，劳动和社会保障部今年将加快城镇职工基本医疗保险的改革步伐，基本完成医疗保险体制的建设任务。到年底，70%以上的地方组织将实施新制度，覆盖人数将达到5000万左右。此外，与之相适应的规则将进一步健全，各个环节都会有规章制度。经济、法律、道德约束等手段并用，以进一步巩固医改的成果。

❑ **Parte III:** Interpreta el siguiente discurso del español al chino:

Cerca de 100 expertos en cooperación sanitaria se reunieron durante dos días en Madrid el pasado mes de mayo en las jornadas tituladas "Ayuda Oficial al Desarrollo en Salud", promovidas por la ONG internacional.

Entre los datos que se manejan, destaca el hecho de que actualmente 2.400 millones de personas **carecen de acceso a infraestructuras sanitarias básicas.** 30.000 niños **mueren diariamente a causa de la pobreza. África, el continente que más ayuda oficial recibe, paradójicamente es el que se encuentra más lejos de poder alcanzar los objetivos del milenio. Algunas de las causas de esta situación podría ser la falta de coordinación entre los ONGs y los gobiernos de los países beneficiarios.**

La salud está directamente relacionada con pobreza y justicia social. A lo largo de las jornadas quedó claro que **aunque se están produciendo avances signifi-**

cativos en algunos campos, como la reducción del número de personas pobres en Asia, **hay otros en los que aún no se ha conseguido siquiera poner un freno, como es el caso de la mortalidad de las mujeres durante el parto o en relación al embarazo.** Existen crisis crónicas, como la que afecta al sistema sanitario en el tercer mundo, que **también merecen atención, y no sólo las crisis más espectaculares de emergencia.**

Unidad 28　Servicio Médico

课文 D

❏ **Parte I:**　Interpreta el siguiente diálogo alternativamente al español y al chino.

Ⓐ　Quiero pedir una cita con el doctor Ramírez.

Ⓑ　哪里不舒服？

Ⓐ　**¿No sé qué me ha pasado? Me duelen mucho los ojos** desde ayer.

Ⓑ　很抱歉，拉米雷斯医生今天不来上班。**别的医生可以吗？**

Ⓐ　De acuerdo, pero **¿quién me atenderá? Debe ser un buen oculista.**

Ⓑ　那当然。他是眼科主任医师，伊格纳西奥·查维斯教授。

Ⓐ　¡Qué suerte!

Ⓑ　可不是呗，您非常幸运，因为查维斯教授刚参加了国际会议回来。

Ⓐ　¿Conferencia de qué?

Ⓑ　当然是眼科的啦。

Ⓐ　Muy bien, **deseo que el doctor pueda resolver mi problema.**

Ⓑ　你放心，教授人可好啦！他待所有的病人都十分耐心。

Ⓐ　¿Tengo que esperar mucho tiempo?

Ⓑ　还好吧！您等一个小时左右。**医生的号是有限的**，上午只看 20 位，下午再看 20 位。

Ⓐ　Muy bien, voy a esperarlo. Muchas gracias.

Ⓑ　没什么，**我的工作就是帮助病人。**

Ⓐ　¿Dónde voy a esperar?

Ⓑ　三楼左侧，301 室。

Ⓐ　Muchas gracias, **usted es muy amable.**

Ⓑ　祝您顺利。

❏ Parte II: Interpreta el siguiente discurso del español al chino:

Buenos días a todos. **Ahora voy a hablarles un poco sobre cómo acelerar la reforma del sistema médico de nuestro país. A partir de la Reforma y la Apertura, hemos conseguido enormes progresos y éxitos en el sector de la salud pública de nuestro país, lo cual se refleja en la elevación del nivel de salud de nuestro pueblo.**

Sin embargo, **con el desarrollo, también han surgido algunos problemas nuevos, lo que ha generado fenómenos indeseables. El gasto médico se mantiene altísimo, el personal médico cobra comisiones, y los recursos sanitarios están mal distribuidos, etc. Todo esto ha despertado gran preocupación en toda la sociedad.**

La reforma médica de ahora **está dirigida precisamente a resolver estos problemas. Hay que reconocer que la reforma viene en su momento oportuno.** ¿Pero realmente puede traer beneficios a la gente? ¿Cuánto beneficio puede traer? **Esto depende de cómo vaya la reforma médica.**

Según se informa, este año el Ministerio de Trabajo y Provisión Social va a acelerar la reforma del sistema del seguro médico básico de los trabajadores urbanos y va a terminar en lo fundamental la tarea de establecer dicho sistema. Hasta finales del año, más del 70% de las instituciones locales **implementarán el nuevo sistema, que cubre unos 50 millones de personas.** Además, **se va a perfeccionar paralelamente los reglamentos correspondientes. Van a aparecer reglamentos específicos de cada sector. Se va a recurrir a todo tipo de medios restrictivos:** económicos, legislativos, morales, etc. **para consolidar aún más los logros de la reforma médica.**

❏ Parte III: Interpreta el siguiente discurso del chino al español:

今年五月，近百位医疗卫生合作方面的专家，在马德里参加了为期两天的题为"官方援助医疗发展"的研讨会，活动是由国际非政府组织举办的。

在大会谈到的情况中，**引人注目的有这样一些**：目前有 24 亿人**不能享受基本医疗服务**。每天有 3 万儿童**死于贫困**。接受官方援助最多的非洲大陆却是距离能够实现千年目标最遥远的地区。出现这种情况的原因之一便是非政府组织与受援国政府之间缺少协调配合。

健康是与贫困、社会正义直接相关的。在研讨会期间大家一致认为，尽管在有些领域取得了相当大的进展，例如，亚洲的贫困人口下降等，**但是在一些领域甚至还没有能够控制住问题**，例如，与妇女生育或怀孕相关的死亡率方面。有一些影响着第三世界卫生体系的长期危机**也**值得注意，而不仅仅是那些最紧迫、最引人注目的危机才值得关注。

Unidad 29

Operación Bancaria
第29单元 银行业务

课文 A

❑ **Parte I:** Interpreta el siguiente diálogo alternativamente al español y al chino.

Ⓐ 很明显，我们生活的世界已经越来越与因特网联系在一起。

Ⓑ Sí, **la comunicación de banda ancha nos ha traído nuevos patrones de comportamiento y modelos de relación.**

Ⓐ 因特网创造了更加生气勃勃的工作方式。

Ⓑ **¿Cómo es el caso?**

Ⓐ 因为因特网给客户与金融单位和储蓄所等金融实体之间带来了新的互动模式。

Ⓑ Sí, es cierto. **Pero no entiendo mucho el porqué.**

Ⓐ 因为在这些新型的关系中，信息技术与固定及移动通讯技术结合在一起，正起着非常重要的作用。

Ⓑ ¡Es verdad! **Internet es ya una parte inseparable de nosotros.**

Ⓐ 交易过程与软件的应用通过宽带结合在一起，使与客户的沟通成为可能。

Ⓑ ¿Qué ventajas tienen los bancos *online*?

Ⓐ 网上银行可以在客户需要服务的任何时候提供服务，不受客户所处位置，无论是工作、家庭或个人环境的限制。

Ⓑ Es una maravilla.

Ⓐ 是的，因特网金融服务是即时的，可以使客户非常满意。

Ⓑ Así que **los bancos en Internet pueden ofrecer un medio más personalizado, productivo, seguro y adaptado a cada cliente.**

❏ **Parte II:** Interpreta el siguiente discurso del chino al español:

　　银行业在市场经济的发展中发挥着多种作用。首先，银行系统是一个支付和清算的系统，它方便交易，促进经济活动的开展。如果没有可靠的银行系统，交易将只能通过实物交换、现金交换或靠买卖双方的诚信来进行。所以，如果缺乏强有力的银行系统将大大缩减经济和贸易活动的开展。

　　其次，银行为家庭和企业提供了一个可以放心地存放现金余额的空间。

　　第三，银行通过不同的运营方式可以为家庭和企业的存款提供低风险的投资机制。

　　第四，银行系统可以作为企业和家庭之间的信用中介，将积累在银行的储蓄用于高利润投资项目，分散风险。

　　最后，银行通过其"社会工程"计划，鼓励青年的创业精神和创办企业的积极性。如果你有商业创意，银行会帮助你开发它。通过面对面的课程，它为你提供必要的知识，以便你可以开展业务。银行想通过这个办法从大学本身促进创业者创办企业。

❏ **Parte III:** Interpreta el siguiente discurso del español al chino:

El sueño del dinero fácil es lo más parecido a lo que ahora pasa con el mercado de valores de China. Los universitarios **están obsesionados con** invertir sus ahorros en los mercados. **Las clases medias** venden sus coches y **piden préstamos para invertir.** Y de momento no les va nada mal: **el principal mercado, Shanghái, acumula una revalorización del 50% en 2007, y del 180% en los últimos 18 meses sin apenas altibajos.** El Gobierno chino **intenta enfriar el mercado por ahora.**

El sueño del dinero fácil ha llevado a las clases medias a vender coches, hipotecar sus casas e incluso a pedir créditos para seguir invirtiendo, según reconocen las autoridades chinas. El 10% de las **criadas domésticas** abandonaron la limpieza para **dedicarse a los valores.** Y esa locura también infectó a los estudiantes, hasta tal punto que el Ministerio de Educación ha tenido que lanzar una seria advertencia para mantener a los estudiantes alejados del parqué. **"No es apropiado que los universitarios inviertan en acciones porque su tarea es sentar los cimientos de su carrera"**, aseguró la semana pasada el portavoz del ministerio.

El portavoz cree que los jóvenes no pueden enfrentar tales riesgos y **ni soportar las consecuencias cuando pierden dinero,** especialmente porque la mayoría de los estudiantes todavía **son financiados por sus padres.** Sin embargo, **muchos estudiantes adinerados no parecen creerlo, han quedado deslumbrados por el alza del mercado de valores.**

课文 B

❑ **Parte I:** Interpreta el siguiente diálogo alternativamente al español y al chino.

Ⓐ Está claro que **vivimos un mundo cada vez más conectado a Internet.**

Ⓑ 是的，宽带通讯给我们带来了新的行为模式和关系模式。

Ⓐ Internet **ha aportado formas de trabajo más dinámicas.**

Ⓑ 这是怎么回事？

Ⓐ Porque Internet **ha generado nuevos modos de interrelación entre clientes y entidades financieras, por ejemplo, bancos y cajas de ahorro.**

Ⓑ 是的，确实如此。不过我不太明白为什么？

Ⓐ Porque en estas nuevas relaciones, **la tecnología de la información está convergiendo con las tecnologías de comunicación fija y móvil** y está desempeñando un papel muy importante.

Ⓑ 确实如此，因特网已经是我们不可或缺的部分。

Ⓐ **Esta integración de los procesos de negocio y las aplicaciones software por medio de banda ancha posibilita la comunicación con clientes.**

Ⓑ 网上银行有什么优势呢？

Ⓐ **Los bancos online pueden ofrecer al cliente aquello que requiere, en el momento que le hace falta, independientemente de donde se encuentre, sea un entorno laboral, familiar o personal.**

Ⓑ 真是奇迹。

Ⓐ Sí, **los servicios financieros en Internet son inmediatos y hacen que el cliente quede muy satisfecho.**

Ⓑ 这么说网上银行能够给每个客户提供更加个性化、高效、可靠且合适的工具。

❏ **Parte II:** Interpreta el siguiente discurso del español al chino:

La banca desempeña múltiples papeles en el desarrollo de la economía de mercado. En primer lugar, **el sistema bancario sirve para pagar y saldar—facilitar la compraventa,** fomentando las actividades económicas. **Sin un sistema bancario fiable, los negocios se realizarían a través del trueque, intercambio en efectivo o de la honestidad de ambas partes.** Por eso **la falta de un sistema bancario dinámico reduciría en gran margen las actividades económicas y comerciales.**

En segundo lugar, **el banco ofrece a las familias y empresas un espacio seguro donde pueden depositar su saldo de caja tranquilamente.**

De tercero, **el banco, por medio de distintas formas operativas, proporciona a las familias y empresas un sistema de inversión con bajo riesgo.**

De cuarto, **el sistema bancario puede servir como intermediario de crédito entre las empresas y familias, aplicando los ahorros acumulados en el banco en los proyectos de inversión de alto beneficio y dispersando los riesgos.**

Y por último **el banco, a través de su Obra Social, fomenta el espíritu emprendedor y la iniciativa empresarial entre los jóvenes.** Si tienes una idea de negocio, te ayuda a desarrollarla. **Con los cursos presenciales te facilita los conocimientos necesarios para que puedas poner en marcha tu empresa. Con ello el banco pretende impulsar el desarrollo del emprendedor y la creación de empresas desde las propias universidades.**

❏ **Parte III:** Interpreta el siguiente discurso del chino al español:

快速发财梦是中国证券市场目前状况的最恰当写照。大学生热衷于把自己的积蓄投入市场。中产阶级则通过卖车、借贷来投资。眼下看来情况真还不错：主要股市——上海2007年的市值上升了50%，而在过去的18个月中则增加了180%，几乎没有什么波动。现在，中国政府试图为市场降温。

据中国当局称，轻松赚钱的梦想导致中产阶级卖掉车子、抵押房产甚至寻求贷款以进行投资。10%的家庭女佣放弃打扫房子的活儿投身证券。这种疯狂同时也感染了学生，以至于教育部不得不发出一系列的警告让学生远离"雷池"。上周教育部发言人指出："大学生投资证券是不合适的，因为他们当前的任务是为自己的事业打基础"。

发言人认为年轻人没有能力面对这样的风险，亏损时也不能承担后果，特别是因为大部分的学生还仍然是靠父母资助的。但是，很多有钱的学生好像并不这样想，他们已经被飙升的股市迷得眼花缭乱。

课文 C

❑ **Parte I:**   Interpreta el siguiente diálogo alternativamente al español y al chino.

Ⓐ   您需要什么服务吗?

Ⓑ   **Quería hacer una consulta. Necesito abrir una cuenta en dólares.**

Ⓐ   您有身份证吗?

Ⓑ   No, **todavía está en trámite.** ¿Con pasaporte puedo **abrir una cuenta de ahorros**?

Ⓐ   储蓄账户可以。

Ⓑ   ¿Y si necesito hacer un depósito a plazo fijo?

Ⓐ   也可以,没有问题。您现在就想开户吗?

Ⓑ   Un momento. **Quería saber también lo de interés.**

Ⓐ   好的。您要存多少美元呢?

Ⓑ   Por ejemplo, **10 mil dólares y por un año.**

Ⓐ   利息是 6%,如果低于 1 万美元则是 5%。

Ⓑ   ¿Y **la cuenta de depósito a la vista**?

Ⓐ   是 2%。您现在就想开户吗?

Ⓑ   Sí, ábrela ahora. **Necesito un depósito a plazo fijo de un año y una cuenta corriente en dólar.**

Ⓐ   好的,请稍等。我去准备资料。好,请您在这些表上签字。

Ⓑ   **¿No hay libreta?**

Ⓐ   没有,只有 IC 卡。这是定期存单。这里需要您的指纹。

Ⓑ   ¿Puedo dejar mi **contraseña**?

Ⓐ   用不着,这个存单要用您的护照和签字才能兑现。

Ⓑ   Muchas gracias, usted es muy amable. **¿A cuánto está el dólar de hoy?**

Ⓐ   我买进是 6.80 元 1 美元,卖出是 6.92 元。

Ⓑ   Bueno, hoy cambio 100 dólares. **Prefiero billetes de a 20, gracias.**

Ⓐ 好的，没问题，请稍等。
Ⓑ Bien, muchas gracias.
Ⓐ 多谢您。

❑ **Parte II:** Interpreta el siguiente discurso del chino al español:

美国劳工部的一份报告显示 11 月美国经济丧失了 53.3 万就业机会，这是 34 年来最严重的就业人数下降。上月的失业率已经上升至 6.7%，是 1993 年以来最高的。要不是许多美国公民因为经济危机失去信心而放弃找工作，这个失业率还会更高些。

许多公司正在尽可能强烈地作出反应，以便公司的成本结构能够顶住经济萧条而生存下去。报告公布以后，石油和美元下跌，而债券价格上涨，证明经济萧条正在冲击着各个部门。许多人认为，美国经济已经崩溃，开始一落千丈。

仅服务业部门 11 月就丧失了 37 万就业机会。这就是说，市场的疲软已经从物资生产部门转到了占美国经济 80% 的服务业。

美国当选总统认为对付这样多年形成的危机是没有便捷办法的，很可能情况没有变好，反而更糟。白宫说它将继续努力解决造成丧失这么多就业的信贷和住房市场方面的问题。美国需要重点研究经济崩溃的原因，扭转创造就业的趋势。

❑ **Parte III:** Interpreta el siguiente discurso del español al chino:

La inversión en línea en Divisas constituye una modalidad más avanzada de negociación de Divisas que también está disponible mediante las plataformas en línea de nuestro banco. Para los inversores privados somos el primer proveedor de la posibilidad de negociar las divisas directamente a precios en tiempo real, sin la intervención del corredor de bolsa.

El banco otorga al inversor el derecho, pero no la obligación, tanto de comprar como de vender un par de divisas determinado a un precio especificado (conocido como precio strike) en una fecha prevista (fecha de vencimiento). Por

este derecho de compra o venta del activo subyacente se paga una prima por adelantado al vendedor. La decisión de utilizar o ejercer este derecho depende de las condiciones del mercado en el momento de vencimiento.

Una cuenta de negociación en línea constituye una herramienta fundamental para todo operador profesional de divisas. **Las plataformas de negociación** de nuestro banco **permiten la negociación en línea al contado.** Una de las ventajas de nuestro banco es **la formación, información y asesoramiento para abrir el mercado a nuevos clientes.**

Los Fondos Cotizados, un producto cada vez más popular, combinan la facilidad de la inversión en valores con las ventajas de los fondos de inversión. El banco ofrece una serie de **Fondos Cotizados con los que se puede operar a precio real mediante las plataformas de negociación. La operación en línea de estos productos ofrece** a los inversores **una forma sencilla, económica y flexible de acceder a los mercados.**

Unidad 29　Operación Bancaria

课文 D

❏ **Parte I:**　Interpreta el siguiente diálogo alternativamente al español y al chino.

Ⓐ　¿En qué puedo servirle?

Ⓑ　我想咨询一下。我需要开个美元账户。

Ⓐ　**¿Tiene usted DNI** (documento nacional de identidad)?

Ⓑ　没有，正在办理。我用护照可以开储蓄账户吗？

Ⓐ　**Una cuenta de ahorro sí.**

Ⓑ　如果我还想存个定期呢？

Ⓐ　Sí, no hay problema. ¿Quiere usted **abrir ahora**?

Ⓑ　等一下，我还想了解利息方面的情况。

Ⓐ　Bueno. **¿Qué cantidad de dólares va a ingresar?**

Ⓑ　比方说，10 000 美元存一年。

Ⓐ　A 6%, si es menor de 10 mil, la tasa es de 5%.

Ⓑ　活期存款账户呢？

Ⓐ　A 2%. ¿Quiere usted abrir ahora?

Ⓑ　好的，现在就开。我要一个一年美元定期和一个美元经常账户。

Ⓐ　Bien, espere un momento. **Voy a preparar los papeles**. Ahora bien, **firme en estas hojas.**

Ⓑ　没有存折吗?

Ⓐ　No, sólo una tarjeta IC. **Este es el comprobante del depósito a plazo fijo. Aquí necesita su huella digital.**

Ⓑ　我能留个密码吗？

Ⓐ　**No hace falta. Este comprobante de depósito se cobrará con su pasaporte y su firma.**

Ⓑ　非常感谢，您真好。请问今天美元汇率是多少？

Ⓐ　**Compro a 6,80 y vendo a 6,92 un dólar.**

B 好的，今天我换 100 美元。**最好给我面值 20 的钞票，谢谢。**

A Bien, no hay problema, **un segundo.**

B 好的，多谢。

A Gracias a usted.

❏ Parte II: Interpreta el siguiente discurso del español al chino:

Un informe del Departamento de Trabajo mostró que la economía estadounidense perdió 533 mil empleos en noviembre, la peor contracción de las nóminas en 34 años. La tasa de desempleo subió a un 6,7% el mes pasado, un máximo desde 1993. El alza hubiera sido mayor de no ser porque muchos estadounidenses **dejaron de buscar trabajo** desalentados **por la crisis económica.**

Las firmas están reaccionando lo más drásticamente que puedan para asegurarse de que tengan estructuras de costos capaces de sobrevivir a la recesión. El petróleo y el dólar cayeron, mientras que **los precios de los bonos subieron** tras el informe, que **confirma que la recesión está golpeando a todos los sectores. Muchos creen que la economía ha colapsado y ha entrado en caída libre.**

Solo el sector servicios contrajo 370.000 empleos en noviembre. Eso implica que la debilidad del mercado ha cambiado desde el sector productor de bienes hacia la industria de servicios, que representa un 80% de la economía estadounidense.

El presidente electo cree que no hay soluciones rápidas o fáciles a esta crisis, que se ha estado gestando por muchos años, y probablemente empeore antes de mejorar. La Casa Blanca dijo que **continuará trabajando para solucionar los problemas en los mercados de crédito y de vivienda que han generado la pérdida de tantos empleos. EEUU necesitan centrarse en las causas de la caída económica para revertir la tendencia en la creación de empleos.**

❏ **Parte III:** Interpreta el siguiente discurso del chino al español:

在线投资外汇是一种最先进的外汇交易方式，通过我们银行的在线平台也可以进行。对于私人投资者而言，我们是第一家直接以实时价格进行外汇交易的供应商，没有交易所经纪人的干预。

银行授予投资人按照某个预定日期（到期日）的特定价格（称作期货价）购进或卖出一些外汇的权利，但不是义务。为了购进或卖出潜在资金的权利，需要预付给卖出者一笔钱，而最终是否行使这个权利，将取决于到期日的市场条件。

在线交易账户是一切专业外汇交易员的基本工具。我们银行的网上交易平台允许网上现金交易。我们银行的优势之一是能够为新客户开拓市场而进行培训、提供信息、做好参谋。

上市基金是一种越来越流行的产品，它能够综合投资证券的便利与投资基金的好处。本银行提供一系列上市基金，可以通过交易平台按照实时价格进行交易。这些产品的在线运营，给投资人提供了简单、经济、灵活的入市手段。

Unidad 30

Correo y Telecomunicación
第 30 单元　邮政电信

课文 A

❏ **Parte I:** Interpreta el siguiente diálogo alternativamente al español y al chino.

Ⓐ　Haga el favor de explicarme ¿qué es Giro Inmediato?

Ⓑ　这是一种汇款服务，收件人能够立即在任何一个邮政点收到。

Ⓐ　¿**Es verdad con disponibilidad instantánea? Apenas puedo creerlo.**

Ⓑ　是真的，收款人即使在一千公里之外也能立即收到汇款。

Ⓐ　Es muy interesante. Quiero **enviar dinero** a Cuba.

Ⓑ　这个服务系统**不能汇款去国外**。不过请放心，我们还有个服务叫**西联汇款**。

Ⓐ　**Este nombre me suena, pero no sé qué es.**

Ⓑ　这种方式是**最常用的**。您可以在几分钟之内通过电子转账方式把钱汇到全世界 200 多个国家和地区。

Ⓐ　¿Mi amigo cubano tiene que ir a la oficina de correos para recoger el dinero?

Ⓑ　不一定，不同目的地国在不同的地方收取您的现金。

Ⓐ　¿Verdad? **Entonces ¿no hace falta ir a la oficina de Correos?**

Ⓑ　是的，也可以在旅行社等处取款。

Ⓐ　¿Qué tipo de moneda se puede enviar?

Ⓑ　您可以先把本国货币换成你所需要的外国货币，并支付汇款费用。

Ⓐ　**Muchas gracias por su explicación.** Ahora **quiero usar Western Union.**

Ⓑ　好的，您应该填写一份黄色的三联表格。

Ⓐ　**No sé qué tengo que poner en este impreso.** ¿Me puede ayudar, por favor?

Ⓑ　当然可以！我来帮您。

❑ **Parte II:** Interpreta el siguiente discurso del chino al español:

EMS/EEE（Entrega Especial Expresa）特快专递服务有下列特点：1. 快件除了部分由航空公司负责以外始终在邮政人员手中；2. 每个快件都有完整信息，可确保在任何情况下都可信赖、可追索；3. 邮政单位快递使用的每个环节都负责；4. 从窗口收件到送达收件人，所有快件全程受到精心呵护；5. 快件抵达会立即通告客户并且会很快送达。

本快递服务受到特别处理。可以快递任何文件或物品，限重30公斤。客户可以在授权的邮局网点交寄；如果快件量大，也可以通过上门收件的方式交寄。

特快专递服务是应对国内竞争的需要而作出的有效回答。我们相信，无论是国营还是私营的现代企业，都需要一种服务，能够减少书面文件往来的时间，能够方便商业信函的交流，能够最安全地送达合法的物品。

特快专递服务拥有以下优点：1. 价格优于任何一家私人快递公司；2. 拥有两次安全密封；3. 交件迅速；4. 还有上门收件服务；5. 客户可以通过合同方式自己确定上门收件的时间和频率；6. 服务覆盖全国；7. 特快专递拥有自动跟踪和寻找系统。

❑ **Parte III:** Interpreta el siguiente discurso del español al chino:

Anualmente millones de personas como usted, **desean hacer sus envíos de manera rápida y confiable.** Para ello le ofrecemos nuestra línea de Servicios Básicos. **Nuestras oficinas a nivel nacional están dispuestas a realizar el tratamiento y distribución de todos sus envíos.**

Confíe sus cartas, comunicaciones escritas al correo para su transporte y entrega con destino nacional e internacional garantizando la seguridad de la misma (con un peso máximo de dos kilogramos). **Puede enviar cartas con la modalidad Certificada y Acuse de Recibo. Usted puede realizar también envíos de todo material reproducido sobre papel, cartón u otro material (con un peso máximo de cinco kilogramos). Naturalmente las revistas, catálogos, periódicos, folletos, partituras u hojas de música, libros encuadernados y los volantes y muestras**

con fin publicitario son admitidos como Impresos.

Poseemos además 63.871 **apartados postales** en todo el territorio nacional que es **una casilla numerada que se otorga en arrendamiento a las personas naturales y jurídicas,** con el objeto de recibir su correspondencia nacional e internacional. Este servicio puede **brindar siguientes beneficios: privacidad, comodidad, rapidez, seguridad.**

Usted puede **enviar telegrama a cualquier destinatario nacional e internacional.** Las modalidades del telegrama pueden ser **Telegrama Ordinario o Telegrama Urgente.** El primero no lleva ninguna indicación de servicio, en cambio, el segundo **recibe un trato preferencial en** su transmisión y entrega al destinatario.

Usted también puede **ordenar un pago a favor de personas naturales o jurídicas por Giro Telegráfico.** Esta orden de pago **será cancelada por nuestra extensa red de oficinas a nivel nacional en su totalidad y en la oficina de destino de nuestros clientes.** Usted puede utilizar nuestra línea 0-800-4767835 **para obtener cualquier información relacionada con el servicio.**

课文 B

❑ **Parte I:** Interpreta el siguiente diálogo alternativamente al español y al chino.

Ⓐ 请你介绍一下 Giro Inmediato 是什么意思好吗？

Ⓑ Es un servicio para **enviar dinero con disponibilidad instantánea en cualquier oficina de Correos por parte del destinatario.**

Ⓐ 真地能够立即收到吗？我简直不敢相信。

Ⓑ Sí, es verdad. **El destinatario puede recibir el dinero enseguida aunque está a mil kilómetros.**

Ⓐ 很有意思，现在我要汇款去古巴。

Ⓑ Este servicio **no sirve para enviar dinero al extranjero.** Pero no se preocupe, tenemos otro servicio que se llama **Western Union.**

Ⓐ 这个名字我好耳熟，但是我不知道是什么。

Ⓑ Este servicio **es lo más usado.** Puede usted **enviar dinero en minutos por transferencia electrónica a** más de 200 países y territorios de todo el mundo.

Ⓐ 我的古巴朋友必须到邮局去取款吗？

Ⓑ **No necesariamente, su dinero en efectivo está disponible en diferentes tipos de oficinas según el país de destino.**

Ⓐ 是吗？那就用不着去邮政局了？

Ⓑ Sí, es cierto, **se puede recoger también en agencias de viajes etc.**

Ⓐ 可以汇哪种货币呢？

Ⓑ **Usted debe cambiar primero la moneda nacional en moneda extranjera que necesite y pagar un costo del envío.**

Ⓐ 多谢您的解释。现在我想用一下西联汇款。

Ⓑ Bueno, **debe rellenar un impreso amarillo de tres copias.**

Ⓐ 这表格我不知道该怎么填。您能帮我一下吗？

Ⓑ ¿Cómo no? Le ayudo.

❏ Parte II: Interpreta el siguiente discurso del español al chino:

Los servicios EMS/EEE (Entrega Especial Expresa) **se caracterizan por**: 1. Los envíos permanecen **siempre en manos del personal del correo, excepto cuando se encuentran bajo responsabilidad de la empresa de transporte aéreo**. 2. **Existe completa información sobre cada envío, a fin de asegurar la fiabilidad y el seguimiento en cualquier caso**. 3. **La institución es responsable de cada paso empleado en los envíos**. 4. **Todos los envíos consignados reciben un trato preferencial desde la recepción por taquilla hasta su entrega al destinatario**. 5. **La llegada de la encomienda se notifica de inmediato al cliente y su entrega se realiza en tiempo breve**.

Este Servicio **recibe un tratamiento especial**. Se puede enviar cualquier tipo de documento o mercadería, **con un peso de hasta 30Kg**. El cliente puede **realizar su consignación de sus envíos** en **las Oficinas Postales autorizadas** o hacer uso del servicio de **recolección a domicilio, en el caso de los grandes volúmenes de correspondencia**.

El Servicio de Entrega Especial Expresa (EEE), surge como una respuesta efectiva a la competencia en el ámbito nacional. Estamos convencidos que la empresa moderna, pública o privada, **requiere de un servicio que reduzca el tiempo de la comunicación escrita, facilite el intercambio de documentos y papeles de negocios en general,** y cualquier tipo de mercadería licita **con máximo de seguridad**.

La Entrega Especial Expresa (EEE) **ofrece las siguientes ventajas:** 1. **Tarifas más económicas que cualquier Courrier Privado;** 2. **Cuentan con doble cierre de seguridad;** 3. **Rapidez en la entrega;** 4. **Hay también modalidad de Servicios de Recolección a Domicilio;** 5. **El cliente define mediante acuerdo contractual el horario y frecuencia de recolección de los envíos;** 6. **Tiene cobertura en todo el territorio nacional;** 7. **El Servicio EEE cuenta con una Unidad de Seguimiento y Rastreo automatizada.**

❏ **Parte III:** Interpreta el siguiente discurso del chino al español:

每年有数百万像您一样的人，**希望迅速而可靠地邮寄物品**。为此，我们给大家提供了我们的基本服务系统。**我们全国的服务网点随时处理和分送大家所有的邮件。**

请您**放心地把信件**、书面材料交给邮局，让它在保证邮件安全的情况下运输、分送给国内、国际的目的地（最高限重2公斤）。**您可以用挂号和签收的方式邮寄信件。您也可以邮寄一切印在纸张、纸板或其他材质的材料（最高限重5公斤）。当然，杂志、目录、报纸、小册子、乐谱、装帧好的书籍和用作广告的传单和样品**可以作为印刷品邮寄。

我们在全国拥有63 871个**邮政信箱**，这是一种供自然人或者法人租用的有编号的小箱子，可以使您方便收到国内和国际的邮件。这项服务可以带来如下好处：**私密、舒适、迅速、安全。**

您可以**给国内、国际收件人发电报**。发电报的方式可以是**普通电报和加急电报**。前者不带任何服务说明，而后者在发送和转交收件人时**会得到优先处理。**

您也可以用**电汇**的方式给自然人或者法人付款。这种付款将通过我们全国各地的网点，在收款人附近的网点全额支付。您可以拨打我们的服务热线0-800-4767835**了解与我们服务相关的任何信息。**

课文 C

❏ **Parte I:** Interpreta el siguiente diálogo alternativamente al español y al chino.

Ⓐ 喂，胡安，**Encomienda（Nacional e Internacional）**是什么意思？

Ⓑ **Quiere decir ventanilla para mandar paquetes con destino nacional o internacional.**

Ⓐ 这么说我可以在这里**寄包裹去上海**啰？

Ⓑ Sí, **la oficina de correo ofrece seguridad, comodidad y economía como las garantías para el transporte y distribución de documentos o mercadería, con un peso máximo de 30 Kg.**

Ⓐ 我该如何认领寄给我的邮包呢？

Ⓑ Primero hay que saber, **el horario de reclamar de los envíos es** de 8:30 A.M. a 11:30 A.M y de 1:30 P.M: A 3:30 P.M.

Ⓐ 还有呢？

Ⓑ **Para el retiro de los Bultos Postales (encomiendas) deberán estar cancelados previamente los derechos de importación,** que se determinarán en el acto de reconocimiento, **conforme a las disposiciones previstas en la Ley Orgánica de Aduanas y su Reglamento.**

Ⓐ 完了吗？

Ⓑ No, un punto más. **Vencido el plazo de 90 días señalado en el aviso de llegada del paquete,** si **el destinatario no se presenta a retirar su paquete, el paquete será devuelto al país de origen, de acuerdo a lo estipulado en el Reglamento Orgánico del Correo.**

Ⓐ 非常感谢您的介绍。现在我想了解一下**邮政信箱**的问题。

Ⓑ **¿Quiere usted alquilar un apartado de correos?**

Ⓐ 说不定真租一个。怎么租？

Ⓑ **Es un poco complicado. Sólo voy a mencionar los requisitos para persona natural.**

Ⓐ 是吗？很复杂？

Ⓑ No tanto, mire, **hay que presentar una solicitud debidamente llenada junto con una copia de la cédula de identidad o pasaporte, una constancia de residencia o cualquier recibo de pago de luz, teléfono**, etc.

Ⓐ 我只有护照。

Ⓑ Vale. Sabe usted una cosa. El **Apartado Natural podrá recibir correspondencia del titular y podrá ser compartido con un máximo de cinco (5) personas (familiares)** y deberán cumplir los requisitos descritos.

Ⓐ 我该什么时候付款呢？

Ⓑ **Este servicio deberá cancelarse al momento del arrendamiento en un pago único anual.**

Ⓐ 非常感谢。

Ⓑ De nada. Hasta luego.

❑ **Parte II:** Interpreta el siguiente discurso del chino al español:

首先，**欢迎各位参加我们今天的介绍会**。大家知道，中国已经正式加入了世界贸易组织。**按照所签署协议的承诺**，中国将**逐步开放电讯基础业务和增值业务市场**，允许外资在中国**直接投资**并建立**合资企业**。

中国电讯市场前景广阔。可以预测，仅电讯业务、电讯基础网络和用户设备三项，到明年**至少有**价值2.5万亿元人民币的**市场需求**。

经过多次改革，已经形成由中国联通、中国铁通、中国电信、中国网通、中国移动和中国卫星等六家企业为主体的电讯新格局。这六家企业都急需扩大自身实力，争取外资的愿望十分强烈。

中国电讯业在过去十几年中已经积累起了巨额资产，而且盈利丰厚，可以为外国资本提供足够的合资机会。当然，中国电讯市场的开放是分阶段的。但限制会越来越少。很多人已经把中国电讯市场比喻成吸引外资投放的"金矿"。

❏ **Parte III:** Interpreta el siguiente discurso del español al chino:

Según la noticia de la agencia EFE, la Telefónica de España participó en la **Exposición de Tecnología Comunicativa Internacional** celebrada en Shanghái, con el fin de buscar proveedores de equipos en China. La empresa española está interesada principalmente por los productores de componentes científicos y tecnológicos, tales como los de móvil y de ordenador. Actualmente **la relación coste-rendimiento de este tipo de productos** tendrá **enorme mercado potencial en** los países latinoamericanos.

El representante acreditado en China de la Telefónica explicó que actualmnte en algunos países los residentes **todavía no pueden usar ADSL** porque no tienen aún ordenadores. **En comparación con el establecimiento de la red, la generalización de usuarios de Internet exige más equipos tecnológicos.**

Basándose en ese concepto, la Telefónica acude a China **en busca de socios cooperativos y oportunidades de inversión a fines de acceder el marcado latinoamericano a través de Madrid.**

La Telefónica es la empresa más grande de operación integral en España, que **ofrece todos los servicios telecomunicativos,** incluidos **los locales, de larga distancia, digitales,** IP, ADSL, móvil, audivideo, etc. Actualmente **sus negocios se han extendido en 19 países y zonas en Europa y América Latina,** especialmente **ocupa un lugar importante y predominante en** el mercado latinoamericano.

课文 D

❏ **Parte I:** Interpreta el siguiente diálogo alternativamente al español y al chino.

Ⓐ Oye, Juan, ¿**Qué quiere decir Encomienda (Nacional e Internacional)**?

Ⓑ 意思是邮寄国内国际包裹的窗口。

Ⓐ Entonces aquí puedo **mandar paquetes a Shanghái.**

Ⓑ 是的，邮局保证文件或商品的运输和投递安全、便利、经济，限重 30 公斤。

Ⓐ ¿Cómo puedo **reclamar el paquete que me ha enviado**?

Ⓑ 首先应该知道，领取包裹的时间是上午 8:30 至 11:30，下午 1:30 至 3:30。

Ⓐ ¿Qué más?

Ⓑ 取邮包必须先缴清进口税。这是按照《海关组织法》及其条例在领取时确定的税收。

Ⓐ ¿Eso es todo?

Ⓑ 没有完，还有一点。包裹抵达通知单上确定的 90 天限期期满，收件人仍然没有认领包裹的话，依据《邮政组织法》的规定，包裹将被退回原寄发国家。

Ⓐ Muchas gracias **por su presentación.** Ahora quisiera saber sobre el **Apartado Postal.**

Ⓑ 您想租用邮政信箱?

Ⓐ **De pronto sí,** ¿cómo hacerlo?

Ⓑ 有点复杂。我只想讲一下自然人租用信箱的条件。

Ⓐ ¿Verdad? ¿Muy complicado?

Ⓑ 也不，您瞧，需要提交填写好的申请表以及身份证或护照复印件，居住证明或任何一张电费、电话费等的交费收据。

Ⓐ Sólo tengo pasaporte.

Ⓑ 行。您知道吗，自然人信箱可以接收户主的信件，最多还可以与 5 人（家人）分享该信箱，他们必须符合前面的条件。

Ⓐ **¿Cuándo tengo que pagar?**

Ⓑ 该服务必须在租用信箱时把年费一次付清。

Ⓐ Muchas gracias.

Ⓑ 不客气，再见。

❏ **Parte II:** Interpreta el siguiente discurso del español al chino:

Primero, **bienvenidos a nuestra sesión informativa de hoy. Como es sabido de todos,** China **se ha incorporado oficialmente en** la Organización Mundial de Comercio (OMC). **De acuerdo con los compromiso del convenio firmado,** China **va a abrir paso gradualmente su mercado de negocios básicos y de valor agregado de telecomunicación,** permitiendo **las inversiones extranjeras directas** y **el establecimiento de empresas mixtas** en China.

El mercado de telecomunicación chino tiene un futuro prometedor. Se puede prever que tan sólo los tres renglones del negocio de telecomunicación, la red de infraestructura y los equipos de usuarios tendrán **por lo menos una demanda de** 2,5 billones de yuanes para el próximo año.

Después de varias reformas, se ha formado una nueva estructura compuesta de las seis empresas pilares: China Unicom, China Tietong, China Telecom, China Netcom, China Mobile y China Satcom. **Estas empresas tienen una necesidad urgente de expandir su propia fuerza y un fuerte deseo de conseguir capital extranjero.**

En los últimos diez y tantos años la **industria de** telecomunicación china **ha acumulado enorme activos y abundante beneficio. Está en condiciones de ofrecer suficientes oportunidades de cooperación para los capitales extranjeros.** Naturalmente este mercado **se abre por etapas,** pero las **restricciones** serán cada vez menos. **Mucha gente ha comparado el mercado chino de telecomunicación con una "mina de oro" que atrae las inversiones extranjeras.**

❏ **Parte III:** Interpreta el siguiente discurso del chino al español:

根据埃菲社（EFE）报道，西班牙电信公司（Telefónica）参加了在上海举行的国

Unidad 30　Correo y Telecomunicación　359

际信息技术展，意在中国寻求设备供应商。西班牙电信公司主要是对电讯领域的科技配件生产商感兴趣，包括手机、电脑的配件在内。目前来说，此类商品的性价比在拉美国家具有很大的市场潜力。

西班牙电信公司驻华代表解释说，现在有些国家的居民还不能使用ADSL宽带服务，因为他们还没有电脑。与建立网络相比，因特网用户的普及需要更多科技设备的投入。

本着这个理念，西班牙电信公司前往中国寻求合作伙伴和投资机会，目标是想通过马德里向拉美市场进军。

西班牙电信公司是西班牙最大的全业务运营商，提供包括本地、长途、数字、IP、宽带、移动、音像在内的所有电信业务。目前，它的业务已经扩展到欧洲和拉美的19个国家和地区，特别是在拉美市场，它占据着重要的主导地位。

Apéndice

Países y Regiones del Habla Hispánica
附录：西语国家和地区一览表

	国家或地区简称、全称 （附该国或该地区人的 外文称呼）	首都或首府	货币名称和符号	与我国 建交日期
1	西班牙	马德里	欧元　（过去是比塞塔 Ptas, Pts）	1973.3.9
	España (espaoles)	Madrid (madrilenos)	Euro　（Antes Peseta)	
2	安道尔公国	安道尔	欧元　（过去是法国法郎及西班牙比塞塔 FF/Ptas）	1994.6.29
	Andorra (andorranos)	Andorra la Vella	Euro　（Antes Franco o Peseta)	
3	阿根廷共和国	布宜诺斯艾利斯	比索　$a	1972.2.19
	República de Argentina (argentinos)	Buenos Aires (porte-ños, bonaerenses)	Peso	
4	玻利维亚共和国	苏克雷	玻利维亚诺　Bs	1985.9.9
	República de Bolivia (bolivianos)	Sucre	Boliviano	
5	智利共和国	圣地亚哥	比索　Ch$	1970.12.15
	República de Chile (chilenos)	Santiago (santiagui-nos)	Peso	
6	哥伦比亚共和国	圣菲波哥达	比索　Col$	1980.2.7
	República de Colombia (colombianos)	Santafé de Bogotá (bogotanos)	Peso	
7	哥斯达黎加共和国	圣何塞	科朗	2007.6.1
	República de Costa Rica (costarricenses)	San José (josefinos)	Corona	
8	古巴共和国	哈瓦那	比索　Cub$	1960.9.28
	República de Cuba (cubanos)	La Habana (habaneros)	Peso	

续表

	国家或地区简称、全称 （附该国或该地区人的 外文称呼）	首都或首府	货币名称和符号	与我国 建交日期
9	多米尼加共和国 República Dominicana (dominicanos)	圣多明各 Santo Domingo (dominicanos)	比索　　RD$ Peso	2018.5.1
10	厄瓜多尔共和国 República de Ecuador (ecuatorianos)	基多 Quito (quiteños)	苏克雷　　S/ Sucre	1980.1.2
11	危地马拉共和国 República de Guatemala (guatemaltecos)	危地马拉城 Ciudad de Guatemala	格查尔　　Q/ Quetzal	
12	洪都拉斯共和国 República de Honduras (hondureños)	特古西加尔巴 Tegucigalpa	伦皮拉　　Lemp Lempira	2023.3.26
13	墨西哥合众国 Estados Unidos Mexicanos (México) (mexicanos)	墨西哥城 Ciudad de México	比索　　Mex$ Peso	1972.2.14
14	尼加拉瓜共和国 República de Nicaragua (nicaragüenses)	马那瓜 Managua (mangueros, managuenses)	科多巴　　C$ Córdoba	1985.12.7 2021.12.10
15	巴拿马共和国 República de Panamá (panameños)	巴拿马城 Ciudad de Panamá	巴波亚　　B/ Balboa	2017.6.12
16	巴拉圭共和国 República de Paraguay (paraguayos)	亚松森 Asunción (asuncenos, asunceños)	瓜拉尼　　G/ Guaraní	
17	秘鲁共和国 República del Perú (peruanos)	利马 Lima (limeños)	新索尔　　PEN Nuevo Sol	1971.11.2
18	波多黎各自由邦（美） Estado Libre Asociado de Puerto Rico (puertorriqueños)	圣胡安 San Juan (sanjuaninos)	美元　　US$ Dólar	

续表

	国家或地区简称、全称 （附该国或该地区人的外文称呼）	首都或首府	货币名称和符号	与我国建交日期
19	萨尔瓦多共和国 República de El Salvador (salvadoreños)	圣萨尔瓦多 San Salvador	科朗 Corona	2018.8.21
20	乌拉圭东岸共和国 República Oriental del Uruguay (uruguayos)	蒙得维的亚 Montevideo (montevideanos)	新比索　NUr$ Peso Nuevo	1988.2.3
21	委内瑞拉玻利瓦尔共和国 República Bolivariana de Venezuela (venezolanos)	加拉加斯 Caracas (caraqueos)	玻利瓦　Bs Bolívar	1974.6.28
22	赤道几内亚共和国 República de Guinea Ecuatorial (ecuatoguineanos)	马拉博 Malabo	中非金融合作法郎 Franco de la Cooperación Finaciera en Africa Cen-tral	1970.10.15
23	西撒哈拉 Sáhara Occidental (saharenses, saharianos)	阿尤恩 El Aaiún	西班牙比塞塔 Ptas, Pts Peseta	
24	美利坚合众国 Estados Unidos de América (EEUU) (nortea-mericanos, estadounidenses)	华盛顿 Washington (washing-tonianos)	美元　US$ Dólar	1979.1.1
25	伯利兹 Belice (beliceños)	贝尔莫潘 Belmopan	元　BZ$ Dólar	
26	特立尼达和多巴哥共和国 República de Trinidad y Tobago (trinitarios)	西班牙港 Puerto de España	元　TT$ Dólar	1974.6.20

注：1. 本表收入 26 个以西班牙语为国语和相当人口讲西班牙语的国家和地区。

2. 表中的外文为西班牙文。国名或首都名后括号内的是该国或该城的人群名词或人群形容词。